教育部人文社会科学研究青年基金项目《课堂场域中的学生社会性发展：交往视角的分析》(11YJC880090)研究成果

上海电机学院重点学科建设项目资助(12XKJ03)

课堂场域中的学生社会性生成

—— 一种交往视角的分析

史铭之 著

Ketang Changyu Zhong de
Xuesheng Shehuixing Shengcheng

CONTENTS 目录

序 > 1
导 论 > 1

一、问题的提出与研究意义 > 1
  （一）问题的提出 > 1
  （二）研究意义 > 11

二、核心概念界定 > 11
  （一）"社会性"与"学生的社会性" > 11
  （二）"课堂场域" > 19
  （三）"交往"与"课堂交往" > 24
  （四）"课堂场域中的学生社会性" > 27

三、研究视角与研究思路 > 28
  （一）研究视角 > 28
  （二）研究思路 > 29

四、研究的方法论与具体研究方法 > 31
  （一）研究的方法论 > 31
  （二）具体研究方法 > 32

第一章　课堂场域学生社会性生成的历史溯源 > 34

一、课堂场域学生社会性研究的历史审视 > 34
  （一）从"道德教化"到"社会主体生成"：我国课堂学生社会性生成研究的历史演进 > 34

（二）"人性张扬"与"社会规约"的交织：西方课堂学生社会性
　　　生成研究的发展理路　　　　　　　　　　　　　　＞ 54
二、课堂学生社会性研究的跨学科研究　　　　　　　　　　　＞ 66
　　（一）哲学视角下人的社会性研究　　　　　　　　　　　＞ 66
　　（二）社会学视角的学生社会性研究　　　　　　　　　　＞ 68
　　（三）文化人类学视角的学生社会性研究　　　　　　　　＞ 72
　　（四）心理学视角的学生社会性研究　　　　　　　　　　＞ 75
三、课堂学生社会性研究的方法论反思　　　　　　　　　　　＞ 79
　　（一）时代特征的呈现：走向具有自主精神的社会人　　　＞ 79
　　（二）多学科视角的整合：社会性的双向互动生成　　　　＞ 80

第二章　课堂场域学生社会性生成的现实考察　＞ 81

一、调查研究的方案设计　　　　　　　　　　　　　　　　　＞ 81
　　（一）研究问题　　　　　　　　　　　　　　　　　　　＞ 81
　　（二）研究对象　　　　　　　　　　　　　　　　　　　＞ 82
二、课堂场域学生社会性发展水平的调查与分析　　　　　　　＞ 83
　　（一）小学生课堂社会性发展水平：基于学生视角的调查　＞ 83
　　（二）对小学生课堂社会性发展水平的总结与反思　　　　＞ 95
三、课堂场域学生社会性发展问题的揭示与剖析　　　　　　　＞ 97
　　（一）课堂场域小学生社会性发展问题的主要表现　　　　＞ 97
　　（二）对课堂小学生社会性发展问题的反思　　　　　　　＞ 105
四、课堂场域学生社会性生成的现状表征　　　　　　　　　　＞ 106
　　（一）影响小学生社会性生成的课堂要素：基于教师视角的调查　＞ 106
　　（二）课堂场域小学生社会性具体表征的质性分析　　　　＞ 113

第三章　课堂场域学生社会性生成的理论分析　＞ 159

一、课堂场域学生社会性的表现形态　　　　　　　　　　　　＞ 159
　　（一）课堂场域的"三重结构"　　　　　　　　　　　　＞ 159
　　（二）课堂场域学生社会性的表现形态　　　　　　　　　＞ 175

二、课堂场域学生社会性的内在结构 > 189
  （一）社会性的内在结构：社会关系中的属性和特征 > 189
  （二）课堂场域学生社会性的结构要素 > 195
三、课堂交往：学生社会性的生成机制 > 199
  （一）课堂交往的意义探寻 > 199
  （二）学生社会性的生成机制：建立在交往合理化基础上的
      社会主体生成 > 205
  （三）课堂场域学生社会性生成的辩证关系 > 226
四、课堂场域学生社会性生成的影响因素 > 228
  （一）课堂场域内的影响因素 > 228
  （二）课堂场域外的影响因素 > 235

第四章　课堂场域学生社会性生成的实践策略 > 239

一、彰显课程文本的价值，尊重学生的选择与体验 > 239
  （一）增强教师价值引导的主体意识 > 240
  （二）尊重学生课程文本解读的独特体验 > 242
二、重建课堂规范的内涵，赋予学生自我管理的权利 > 244
  （一）课堂规范的民主协商、权责一致 > 245
  （二）教师的规则引领 > 249
三、提升群体文化的意义，实现共同体中的主体生成 > 253
  （一）班级群体作为"学习共同体"的文化创生 > 254
  （二）交往教学：建基于平等关系的师生合作 > 256
  （三）合作学习：建基于互赖关系的生生交往 > 258

参考文献 > 261

序

当代中国社会正处于从传统社会向现代社会的全面转型。作为正在成长中的青少年学生,社会文化环境和价值观的冲突直接作用于他们的价值体系和行为范式,不可避免地影响着学生的社会性发展。关注学生社会性的生成与发展,引导学生形成良好的社会价值观、合作交往能力、规则意识和自律精神,对学生未来的社会生存与发展具有重要意义。

学生社会性的生成是在一定社会环境中实现的。虽然社会性生成的环境是多元而开放的,但作为正规的教育机构,学校始终是学生社会性发展十分重要的场所。课堂是学校教育的主渠道:它既是学生系统学习法定知识,实现社会文化再生产的基本场所;也是师生协商互动,形成合作意识和交往能力的重要场境;更是培养学生自律精神,促进学生作为社会主体生成的重要途径。可以说,课堂所具有的独特的结构特征和价值意义,使之成为学生社会性发展不可替代的重要场域。

然而,审视课堂中的学生社会性发展,却存在着观念和行为层面的种种问题。主要表现在:对于课堂的社会性功能关注不足,仅仅把课堂看作学生掌握知识和发展个性的场所;把课堂教学视为个体活动的复合体,对课堂教学中的各种"社群"现象没有足够的关注;课堂的制度与规范成为约束学生行为的条件;重视课程文本作为"法定知识"的社会控制职能,却忽视了文本本身所具有的社会文化引导价值。观念与行为的问题直接带来了学生课堂中社会性发展的困境。部分学生习惯于被动接受既定的社会规则,缺乏作为社会主体的判断、选择和反思能力;部分学生合作意识和交往能力不足,自私自利、以自我为中心;还有部分学生表现出对成人世界的交往方式的迎合与世故,超出他们年龄所应具有的社会性特征。学生社会性发展的现状与问题迫使我们反思:我们应当如何发挥课堂场域对学生社会性发展的独特功能,培养兼具社会适应能力和批判反思意识的社会主体？这既是教学论研究的重要主题,也是课堂教学实践亟待思考和解决的现实问题。

史铭之博士的著作《课堂场域中的学生社会性生成:一种交往视角的分析》,紧紧围绕"在活动、实践的基础上通过交往促进学生发展"这一教学论基本命题,敏锐地抓住了课堂交往与学生社会性生成的关系,做出了比较深入和全面的探讨。该书以交往为视角,通过"历史—现实—理论"维度的分析,系统研究了课堂场域学生社会性的表现形态、结构要素、生成机制和影响因素,并在此基础上提出促进课堂场域学生社会性生成的实践策略,是一项具有创造性的研究成果。

基于"社会性是个体在社会关系中的属性和特征"的认识,该书将个体的社会关系划分为三个维度:与客体的生产性关系;与他人的人际性关系;与自我的伦理性关系。以此为根据,审视课堂场域中学生社会性的内在结构。书中提出:课堂场域是师生、生生在课堂交往中形成的多重关系复合结构;学生在课堂场域中实现着与客观事物、与他人和与自我的关系建构,并在这些关系中形成个体的文化性、互赖性、交往性和道德性。课堂作为一种文化场域,学生在对课程文本价值的个体化解读中,实现社会价值观的内化;课堂作为一种社会场域,通过群体文化中的个体间交往,使学生在群体归属的情感体验中发展合作意识和交往能力;课堂作为一种伦理场域,在课堂规范的规约与协商中,实现学生规则意识与自律精神的生成;课堂交往在实现学生社会性生成的同时,实现了场域文化的创生。这些理论观点的提出,具有创新性和突破性,深化了课堂学生社会性生成的理论认识。

交往是人的基本存在方式,人在交往中生存发展,这是马克思主义所揭示的关于认识对社会实践和社会关系的依赖性关系。现代教学,作为一种个体与群体的双向建构的社会性交往活动,始终十分关注教学活动中体现出来的群体间的人际关系。史铭之博士的《课堂场域中的学生社会性生成:一种交往视角的分析》一书,选择"交往"这一视角,以一种关系型的理论思维方式,对课堂场域学生社会性生成发展机制进行了探索性阐释。字里行间体现出她对现代课堂教学生成发展的深刻反思,体现出她对学生真实、真正发展的深切关怀。可以说,对课堂学生社会性生成与发展的研究,是她个人学术成长的见证,也是她学术观点的呈现。关于这一题目的研究是一个复杂、系统的工程,还需要多学科的深入探讨;也祝愿她在进一步的研究中取得新的进展和突破!

裴娣娜
2015 年 1 月

导 论

一、问题的提出与研究意义

(一) 问题的提出

1. 变革与转型的时代背景对课堂场域学生社会性生成提出挑战

社会性是人作为社会个体生存和发展的根本属性。一个人的成长过程,就是一个从自然人转变为社会人的社会化过程。在人的一生中,社会性的生成和发展是一个连续性和阶段性相统一的过程。作为未成年人的学生,其社会化过程是一种基本社会化。① 通过这一过程,可以使学生掌握未来承担各种社会角色所需要的知识、技能和规范,初步具备参与社会生活的资格。

学生社会性的生成是在一定社会环境中实现的。虽然社会性生成的环境是多元而开放的,但作为正规的教育机构,学校始终是学生社会性生成的十分重要的场所。随着教育关注程度的增强和教育年限的延长,学校教育对于学生社会性发展的重要作用也愈益凸显。美国学者理查德·D·范斯科德甚至将学校作为现代社会中第一位的社会化机构。②

课堂教学是学校教育的主渠道。它是学生系统学习科学文化的基本场所,也是师生交往互动的重要环境。学生在系统的科学文化知识的学习中,在课堂制度规范的遵守中,实现着个体的社会性生成。当然,课堂作为学生社会性生

---

① 社会学通常将人的社会化过程划分为两大部分来研究,一是儿童和青少年的社会化,被称作基本的社会化过程;二是成年人的社会化过程,被称作继续社会化过程。易益典.社会学教程(第二版)[M].上海:上海人民出版社,2007,52.
② [美]理查德·D·范斯科德等.美国教育基础——社会展望[M].王英杰译.北京:教育科学出版社,1984,131.

成的重要场域,并不仅仅是从课堂的结构意义上而言的,更重要的是体现于课堂场域各个要素的价值意蕴中。纵观课堂教学发展史,从17世纪夸美纽斯的"班级授课制"创立以来,对人的发展的追求始终是课堂教学的价值所在。课堂场域中的各种结构要素正是以不同的形式实现着对人的发展的追求。作为社会"法定知识"的课程文本,最初是以一种知识传递的职能在课堂教学中存在的。对于科学的、有用的知识的掌握成为课堂教学的全部内容。斯宾塞基于英国工业化发展时代背景所提出的"科学知识最有价值"给课堂教学的科学化以推波助澜的作用,这种科学主义、工具主义的个人发展观直接体现于课程内容的价值取向中。随着时代的发展和课堂教学改革的深化,人们逐渐认识到,课堂教学不仅仅是一种客观的、确定性的科学知识的学习,在知识的背后还蕴含着人文的价值意蕴。在现代课堂教学理念下,课程文本不再仅仅是一种知识性的存在,更重要的是一种人文精神的彰显。学生在与文本的对话中体悟人与自然、人与人以及人与自我的关系,而学生的社会性正是在认识和处理这些关系中生成的。学生在文化学习的过程实现着自身的人化,获得人性的陶冶。再如,作为课堂场域生成和运作基础的课堂制度与规范,不仅仅是一种外在约束力,规范着学生的课堂学习和交往行为;学生对于课堂规范遵循还需要一种作为主体的自主协商,在合作协商中学生更能够获得对规范的认同和内化,从而形成课堂学习生活中的权责意识和自律精神。又如,班级群体文化的建设,不仅是为了班级凝聚力的形成和班风的建设,还因为在这种群体文化建设中,实现了个体的群体化,发展了学生的社会性。通过以上分析可以看出,构成课堂场域的结构要素对学生社会性的生成具有深刻的价值意蕴。课堂场域在促进学生社会性的生成过程中,不仅是作为法定知识和意识形态的社会再生产的工具,它更具有促进学生作为社会主体生成与发展的价值意义。可以说,正是课堂所具有的独特的结构特征和价值意义,使之成为学生社会性生成不可替代的重要场域。

当然,学生在课堂场域的社会性生成不是孤立和封闭的,它不可避免地受到外部社会条件的影响和制约。"一个正常有效的社会化的进行,常常取决于整个社会文化的状态和特点","它要求社会文化本身具有一定的稳定性、统一性和有效性。"[①]因此,课堂场域学生社会性的生成,还需要一种稳定的、协调的

---

① 谢维和.教育活动的社会学分析[M].北京:教育科学出版社,2007,286.

外部社会文化环境。整个社会的文化体系和行为规范的稳定与否,会直接影响学生在课堂场域的交往方式、行为规范和社会价值观形成,进而影响学生的社会性生成。然而,就我国当前的社会与时代背景来看,变革与转型的时代背景和社会条件,给课堂场域的学生社会性生成带来了巨大的挑战!

当代社会正处于从传统社会向现代社会的全面转型。社会的变革带来了价值观的冲突,并进一步造成了社会行为的"失范",价值观念和是非标准的分歧与冲突在一定程度上给人们的思想和行为带来了混乱,使人们的行为失去了必要的社会规范的指导和约束。在这样一种社会环境下,作为正在成长中的青少年学生,他们的社会性发展也必然面临着矛盾和危机。有学者就转型时期我国中小学生的价值观进行了调查研究,认为目前我国社会面临着思想理念多元、多样、极其活跃、丰富,又相当混乱的局面。在这样的文化生态环境下,中学生的价值观表现出价值主体个人本位和社会本位的冲突;价值选择理想主义与现实主义的冲突;价值取向由人伦关系走向利益关系;个体人格的观念意识和行为脱节。① 社会文化环境和价值观的冲突直接作用于学生的价值体系和行为范式,不可避免地影响着学生在课堂场域的社会性生成。面对如此多元冲突的社会文化环境和学生的价值观冲突,我们的课堂教学该如何应对外界社会条件的变更?如何发挥其在学生社会性生成中的独特功能,在引导学生习得社会规范的同时让学生学会选择,从而培养具有适应能力和变革意识的社会主体?正是在这一意义上,转型时代的社会背景对课堂场域学生的社会性生成提出了严峻的挑战!

2. 对学生社会性发展的关注是教学论研究的根本性问题

教学论的研究关注学生在课堂教学中的真实、真正发展。社会性是学生作为"完整的人"的重要属性,是学生存在和发展的根本。纵观教学论学科发展历史,在研究主题上经历了从追求教学的效率到强调学生的个体性发展,再到今天关注学生的社会性发展。其背后隐含的是教学论研究从对人的工具性价值实现到对人的本体论价值关注的根本性转变。

自从17世纪捷克教育家夸美纽斯创立了"班级授课制"的教学组织形式以来,课堂就成为学生学习的主要场所。按学生年龄编成固定的班级,有利于经

---

① 裴娣娜,文喆. 社会转型时期中学生价值观探析[J]. 教育研究,2006(7).

济有效、大面积地培养人才。和大工业生产一样，课堂内在的追求"规模"效应，因而非常强调整体学习目标的达成，忽视了学生的个性差异，难以充分挖掘每一位学生的潜能。针对课堂教学这种弊端，近现代以来，教学论研究不断探寻改变这一弊端的途径。研究者认识到：课堂不仅是学生学习的场所，而且是学生人格成长的场所，是学生个性形成和发展的场所。正是在这样的背景下，"设计教学法"、"道尔顿制"等教学改革的探索不断涌现。特别是20世纪五六十年代，联合国教科文组织提出"学会生存"、"学会竞争"的口号，教学论研究对于课堂教学背景下的学生个性化发展进行了大量卓有成效的探索。从一定意义上说，教学论关注学生个性发展也正是对这一社会背景的回应。20世纪90年代以来，随着全球化时代的到来，社会对于人的要求也发生了变化。教育教学内部，对于个体化的关注虽然在很大程度上促进了学生的个性发展，但个性的过度张扬也带来了个体发展的种种问题，学生无法很好地适应社会生活，不能与他人友好地相处，缺乏合作意识和交往能力。面对这些问题，教育研究从过去倡导的关注个体性的"学会生存、学会竞争"转向关注群体性、社会性的"学会关心、学会合作"。与之相对应，教学论的研究也从强调单个学生的个体化发展转向了对学生社会性的关注。基于这一背景，当代对于课堂教学功能的认识经历了又一次突破：课堂不仅仅是学生学习科学文化的场所，也不仅仅是学生个性发展的场所，还应当成为学生社会性生成和发展的场所。

马克思曾将人类发展归结为三种形态，即"人的依赖关系"形态、"以物的依赖性为基础的人的独立性"形态、建立在个人全面发展基础上的"自由个性"的联合体形态。[①] 与之相对应，人的发展经历了群体主体中依附性的人、具有个人主体性的人和具有类主体性的人。教育教学以促进人的发展为旨趣，历史性的审视教育和教学的发展，也必然要经历依附性教育（工具性教育）、个人主体教育和类主体教育的三个阶段。当代教学论对于学生社会性发展的关注，并不是对学生个性、主体性的否定，而是在尊重学生个性的基础上寻求个体间的共同发展。这样一种教育追求正是类主体教育的体现，是对人的发展的终极意义上的关注。正是在这个意义上，可以说，对学生社会性发展的关注是教学论研究的根本性问题。

---

① 马克思恩格斯全集.第46卷(上)[M].北京：人民出版社,1979,104.

3. 当前课堂实践中社会性功能的遮蔽和学生社会性发展的困境

课堂作为一个雏型的社会,对学生社会性的生成有着特殊的方式和途径。在课堂中,有关社会生活方式、行为规范的指导经常、普遍地发生着。学生在文化知识的学习中获得价值观的引导。教学制度、教学过程以及课堂教学活动所生成的课堂文化和集体舆论等,为学生提供了合乎社会生活秩序的一定范型,并通过教师的作用促使学生认同和内化,从而使学生逐步形成适应社会生活的观念和品质。除了社会规范的习得外,学生之间同辈群体的课堂交往,也是社会性生成的一个重要途径。学生在共同完成课堂学习任务以及处理课堂生活事务的协商与合作、交往与互动过程中,可以培养他们的人际交往能力以及对社会环境的应变等方面的适应性。因此可以说,课堂场域的结构和运行机制决定了:促进学生社会性的生成和发展是课堂场域的自在功能。

然而,从实践层面审视课堂中的学生社会性生成,却并非应然存在的一种理想状态。学生的社会性生成存在着观念和行为层面的种种问题。

在观念层面,我国当前对于课堂的社会性功能关注不足,仅仅把课堂看作学生掌握知识和个性发展的场所,很少谈及促进学生社会性的生成。① 把课堂教学仅仅视为个体活动的复合体,没有同时视为一种特殊的群体活动;对于课堂教学中的各种"社群"现象,如群体文化、交往结构、互动过程没有足够的关注;班级的制度与规范仅仅成为约束学生行为、培养学生社会适应的条件,没有将规范作为一种学生民主协商过程的自主生成;重视课程文本作为"法定知识"的社会控制职能,但忽视了学生个体对于文本知识自主的体验和理解,忽视了文本本身所具有的价值内涵。

观念层面的误区进一步带来了行为层面的问题:当前的课堂教学,强调社

---

① 有研究者曾就教师、学生和家长三类主体对于课堂教学的功能期待进行调查。内容涵盖十二项内容,即:传授文化知识、培养解题应试能力、促进智力发展、促进个性全面发展、培养道德品质、培养竞争能力、对学生筛选分层、授予就业本领、促进同学交往、促进社会规范习得、教导为人处世本领、保证顺利升学。调查分析的结果显示:尽管不同主体对于课堂功能期待不尽相同,但一个共同点却是:教师、学生和家长普遍将传递文化知识作为课堂教学的主要功能,甚至将保证顺利升学、培养竞争能力、培养解题应试能力看作课堂教学的主要功能,而对于促进同学交往、促进社会规范习得、教导为人处世本领这样一些社会性发展的功能普遍期待较低。吴康宁.课堂教学社会学[M].南京:南京师范大学出版社,2001,313-319.

会主流文化的灌输而忽视学生的自我体验和理解。没有充分发挥群体在课堂中的作用;不注重利用群体活动来培养学生的群体意识和群体活动能力。学生在课堂中作为一个个单子式的个体而存在,缺少同伴之间的交往与合作。仅仅将合作学习看作课堂教学的组织形式,以此来促进学生知识的掌握,而没有看到合作学习在促进学生社会交往能力中的积极作用。课堂的规范与制度更多地被作为一种规约和惩罚学生的外在机制,没有考虑到规范本身所包含的自主协商意义,没有将学生作为制度规范的建构主体。

观念与行为的误区直接带来了课堂教学中学生社会性发展的困境。一部分学生习惯于被动接受成人世界的社会规则和交往方式,缺乏作为主体的一种社会性价值和规范的判断、选择和反思能力。他们或表现为个性的缺失:听话、顺从而缺少自我;或表现出成人世界的交往方式:迎合、世故,超出他们年龄所应具有的社会性特征。还有部分学生合作意识和交往能力不足,自私自利、以自我为中心。

课堂教学在观念和行为层面的误区及其所带来的学生课堂社会性发展的困境迫使我们反思,我们的课堂该如何走出这种社会性发展困境?如何创设有利于学生社会性生成的课堂场域,培养具有社会适应和社会改造能力的社会主体?这成为课堂实践亟待思考和解决的现实问题!

4. 已有的研究关于学生社会性发展的微观课堂分析式微

对已有的研究的梳理和分析,可以帮助我们对研究问题获得更加深入的了解和准确的定位。通过查阅文献,笔者发现,对于人的社会化问题,国内外都有不少研究。但对于学生的社会性发展的研究,尤其是将学生的社会性发展置于课堂这一微观场域中的机制分析,国内外文献都少有涉及。已有的研究或通过对班级或课堂的功能研究间接地体现学生的社会性发展,或离开课堂的具体场境对学生的社会性问题进行单独的理论研究。

(1) 国外研究现状分析

国外对于课堂学生社会性发展的研究,主要是通过对课堂的群体结构和社会过程特点的分析来体现班级和教学社会性的。最早关于这一问题的专门研究的是美国教育社会学家沃勒(Waller, W. W)。20世纪30年代,沃勒在他的《教学社会学》一书中,运用社会学观点对课堂教学进行了极为广泛的分析,着重论述了课堂教学中的师生关系。作为这一领域研究的起步阶段,沃勒的研究基本上还是定性的和描述性的。但不可否认的是,沃勒的研究开辟了课堂教学研究的一个新视角。之后的研究者,开始将社会学的视角深入到班级课堂中,探寻这个雏型社会的社会性特征和功能,形成了几种有代表性的班级课堂社会学观点。

第一种有代表性的观点来自于美国社会学家对学校课堂的社会化功能的分析。美国结构功能主义社会学家塔尔科特·帕森斯(Talcott Parsons)的班级社会化理论是这一观点的代表。帕森斯继承了法国社会学家埃米尔·涂尔干(Emile Durkheim)的基本主张,他认为,教育作为社会的一个构成要素,主要发挥其社会化功能,培养共同的价值规范来维持社会秩序和稳定的。学校的社会化功能表现在两个方面:一是个体的社会化;二是他们在社会中的角色分配。帕森斯继而将班级作为一种社会活动体系,分析了其特殊的社会功能,即社会化的功能。他将班级的社会化功能概括为两个方面:一是发展个体的责任感,包括了服从于社会的共同价值体系与其在社会结构中特定的角色义务;二是培养个体的能力,涵盖了扮演个人角色所须具备的知识和技能与扮演社会角色时,能符合他人的期望,并表现适当角色行为的社会能力。① 美国社会学家盖哲尔(J.W.Getzels)和谢伦(H.A.Thelen)也提出了课堂社会行为模型理论。② 他们认为,课堂社会体系中表现的社会行为,主要涉及制度规范层面和个人情意层面的因素。基于对课堂体系的这种认识,提出了几个基本观点:(1)班级行为既受制度层面、团体层面和个人层面等三方面因素的影响,又受教师的领导方式的指导以及学校和社会文化的影响,并能够进行内部和外部反馈成为学校和社会文化因素;(2)制度形成规范,并制约着班级中的角色行为,如果规范合理,就能产生班级效果;(3)团体产生群体气氛,如果群体气氛有利于成员的相处,就能产生群体动力,促进成员形成归属感并提高班级效能;(4)个人存在个别差异,每个人在群体中表现自己的人格,如果成员的人格能够彼此认同,同样能够产生班级效能。

应该说,美国社会学家的研究认识到了班级课堂作为一个社会体系对学生

---

① 张人杰.国外教育社会学基本文选(修订版)[M].上海:华东师范大学出版社,2009,420.
② 杨昌勇,郑淮.教育社会学[M].广州:广东人民出版社,2005,4.

的社会化和筛选的双重功能。特别是盖哲尔从系统观点分析班级社会体系的制约因素,同时注意到学校文化和社会文化的反馈作用,为研究班级社会体系提供了新的视角。但由于他们的研究对象主要设定于班级,重在从班级体系的角度分析其社会功能,而忽视了课堂班级相较于其他团体的独特功能,即课堂的交往互动是师生之间以课程文本作为中介而展开的。事实上,课程文本及其所承载的文化知识和社会意识形态对于学生的社会性发展发挥着不可替代的作用。

第二种有代表性的观点是苏联教育及心理学家的相关理论。苏联教育学家克鲁普斯卡娅等人于20世纪20年代提出的班级集体理论,认为班级集体是群体的高级形式,是一种有共同价值、共同活动目标与任务,并具有凝聚力的高度组织起来的群体。之后的心理学家从社会心理学的视角发展了这一理论,在个体的社会性发展研究上有所深化。彼得罗夫斯基和施巴林斯基所著的《集体的社会心理学》通过对群体中的交往和相互作用、群体对个人的社会期望、个人在群体中的角色身份和自我感觉,以及个体的心理定势几方面的研究,体现了集体对于学生个体社会性发展的作用。[1]安德烈耶娃所著的《社会心理学》从个性发展的角度谈到了个体的社会化问题。认为,社会化是一个双方面的过程,既包括个体进入社会关系体系,掌握社会经验,也包括个体对社会关系的积极介入和改造。她将个体社会化的过程看作活动、交往和自我意识三方面变化的统一体,其具体过程表现为社会和群体借助符号把规范和价值的一定体系转交给正在形成的个人。[2] 可以看出,苏联学者对学生社会性的分析主要是基于其群体化的理论观点展开的。这一观点,更多地强调群体对于个体社会化的作用。虽然研究者也谈到了社会化过程中的双向过程,但就其总体的理论分析来看,个体在社会性生成过程中处于较为被动的地位。

第三种有代表性的观点是由日本的教育社会学家片冈德雄提出的班级社会学理论。在其所著的《班级社会学》一书中,片冈德雄把班级看作学习集体,分析了它所具有的两种不同形式:一种是所属集体;一种是参照集体。一个班

---

[1] [苏]A·B·彼得罗夫斯基,B·B·施巴林斯基.集体的社会心理学[M].卢盛忠等译.北京:人民教育出版社,1984,77-94.

[2] [苏]T·M·安德烈耶娃.社会心理学[M].李钊等译.上海:上海翻译出版公司,1984,308-324.

级从学生所属的集体发展成学生的参照集体的过程,既是学习集体的形成过程,也是学生获得社会成长的过程。他提出了构成班级教学活动的三大因素:即学习内容、学习主体和人际关系,强调把人际关系和班级集体文化、规范联系起来研究,注意集体风气的建设。此外,在本书中,作者还对班级集体的社会学分析进行了方法论的阐释,提出了结构、过程、文化和与外界社会关系的四维分析模型。① 片冈德雄的班级研究把班级教学的动态过程既看成是学习主体把握学习内容的主观心理过程,又看成是人际关系的交互作用展开的客观过程,深化了我们对于班级社会性功能的理解。但研究主要还是一种对班级体系的系统分析,没有将班级中的学生,以及学生在班级课堂的社会性发展作为研究直接面对的主体。

通过对国外文献的分析可以看出,国外研究者从班级社会体系的分析角度,对班级环境下学生的社会化做了一些阐述。这些研究主要是通过对班级体系的结构和过程的分析来间接地体现班级的个体社会化功能。而且这种班级视角下学生社会性研究,更多地强调交往互动以及班级文化的功能,而对于课程文本、教学过程这些课堂场域学生社会性生成的重要因素则相对关注不足。

(2) 国内研究现状分析

与国外的相关研究有所区别,国内关于课堂学生社会性问题的研究在主题和视域上很大程度突破了班级研究的视角,将课堂教学作为一种社会场境,分析学生在其中的发展,包括学生的社会性发展。吴康宁教授的《课堂教学社会学》②,可以说是我国比较早的关于课堂教学的社会学研究专著。这一研究的重要理论价值,就在于为我国的课堂教学研究提供了社会学的研究视角和理论基础。研究者将课堂作为一个社会系统,分析了这一系统中的社会角色、社会文化、社会行为和社会过程。这样一种研究,实际上是对我国长期以来以认知发展为目标的教学功能观的一种突破,凸显出课堂教学作为社会系统对学生认知、社会性以及人格发展的整体功能。由于研究的主旨是为了给课堂教学提供一种社会学的分析视角,因此,对于学生社会性发展的研究更多是通过对课堂教学的社会视角的分析间接体现出来的。

---

① [日]片冈德雄.班级社会学[M].贺晓星译.北京:北京出版社,1993.
② 吴康宁.课堂教学社会学[M].南京:南京师范大学出版社,2001.

郭华教授的《教学社会性之研究》①则从教学本身所具有的社会性功能,分析了教学对于学生社会性发展的价值。在这一研究中,研究者将教学作为一种社会实践的生成,从"教学交往"和"课程"两个方面分析了教学的社会性特征,并阐释了教学的社会性对学生社会性发展的意义,对思考学生的社会性发展具有重要的启发。但由于研究是以对教学活动社会性的分析为主线展开的,因此,关于学生的社会性在课堂的发展也主要是通过对教学社会性的论证来间接体现的。

相对于前两位研究者对学生社会性的间接研究,西南大学郑淮博士的学位论文《场域视野下的学生社会性发展研究》②则是一篇对学生社会性发展的专题研究论述。研究者选择社会场域的视角,以中学生作为研究对象,通过分析中学生所处的学校、社区、家庭因素和具体社会场域,探讨中学生社会性发展的目标、机制和实现策略。这一研究对于我们了解学生在复杂的社会背景下的社会性发展具有重要启示。这一立足社会场域的学生社会性发展研究,虽然也将学校看作学生社会性发展的重要环境之一,但研究的重点在于从宏观视角,分析不同社会化机构对学生社会性发展的共同作用机制,对于课堂场域的学生社会性生成的微观机制分析则没有涉及。

通过对国内外相关文献的分析可以看出,已有的关于学生社会性发展的研究主要还是停留在理论层面的普适性、概括性分析,对于课堂微观领域的学生社会性发展问题的直接关注相对不足。而在涉及课堂学生社会性发展的研究中,则大多是从班级或课堂功能分析的角度阐述课堂具有促进学生社会性发展的功能。但对于学生在课堂中的社会性的表现形态是怎样的?学生的社会性是如何在课堂各个要素的相互作用中生成的?这样一些基本理论问题尚缺乏研究。课堂是学生接受学校教育的主渠道,也是学生社会性生成的非常重要而特殊的场所。只有对学生在课堂场域中社会性的表现形态、生成机制以及影响因素等这些根本性问题有一个高位的理论认识,才能够解决课堂学生社会性发展中所遇到的诸多问题,促进学生在课堂中的社会性生成与发展。

---

① 郭华.教学社会性之研究[M].北京:教育科学出版社,2002.
② 郑淮.场域视野下的学生社会性发展研究[D].重庆:西南大学,2007.

(二) 研究意义

1. 理论价值

已有关于学生社会性发展的研究,更多关注的是从教育与社会关系的视角对学生社会性发展的宏观研究,对于微观领域学生社会性问题的探讨则较少涉及。在文献资料的分析中可以看出,虽然对个体的社会性发展问题不同学科领域作了不少探讨,但主要从家庭、同辈群体、网络和学校等广泛的社会因素进行研究。已有研究很少从课堂这个相对微观的领域去关注学生的社会性生成,而从交往理论的视角,专门对课堂场域中的学生社会性的表现形态、结构要素、生成机制以及影响因素进行系统的理论研究,无论在教育社会学还是教学论领域都少有涉及。事实上,课堂作为一个特殊的社会系统对于学生的社会性生成发挥着其他媒介不可替代的独特作用,而交往作为学生重要的课堂活动和发展方式,是学生社会性的生成的主要机制。因此,基于交往视角的课堂场域学生社会性生成研究,可以从理论上更加深刻地理解和认识学生的社会性发展问题。

2. 实践价值

学生社会性生成过程也就是学生发展的过程。建立在交往基础上的多重社会关系,使得课堂成为学生社会性发展的重要场所。然而长期以来,我国课堂教学对于学生社会性发展的关注始终不足,课堂教学中的不合理交往造成了学生社会性发展的问题。由于理论层面对于课堂学生社会性发展研究的不足,使得对课堂实践中学生社会性发展问题缺乏必要的理论解释力和指导力。本书以交往视角对课堂场域学生社会性生成作以分析,通过一种建立在合理交往基础上的学生社会性生成机制分析,从而对课堂教学实践以启发和指导。

二、核心概念界定

(一) "社会性"与"学生的社会性"

1. 社会

在对社会性概念作出界定之前,首先需要对"社会"的概念稍作分析。社会(society)一词源于拉丁语"socius",是"伙伴"的意思。西塞罗曾用"societas"来表示人类的共同体,后来这一概念用来表示人与人结合的存在关系。在《牛津高阶英汉双解词典》中,社会是指以群体的形式生活在一起的人的总称。①在我国古代典籍中,"社会"作为一个词使用较少,"社"与"会"常常被分开使用。但两者含义相近,两者连用基本上是指志同道合者的聚会或由此结成的或者紧密,或者松散的团体。② 这种解释与西方对于"社会"一词的理解差异很大,以至于当年严复在翻译斯宾塞著作时,只能将西方意义上的社会学翻译成"群学"。现代意义上对"社会"一词的理解,是近代社会文化开放之后,中国学者在翻译日本社会学著作时的译法,这样中文的学术概念"社会"才有了现代通用的含义。

在西方社会学中,"社会"的内在构成与生物学对于"有机体"的理解有着本质上的相似性。在"社会学之父"孔德(Auguste Comte)看来,社会与自然世界并无太大区别,涂尔干把社会界定为一个囊括万物的载体,齐美尔(Georg Simmel)认为由个人的相互作用而联系起来的网络就是社会,而在韦伯(Max Weber)的社会学理论体系中,社会和社会性是可以交换使用的,范围很广,包括整个文化、经济和政治行动的集合体。

社会的组成要素是人们之间的社会关系。马克思从整体论的角度概括地指出,社会是人们交互作用的产物。"生产关系综合起来就构成所谓社会关系,构成所谓社会"。③ 在这里,马克思从一般的意义上指出了社会的本质,即社会是人们通过交往而形成的社会关系体系。

对于"社会"的理解,西方社会学的历史上长期存在着"唯名论"和"唯实论"之争。唯名论把社会仅仅看成一个由真实个人形成的空洞概念,社会只是单纯的名称,个人才是最终的实体,社会只是许多个人的集合体;唯实论认为社会不仅仅是个人的集合,而且是一个客观存在的实体,它塑造了个人的思想和行动,即规定了个别人的存在。当代社会学研究已逐渐走出这种二元对立的分歧和冲突。研究者基于一种关系性的思维方式,从社会的过程性建构视角,动态地看待社会,把社会既作为一种客观存在的实体,又看作一个动态的关系网络。

基于以上认识,本书从三个方面界定"社会"的内涵:首先,社会是人的社会。社会是由有意志的个体组成的,社会是人们共同生活的结合体。其次,社

---

① 牛津高阶英汉双解词典(第六版)[Z].北京:商务印书馆,牛津大学出版社,2004,1667.
② 王思斌.社会学教程(第二版)[M].北京:北京大学出版社,2003,27.
③ 马克思恩格斯选集(第一卷)[M],北京:人民出版社,1995,345.

会是一个互动的体系。社会是有意志的个体通过交往互动而形成的,共同的兴趣和结合在一起带来的利益是人们结成社会的深层原因。最后,社会是社会关系的体系。社会是由相关的社会关系连接而成的,这些社会关系是在具体场境下人们共同活动的规范。正是在这样一种对"社会"动态的、关系性的理解基础上,本书将学生置于课堂这一关系性的场域中,探讨学生如何在基于场域要素的交往互动中,实现个体的社会性生成。

2. 社会性

所谓"性",是指事物的特征、属性。在《韦氏大学词典》中,社会性(sociality)是指人的社会特征或属性,是与人交往和参与群体的倾向性。[①] 事实上,作为一个重要的学术概念,"社会性"是一个多学科共同关注的问题。不同学科基于各自的研究视角,对"社会性"提出了不同角度的理解。而本书对于社会性的界定,首先是建立在对不同学科社会性内涵的理解、分析和辨别的基础之上。

在哲学视野中,社会性是人的本质属性。对此,马克思主义哲学做出了精辟的分析。马克思认为,"人的本质并不是单个人所固有的抽象物,实际上它是一切社会关系的总和"。[②] 人的社会性既表现最一般、最普遍的社会关系,也表现特定时空条件下形成的、历史的发生变化的社会关系,这种社会关系反过来又制约和规定着人的社会本质。由于人类社会具有物质性,实践在本质上是一种社会性活动,正是在实践过程中,人们结成了一定的社会关系。概而言之,马克思强调人在实践活动中创造、生产人的社会联系、社会性本质,从而使自己成为"社会存在物",并且在社会建构活动中的现实意义上阐述人的社会性。

可以看出,马克思主义哲学视野中的"社会性"是人在社会关系中的本质属性。这样一种抽象性、概括性的理解,却带给我们以重要的启示:作为"现实的人"的社会性必然是在社会关系中实现的。"个体不是人们关系的起源或构成的基础,而是这些关系的'承受者',是社会关系使个体变成社会的人,形成独特

[①] 在《韦氏大学词典》中关于"sociality"的解释如下:1. an instance of social intercourse or sociability; 2. the tendency to associate in or form social groups. 参见[美]梅里亚姆-韦伯斯特公司.韦氏大学词典(第十版)[M].北京:世纪图书出版公司,1995,1114.

[②] 马克思恩格斯选集(第一卷)[M].北京:人民出版社,1995,60.

的社会品质。"①正因为如此,只有结合社会关系,才能认识人类社会性的独特内涵。

在社会学的话语体系中,对社会性及其生成的分析基本上是以"社会化"这一概念来表述的。早在19世纪90年代社会学就出现了社会化的概念,社会学家齐美尔用社会化的概念形容群体的形成过程:"人和人之间的相互影响及作用结合成社会的过程就是社会化的过程"。②随着当代社会学理论的不断发展,社会化的内涵也更加丰富和完善。美国社会学家I·罗伯逊把社会化理解为"使人们获得个性并学习其所在社会的生活方式的社会相互作用过程。"③英国学者G·邓肯·米切尔认为,"社会化是人类在社会环境中通过经验而形成智力和体力的过程。社会化包括文化传统的潜移默化、交往和学习等一切过程,通过这些过程,个人的机体的社会性得到了发展,能够参加社会生活。"④我国著名社会学家费孝通认为,"社会化就是指个人学习知识、技能和规范,取得社会生活的资格,发展自己的社会性的过程。"⑤我国社会学者郑杭生则认为,"社会化就是社会将一个自然人转化成为一个能够适应社会环境,参与社会生活,履行一定社会角色的社会人的过程。"⑥他概括地阐明了社会化的条件、内容和途径;提出个人生物学基础和外界社会环境是社会化的两方面必要条件;内化社会规范、学习社会角色和自我的发展等三方面是社会化的主要内容;而个体和社会的充分交往则是实现社会化的主要途径。

通过以上概念的分析可以看出,在社会学视角下的社会性研究关注个体在社会互动中的角色学习,强调人与社会相互作用中的生成。以这样一种研究视角理解社会性,赋予了社会性以社会结构中的主体交互生成的意义。

心理学比较多地关注个体的社会性发展问题。社会性发展与社会化两个概念在心理学文献中常被交替使用,只是所强调的角度有所不同。一般认为,

---

① 袁贵仁.马克思的人学思想[M].北京:北京师范大学出版社,1996,88.
② [德]齐美尔.社会是如何可能的[M].林荣远译.桂林:广西师范大学出版社,2002,22.
③ [美]I·罗伯逊.社会学(上)[M].黄育馥译.北京:商务印书馆,1990,138.
④ [英]G·邓肯·米切尔.新社会学词典[Z].蔡振扬,谈谷铮,雪原译.上海:上海译文出版社,1987,345.
⑤ 费孝通.社会学概论[M].天津:天津人民出版社,1984,54.
⑥ 郑杭生.社会学概论新修[M].北京:中国人民大学出版社,2001,112.

社会性的生成与发展是社会化的内容和结果。社会化侧重从个人向社会的转换，是把个人融入社会群体的过程；而社会性生成侧重于个体的自身发展，强调个人的社会性成长机制和发展结果。已有的心理学研究关于社会性的界定，主要包括以下几种：①一是把社会性作为一个社会成员的一切特征，包括人的社会心理特征、政治特征、道德特征、经济特征、审美特征和哲学特征等，它是和人作为生物个体的生物性相对而言，是个体社会化的内容和结果；二是把社会性视为个体在社会化过程中获得的情感、性格等心理特征，与人格、非智力因素等具有相同的意义，意谓除生理和认知以外的一切心理特征；三是将社会性理解为个体参与社会公共生活、与人交往，在其固有的生物特性基础上形成人所特有的社会心理特征，使个体能适应周围的社会环境，建立良好的人际关系，在自我完善过程中影响和改造周围环境。

心理学对于"社会性"概念的阐释可以从两个层面来理解：在广义的层面上，社会性是相对于个体的生物特性而言的，将社会性理解为社会成员的一切特性。在狭义的层面上，社会性是相对于个体的生理、认知等心理特性而言的，强调个体在社会交往过程中所形成的心理特征。总的来说，心理学更加强调从人格发展的角度理解社会性，凸显出个体社会性发展过程中的心理发展与自我形成。

在人类学语境中，"社会性"的内涵更多地被"社会化"、"濡化"的概念所取代。人类学从文化发展的角度，把人的社会化看作是社会文化的个体内化，即个体接受世代文化遗产，以保证社会文化延续的过程。威廉·哈维兰（W·A·Haviland）指出：文化从一代传到下一代的过程谓之濡化。② 柯尼格（Cornige, S.）则认为，所谓社会化就是一种过程，个人由此成为他所出身的那个社会恪尽职守的一分子，其行为符合社会的民俗民德。③

人类学将社会化看作是个体学习社会文化的过程，为社会性提供了另一理解视角。由之，个体的社会性便具有了社会文化性的特征。这种"社会的文化"，包括了个体生活在其中的社会群体的多种形式的文化，主要是指一种价值观和社会规范。一个人学习了这些价值观和社会规范，认同了这种社会文化，

---

① 俞国良.品德与社会性[J].教育科学研究,2003(5).
② [美]威廉·哈维兰.当代人类学[M].王铭铭等译.上海：上海人民出版社,1987,247.
③ 裴时英.教育社会学概论[M].天津：南开大学出版社,1988,76.

也就增加了自己的社会性,从而能够作为社会人去独立和有效地参与群体和社会生活。

通过以上不同学科视角对于"社会性"内涵的分析,可以看出不同学科的研究侧重:哲学立足于社会关系的角度理解人的社会本质;心理学关注社会化过程中的个人成长,将社会性理解为个体在社会学习过程中所获得的人格发展和自我形成的结果;社会学强调社会化过程中人与社会互动过程中的角色形成;而人类学则更加关注个体社会性生成过程中的文化特性。

研究视角的多层面、多角度为全面把握"社会性"的内涵提供了条件。而本书对于"社会性"的界定正是在对多学科视角全面把握基础上,基于研究主旨和需要所做出的具体性理解。作为教学论视角的学生社会性研究,主要关注于学生如何通过课堂场域中的交往实现个体的社会性生成。这样一种社会性的研究,必然是将个体置于具体社会关系中的考察。在课堂场域这样具体的社会关系中,个体的社会性既体现了文化传承的特征,又表现出人格发展的特性,还呈现出人际交往中的角色习得。而实现这种社会性生成的机制,则是个体间的交往互动。正是基于此,本书将社会性界定为:个体在社会关系中所形成和表现出的稳定属性和特征。进而,从个体与客观事物的关系、与他人的关系和与自我的关系三个层面构建社会关系,并由此构成了社会性的三方面结构特征:与客观事物生产性关系中的文化性、与他人的人际性关系中的互赖性和交往性、与自我的伦理性关系中的道德性。

这样一种"社会性"概念的理解,必然包含以下几方面内涵:

首先,社会性是相对于个体的生物性而言的。生物性是个体的本能表露,是低级的、与生俱来的,不会随着个体成长而转化的;社会性则脱离了原始本能的控制,表现出独特的人类理智和社会组织功能。

其次,社会性是相对于个性而言的。就心理学意义上说,个性是个体独特的,带有个别性行为方式;而社会性则是个体在社会组织中符合社会规范和传统习俗的共性的行为方式。

再次,社会性不同于社会化。社会性是个体经历社会化过程所内化形成的社会品质和社会特征。它是社会化的内容和结果;而社会化则是个体学习社会知识、技能和规范,获得社会生活的资格,发展自己的社会性的过程。

最后,社会性和认知发展的关系既相区别又相统一。一方面,从个体心理发展来看,个体发展分为认知发展、社会性发展和人格发展。社会性发展是相对于认知发展而提出的;另一方面,任何个体的社会性发展都需要以相应的认知发展为基础。个体社会认知的发展是社会性发展的重要内容。

需要指出的是,社会性虽然是个体在社会关系中形成的"向社会"特征。但社会性并不是一种同质性、雷同性。个体的社会性生成过程包括两方面功能:一是促进个体的社会化,它包括一个人建立和维持与他人的关系,根据社会规则和标准调整自身的行为,逐步成为社会所接纳的成员,这是一种整合功能,它保证将个体作为一个适当的参与者整合到社会中。二是促成个体实现自己的个别化,也即社会意义下的个性发展。个别性包括个人自我意识的发展和社会交往的分化。正是这种个别化,社会具有了不同的角色分化,而相同的社会角色也由于角色扮演主体的不同而表现出差异。个别化过程是社会性发展的分化功能。因此,可以说,个体的社会性是同质性和差异性的统一。

3. 学生社会性

"相对于作为社会文化中心的成人文化,青少年学生只是处在这种文化的边缘"。[①] 学生群体的特殊性首先体现在其生理基础上的心理特征和行为特征,由于生理发育处于由不成熟向成熟的渐变过程,与此伴随的智力、个性、思维、认知、知识结构、价值观念等表现出幼稚、多变。学生群体的特殊性还表现在:作为教育对象,其发展的内容、目标、方式被规范地设计和限制。正因为如此,学生的社会性与成人相区别,表现出明显的特征[②]:(1)指向性,即学生社会性的发展取向应是符合社会进步的,学校应该把社会文化中的那些有利于社会进步的有价值的东西加以选择,传授给学生;(2)系统性,即对学生社会性的教化不是零散的、偶然的、单一的,应遵循学生的认知规律、社会知识结构特征来组织,是一个有计划的完整的系统;(3)磨合性,学生交错处在学校和社会两种不同的情境中,在接受学校教育课堂教学的同时,不断体验着社会,学生需要将在课堂中所获得的社会理念与社会现实进行对比和渗透;反过来,也需要将社会活动中的体验带回学校进行诠释和辨别,在交互学习的过程中获得对正确社会行为范式的理

---

① 谢维和.教育活动的社会学分析[M].北京:教育科学出版社,2000,126.
② 孙杰远.论学生社会性发展[J].教育研究,2003(7).

解；(4)差异补偿性，学生的社会性发展水平存在着个体差异和群体发展的不平衡。在教育过程中，对于不同学生的社会背景与个体特质所带来的社会性发展水平的差异，可以通过课堂中的学习与交往得以补偿。

关于学生的社会性及其特征，教育社会学从儿童社会化角度的研究提供了多视角的启示。以涂尔干和帕森斯为代表的结构功能主义以儿童为研究对象，从考察社会环境对儿童的作用和影响的角度，将人的社会化看作是个体适应社会的过程。涂尔干明确提出，"教育在于使年轻一代系统地社会化"，"其目的在于使儿童的身体、智力和道德状况都得到某些激励和发展，以适应整个社会在总体上对儿童的要求，并适应儿童将来所处的特定环境的要求"。[①] 帕森斯则认为，社会化是将社会的价值观内化为个体个性的过程，也就是个人与社会的一致化、个人被社会同化，通过这一过程，社会的共同价值观念内化为个体的价值观。他认为社会化的概念可以概括为培养个体的义务和能力，义务包括履行广泛的社会价值标准和在社会中担任角色的义务；而能力也包括履行社会角色的技能和与他人交往相处的能力。[②] 冲突理论从阶级对立和冲突的角度理解人的社会化，认为人的社会化是统治阶级的意识形态、阶级关系和结构的复制过程；而教育正是通过对儿童社会资本和文化资本的复制，实现学生的社会化。而解释主义视角则特别强调社会化过程中意义的形成和解释，着力解释这些意义的生成对于儿童发展和文化再生产的作用。他们认为"文化结构和社会结构是在集体协商与解释过程中产生的。社会化不仅仅是内化和适应，而是接近、革新和再生产的过程。"[③]这些不同视角的关于学生社会化的分析，进一步体现出学生社会性生成的基本特征。学生的社会性生成必然包含着对社会文化的学习、社会价值观的内化、角色规范的习得以及社会能力的发展。

基于以上分析，本书将学生的社会性界定为：学生在社会生活和学校学习中，通过文化学习、人际交往和参与社会群体而形成的社会属性和特征。基于学生生活和学习环境的独特性，与社会性的内在结构相对应，学生社会性可以

---

① 张人杰.国外教育社会学基本文选(修订版)[M].上海：华东师范大学出版社,2009,8.
② 厉以贤.西方教育社会学文选[M].台北：五南图书出版有限公司,1992,140.
③ William.A.C. and Miller.P.J. Interpretive Approaches to Children's Socialization. Jossey-Bass inc,Publishers. 1992,1.

概括为四个方面特征:社会文化性、互赖性、交往性和道德性。

(二)"课堂场域"

1. 场域

为了获得"场域"概念的科学界定,笔者查阅了《辞海》、《大百科全书·社会卷》、《大百科全书·哲学卷》等工具书,但都没有对这一概念的解释。在英文中,"field"一词与我们通常意义上对于"场域"的理解较为相近,其含义是:(1)(作某用途的)场地、场所;(2)场(存在某种力的效应的范围或空间);(3)某物的有效作用范围。① 从这一解释中,我们可以获得对"场"的普遍意义上的一般理解。

"场"的概念在各门学科中出现,既是各门学科自身发展的需要,也是历史发展的一种逻辑结果。"场"的概念首先在自然科学研究中出现。物理学上电磁场理论、爱因斯坦建立在"相对论"基础上的"统一场论"以及海森堡的"量子统一场论"的提出,代表了现代物理学上一次伟大的思维革命。在心理学领域,格式塔心理学先驱也在完形理论中提出"场"的概念,使得自然科学中的"电磁场"、"统一场"延伸到了人的世界中的"心理场"。"场"的理论获得了一次推进。

与物理学、心理学中的使用不同,"场"在社会学中的使用,更多的是与所要分析的社会现象相联系。涂尔干(又译:迪尔凯姆)是较早使用"场"概念的社会学家。他认为任何事物都必须在一定的"场"中才能存在和表现出来,社会现象的"场"就是社会环境。因此,必须把社会现象放在整个社会生活的背景上去作综合的考察,去发掘存在和影响它们的各种社会联系。②

"场域"(field)是社会学研究的一个重要范畴。一般认为,是由法国社会学家布迪厄(P.Bourdieu,1930—2002)提出并广泛使用的。③布迪厄对于"场域"概念的界定,是从关系的角度分析和思考的。他把"场域"定义为各种位置之间存

---

① 牛津高阶英汉双解词典(第六版)[Z].北京:商务印书馆,牛津大学出版社,2004,639.

② [法]迪尔凯姆.社会学方法的规则:西方社会学学科体系的奠基人[M].北京:华夏出版社,1999,5.

③ 事实上,"场域"并非由布迪厄提出的一个新概念,萨特、梅洛庞蒂等哲学家都在自己的著作中使用过这一概念。布迪厄在1966年的《论知识分子场及其创作性规划》中最初使用了这一术语,但随后的20世纪70—90年代,布迪厄在他的著作中广泛使用了这一概念并将其发展,形成了系统的理论体系。

在的客观关系的网络和构型。在布迪厄的设想中,"社会宇宙"大致相当于通常意义上的社会,复数的"社会世界"相当于构成社会的各个具体的社会领域。布迪厄之所以摈弃常用的概念,而另外寻找"场域"这个自己的表达方式,是因为在他看来,一个分化了的社会,并非一个浑然整合的总体,而是由遵循着自己的运作逻辑的不同游戏领域组合而成,也就是说,社会世界是由相对自主的社会小世界构成的。所谓的小世界,就是布迪厄认为的客观关系的空间,也就是"场域"。总之,"从分析角度看,一个场也许可以被定义为由不同的位置之间的客观关系构成的一个网络,或一个构造。由这些位置所产生的决定性力量已经强加到占据这些位置的占有者、行动者或体制之上,这些位置是由占据者在权力(或资本)的分布结构中目前的,或潜在的境域所决定的;对这些权力(或资本)的占有,也意味着对这个场的特殊利润的控制。另外,这些位置的界定还取决于这些位置与其他位置(统治性、服从性、同源性的位置等)之间的客观关系。"这就是布迪厄"场域"概念的含义。①

由此可见,布迪厄试图通过场域概念揭示三方面内涵:首先,场域概念充分体现了他的关系主义思维方式,根据场域来思考,就是从关系的角度来思考,从而为"关系分析"提供了一个框架。其次,布迪厄的场域概念,非常强调社会生活的冲突性。作为一个包含着潜在的和活跃的力量的空间,场域也是一个充满着旨在维护或者改变场域中的力量格局的斗争场所,是一个争夺对珍贵资源的控制权的竞技场,在围绕着特定形式的资本而展开的场域斗争中,布迪厄非常强调关于正当化原则的竞争,也就是在谋求符号暴力垄断权上的竞争。再次,场域所涉及的是对行动者地位的分析,对行动者占据的位置的多维空间的阐述,每个行动者的地位是他的惯习与所处的场域中的位置之间相互作用的结果。行动者在场域中的位置是由资本的质量和数量的分布来界定的,依其资本的类型和总量,存在着支配和服从之分。行动者的策略取决于他们在场域中的位置,不同位置占据者的行动策略各不相同。② 还有研究者进一步将布迪厄的场域的特征概括为以下几点:(1)表现各种要素关系的结构体系;(2)具有策略性和竞争性倾向的系统;(3)具有各种资本和文化特性的社会主体组合;(4)具

---

① 包亚明.布迪厄——文化资本与社会炼金术[M].上海:上海人民出版社,1997,142.
② 宫留记.布迪厄.社会实践理论[D].南京:南京师范大学博士论文,2007,26-27.

有共同价值体系的体制或组织。①概而言之,场域作为一种社会关系网络,通过内在于其中的行动者基于资本配置的权力运作,从而塑造和决定主体的行为和社会关系,维系社会的再生产。

2. 课堂场域

将场域的概念引入课堂,用场域的视角解读课堂,这是对课堂教学研究的一种理论深化和视域拓展的尝试。对于"课堂场域"内涵的界定,通过以下三个问题的探讨将逐渐清晰。

(1) 课堂作为场域的可能性论证

在提出"课堂场域"概念之前,首先需要思考和审视的一个前提性问题是:课堂究竟能否作为一种场域解读?基于此,便需要论证课堂场域的可能性问题。

通过上文对于"场域"概念的分析可见,场域是各种位置之间存在的客观关系的网络和构型。这种客观的关系网络体现出三方面的特征,即关系性、冲突性以及行动者和社会结构的互动统一性。而作为实现学生社会性生成的场所的课堂,也恰恰体现了这样的特征。

首先,课堂是一个实然的、客观的关系存在。它不仅仅是一种物理意义上的有形的、场地的界定,更重要的是一种关系意义上的、无形的边界界定。在课堂教学中,居于不同位置和资本水平的教师与学生通过课堂交往建立起一种关系网络,通过这种关系网络的交织互动和相互作用,实现着学生的发展和课堂文化的再生产。而"场域"概念所表达的正是这样一种实然或相对存在的、有形或无形的疆界。这个"界"决不仅仅是一种物理的"界",更多的是一种意义的"界"。

其次,课堂具有冲突性特征。课堂的这种冲突性特征是由课堂结构的社会文化再生产功能与作为课堂主体的学生的主体性特征决定的。在课堂教学和课堂生活中,存在着一种不对称的主体际关系,即作为社会代言人的教师和作为受教育者的学生。一方面,教师总是力图将社会文化传递给学生,通过使学生获得社会知识、形成社会观念、提高社会生活能力,并实现社会文化的再生产。而另一方面,学生作为课堂学习的主体,不可能被动地接受社会文化的灌

---

① 方成.场域转换与隔场遏制:布迪厄的社会文化批评理论述评[J].外语研究,2006(3).

输,他们对于社会文化的学习和掌握必然带有自我的意向性、选择性和差异性。正是这种选择与差异,才使得学生在课堂中的发展成为一种真实、真正的发展。而学生在课堂中所呈现出的主动与受动的关系对抗,也就使得这种发展必然地具有了冲突性的特征。

最后,课堂客观结构与作为课堂主体的学生在课堂教学中体现出互动统一性。既然学生在课堂中的发展是一种冲突性的发展,那么,课堂之于学生发展的意义便不仅仅是一种单向的被动决定论。在课堂中,学生与课堂结构并不是相互对立的二分关系,学生内在于课堂中并与之相互作用,体现出学生与课堂结构特征的内在一致性。通过课堂交往的中介作用,一方面,将课堂的结构意义作用于学生,实现学生的发展;另一方面,学生的行为特征又反作用于课堂场域,实现课堂文化的创生。

通过以上分析可以看出,场域所具有的关系性、冲突性和互动生成性同样存在于课堂教学中。而以场域的视角审视课堂,揭示课堂的这种关系性、冲突性和互动生成性,则有利于更加清楚地阐释课堂对于学生社会性生成的价值意义和功能机制。

(2) 课堂场域区别于其他场域的结构要素和基本特征

通过对课堂场域的同质性特征的分析,确立了课堂场域的合理性存在。而进一步需要思考的问题便是:课堂场域区别于其他场域的异质性特征是什么?对这一问题的分析,需要我们考察课堂的要素结构和基本特征。

所谓课堂的要素结构是指课堂的构成要素及其相互关系。我国学者皮连生认为,课堂是以教室为互动场所,通过师生之间的分工合作和职权、责任的制度化而有计划地协调师生活动,以达到教育目标的一种组织系统。在这个组织系统中,教师指导下进行学习的学生、学习过程和学习情境是课堂的三大要素。这三大要素的相对稳定的组合模式就是课堂结构,包括课堂情境结构和课堂教学结构。① 日本教育社会学家片冈德雄提出构成班级教学活动的三大因素,即学习内容、学习主体和人际关系。② 可以看出,对于课堂要素结构的划分,研究者基于不同的研究视角会提出各不相同的观点。

---

① 皮连生.教与学的心理学[M].上海:华东师范大学出版社,1997,333.
② [日]片冈德雄.班级社会性[M].贺晓星译.北京:北京教育出版社,1993,2.

本书的目的在于以一种交往的视角分析课堂场域中学生的社会性生成。因此,对于课堂要素结构的划分也采用一种交往视角的分析。据此,课堂场域的结构要素包括以下几点：作为交往主体的教师和学生、作为交往中介的课程文本、作为交往保障的课堂规范以及作为交往情境的群体文化。在课堂场域中,正是通过这些结构要素的相互作用,从而实现社会文化、社会关系的再生产和社会主体的生成。

对于课堂场域功能与特征的认识也存在不同的观点。有研究者将课堂予以历史考察,认为课堂最少有三种主要理解。第一种是指课堂教学的场所,即教室,教学论研究中以前将之作为教学环境加以研究；第二种是指课堂教学,就是发生在教室里的教学活动,由于传统的课堂中课程是刚性的,课堂教学研究只是从教学内容的角度加以考虑,传统教学论重点在于研究教学活动及其构成要素；第三种是指课堂是一个学习型共同体,这个共同体是学生成长、发展和教师专业提高的共同体。第一种课堂只是一个条件性的理解；第二种课堂是"人类专门的知识传授场所"；第三种课堂则是"人才培养的专门场所"。①

本书对于课堂场域功能和特征的理解是第三种意义上的课堂,即课堂是"人才培养的专门场所"。正是在这一意义上,我们将课堂场域定位于"生活世界"。② 作为"生活世界"的课堂场域,不仅包括课堂教学,而且包括课堂生活,是课堂教学与课堂生活的交织。学生通过课堂场域中的实践与交往,同时实现着

---

① 王鉴.课堂研究概论[M].北京：人民教育出版社,2007,59.

② 已有教学论研究对课堂教学的"生活世界"意义已有较多涉及。但由于研究视角和论证基础的不同,使得"生活世界"定位的出发点和意义有很大分歧。这正是因此,对于课堂能否作为生活世界,以及是否应该回归生活世界,在教学论界的研究中始终存在着分歧。

本书关于"生活世界"的理解,是以匈牙利哲学家阿格妮丝·赫勒的划分为理论依据的。赫勒在其代表作《日常生活》一书中,把人的生活世界划分为社会再生产和个体再生产两个领域。她认为,日常生活是"个体再生产要素的集合",他与个体的生存直接相关；在日常生活之外的社会再生产或类的再生产的各种活动,构成了人的非日常生活领域。她认为,在人的生活世界中,日常生活是非日常生活的基础,个体再生产一方面不断地再生产个人本身；另一方面则构成社会再生产的基础,"日常生活就是那些同时使社会再生产成为可能的个体再生产要素的集合","如果个体要再生产出社会,他们就必须再生产出作为个体的自身。"参见[匈]阿格妮丝·赫勒.日常生活[M].衣俊卿译.重庆：重庆出版社,1990,3.

在课堂场域本身就是一个以社会文化和社会关系再生产为工具目的,而以社会主体的生成为终极旨趣的世界,正是课堂场域中的日常交往与非日常交往,实现了社会与人的再生产。基于这一意义上,本书将课堂场域定位为"生活世界"。

"社会文化和社会关系的再生产"与"作为社会主体的人的再生产"。这样一种课堂场域的定位,必然带来课堂场域内涵的丰富与深化。一方面,赋予课堂教学以生活的内涵,让课堂教学的精神追求回归生命旨趣;另一方面,探寻课堂生活的教育意义,使学生在日常生活中获得教育和成长。

(3) 本书关于"课堂场域"界定

基于以上分析,本书认为,所谓"课堂场域"是指在课堂学习和生活中,通过师生、生生之间以课程文本为中介、以课堂规范为保障、以群体文化为情境的课堂交往,从而实现以社会文化和社会关系的再生产为工具目的、以社会主体的生成和发展为终极目的的关系网络。

(三)"交往"与"课堂交往"

交往既是一个哲学概念,也是社会学和心理学的研究内容。本书对"课堂交往"概念的理解是建立在关于"交往"概念的理解和阐释基础之上的。

1. 交往

对于"交往"理论的分析,不可回避的两个重要人物和重要思想便是马克思基于物质生产活动的交往思想和哈贝马斯以语言为本的交往行动理论。

马克思并没有以交往为定向的综合研究理论,而是在阐释社会存在的现实基础及其历史变迁、发展的社会根源时,提出交往概念,论及交往问题的。马克思所论及的交往,也就是"交往活动",是指一定历史时代不同社会主体之间的相互影响作用。包括人与人之间的直接或间接的接触、交际、交换或交流物品,劳动及其他活动,以及信息、观念、情感等的活动。[①] 马克思所使用的这个词本身具有"交换"的含义,最初用以指物质生产过程中的劳动交换。在《德意志意识形态》中,马克思和恩格斯使用过"人与人之间的交往"、"世界交往"、"民族内部的交往和外部的交往"等指称,表示交往范畴含义之广泛。交往是从物质生产领域中发展起来并独立出来的一种基本的实践活动。交往及其形式是由生产决定的,但"生产本身又是以个人彼此之间的交往为前提的"。[②]

应该说,马克思的交往理论是建立在"生产与再生产范式"基础上的交往思想。这样一种交往理论,关注的是人与自然的物质变革过程中所形成的人与人

---

① 冯契.哲学大辞典[Z].上海:上海辞书出版社,2001,636.
② 马克思恩格斯选集(第一卷)[M].北京:人民出版社,1995,292.

之间的生产关系、经济关系、阶级关系以及注重其他社会关系。正因为如此,马克思的交往理论成为一种交往实践观。

哈贝马斯把交往作为他的哲学主题之一,并将它作为架构合理化的生活世界的支柱,促进社会进化和人类解放的契机。哈贝马斯的交往行为理论可以分为两个部分。一个部分是活动理论,它阐述了交往活动与三个世界(客观世界、社会世界和主观世界)的关系;另一个部分是社会理论,他所关注的问题是通过交往所达至的社会的合理化、现代化和殖民化。[1] 前者关注与交往行为本身的合理化问题,而后者则关注与通过合理化交往所实现的社会进化意义。因此可以说,哈贝马斯对于交往行为本身的意义阐释,是他的整个交往行为理论的根基。在这一理论体系下,哈贝马斯阐述了其基于语言本体的交往的内涵。哈贝马斯认为,交往行为是指一种主体之间通过符号协调的相互作用,它以语言为媒介,通过对话,达到人与人之间的相互理解和一致。[2] 通过这样一种"交往理性范式"的建立,哈贝马斯将交往行为与"目的合理的行为"(即作用于客体的工具理性行为)区别开来。

由于交往问题在马克思和哈贝马斯的社会哲学中分别占据着不同的地位,扮演着不同的角色,这也就使得两者对于交往问题的理解呈现出不同分析视角和解释范式。不同于马克思建立在物质生产基础上的交往实践,哈贝马斯将交往建立在人与人的语言对话的基础上,强调交往过程中个体与客观世界、社会世界和主观世界关系的重要性。正是通过对话性交往中与三个世界关系的和谐,从而达成主体间的精神沟通、视界融合和道德同情。如果说,马克思对于交往的阐释是一种物质性的现实交往,那么哈贝马斯的交往理论则是一种建立在规范性基础上的理想性交往。正因如此,马克思的交往实践观主要从本体论意义上为人们理解交往的内涵以启示,而哈贝马斯的交往行为理论则更多地从价值论的意义上为人们理解交往提供了一种价值指向。

正是基于马克思和哈贝马斯从不同视角对于交往内涵的解读,我们试图从"本体论"和"价值论"整合的视角建立起对"交往"内涵的理解。

从本体论意义上说,交往是人类特有的存在和活动方式。由于生产活动是

---

[1] 姚大志.哈贝马斯:交往活动理论及其问题[J].吉林大学社会科学学报,2000(6).
[2] 艾四林.哈贝马斯交往理论评析[J].清华大学学报(哲学版),1995(3).

人类和人类社会存在和发展的基础。"而生产本身又是以个人彼此之间的交往为前提的"。因此,离开人与人之间的交往,人类便无法生存和活动。交往始源于物质生产活动,但又不仅仅存在于物质生产活动中。中介性是交往的重要特性,根据交往的对象或媒介的不同,可以将交往划分为物质性交往和精神性交往两种。前者指人与人之间相互交换或共同改造某种产品、工具等对象物的活动;后者是指人与人之间以语言符号作为媒介而交流思想、观念、情感、态度等人的内在精神世界的活动。在现实的交往中,正是通过不同的交往媒介,实现着个体间物质上和精神上的彼此创造。交往就是"人们对人们的加工",提高他们的"本质力量"和"种属能力",彼此作为活动主体而形成。①

而从价值论意义上来说,交往不仅仅具有生产性的价值——无论是作为社会物质的生产还是社会精神的生产。交往本身所具有的指向于人的生成和发展的意义,是交往的终极旨趣所在。交往是通过人与人之间相互关系、相互作用实现的。这种相互关系不仅体现于生产活动中的生产能力的创造,而且体现于语言对话中的存在意义的彰显。在与客观世界、社会世界和自我世界的关系中,个体间建立起对话协商的交往方式。而通过这样一种平等交往所达成的个体间的精神沟通、视界融合和道德同情,是实现人的主体间性生成和精神自由解放的重要条件。至此,交往的价值内涵得以充分体现:交往不仅具有社会生产的价值,而且具有个体发展的意义;不仅实现着人的生产能力的发展,而且实现着人的精神自由与解放。

基于以上分析,笔者认为,交往是人类特有的存在方式和活动方式。它是人与人之间以物质或精神产品为中介、以社会生产和自我发展为目的的相互作用过程。通过交往所建立起来的多重社会关系,是实现交往目标的重要条件。

2. 课堂交往

将对"交往"内涵的理解置于具体的课堂场域中,通过对课堂目标意义和结构要素的分析,从而揭示"课堂交往"的意义,是本书对于"课堂交往"内涵界定的基本思路。

教育是以培养人为目标的。这一目标最终体现于通过教育培养具有主体

---

① 袁贵仁.马克思的人学思想[M].北京:北京师范大学出版社,1996,114.

意识、社会能力的充分且自由发展的社会人。因此,课堂场域的交往也必然是以学生作为社会主体的生成为终极旨趣的。通过课堂交往,一方面实现着社会文化的传承和再生产;另一方面则实现着社会主体的生成。作为一种精神交往,课堂交往是以课堂场域的结构要素(师生主体、课程文本、群体文化和课堂规范等)为条件实现的。正是通过师生之间以课程文本为中介、以群体文化为场境、以课堂规范为保障的精神交往活动,建构起课堂场域的多重社会关系,并在这些关系中实现着学生社会性的发展和社会主体的生成。

因此,本书的课堂交往是指在课堂场域中,师生主体以场域要素为条件、以社会文化的再生产和社会主体的生成为目的的相互作用过程。在这个过程中,由师生主体、课程文本、群体文化和课堂规范所建构形成的场域内的多重关系,是实现文化传承和学生社会性生成的重要条件。

(四)"课堂场域中的学生社会性"

"课堂场域中的学生社会性"是对学生社会性的进一步界定,是指学生在课堂场域中所生成和表现出的社会属性和社会特征。美国社会学家帕森斯分析了班级作为一种社会体系所具有的社会化功能。他认为,班级的社会化功能可以概括为个体责任感和能力的发展,这些责任感和能力对于他们未来的角色扮演是最为基本的前提。责任感可以分解为两部分:履行广泛的社会价值的责任感和完成社会结构中某一特定类型角色的责任感。能力也可以分解为两部分:第一部分是完成个人角色中的任务所需要的能力和技能;第二部分是作为实现他人对适合这些角色的人际行为的期望所需的能力或"角色职责"。[①]

虽然帕森斯所说的"班级"与本书中的"课堂场域"关注的视角和侧重点有所不同,但两者却有着内涵的相似性。正因为如此,帕森斯对于班级社会化功能的分析可以给我们以启示:帕森斯在对班级的社会化功能分析的过程中,不仅从学生社会化的内容区分为责任感和能力两方面,而且从性质上区分为适应现实角色的社会性和履行未来社会公民角色的社会性。在课堂场域中,学生的社会性同样是在这两个不同层面的生成:一个层面,通过课堂场域的人际交往,形成作为学生的角色意识和能力;另一个层面,通过课堂场域的文化学习,学生

---

① 张人杰.国外教育社会学基本文选(修订版)[M].上海:华东师范大学出版社,2009,420.

习得社会文化并内化生成社会价值观,以适应未来社会公民的角色意识和能力。笔者认为,形成学生适应未来社会角色的意识和能力,是社会性培养的最终目的。但学生这两个层面的角色意识和能力又不是截然分开的。学生在课堂场域中所形成的学生角色能力,例如规则意识与自律精神、社会情感和社会交往能力,同样是胜任社会角色所必须具备的。正因为如此,学生在课堂场域中所形成的角色意识和角色能力作为一种社会能力,具有延展性和可迁移性,它能够使学生在胜任现实角色的同时具备适应社会角色的能力。也正是基于此,本书对课堂场域学生社会性的界定,包括学生和社会公民两个层面的角色意识和角色能力。而具有社会责任感和社会行为能力,且能够对社会发展作出贡献的社会主体,是课堂场域学生社会性生成的终极旨趣。

在确定了课堂场域学生社会性分析边界的基础上,我们还需要通过对课堂场域要素意义的理解来进一步明确"课堂场域中的学生社会性"的内涵。如前所述,课堂场域是一个多重关系的复杂结构。在前文的概念界定中,将课堂场域的结构要素概括为:作为交往主体的教师和学生、作为交往中介的课程文本、作为交往保障的课堂规范以及作为交往场境的群体文化四个方面。因此,课堂场域的学生社会性也是在基于不同要素所形成的课堂社会关系中生成的。学生在与课程文本的对象性关系中实现社会价值观的内化;群体文化中的主体际关系使学生建构起和谐的人际关系并形成群体归属感和社会交往能力;而课堂制度规约中的自我伦理关系则生成学生的规则意识和自律精神。

基于以上分析,课堂场域的学生社会性是指学生在课堂场域中,通过与场域要素(师生主体、课程文本、群体文化以及课堂规范)的社会关系所生成的社会价值观、群体归属感、合作交往能力以及规则意识和自律精神。

三、研究视角与研究思路

(一) 研究视角

哈贝马斯的交往行为理论旨在实现社会交往的合理化。他把人的行为分为"工具行为"和"交往行为",交往行为是"以至少两个主体之间的以社会生活为背景,以语言为媒介,以理解、行动合法化和个人社会化为目的的社会行为。"[①] 简言

---

① 王武召.社会交往论[M].北京:北京大学出版社,2002,210.

之,即通过对话以求达到人们之间的相互"理解"与"一致"的行为。哈贝马斯认为,人类奋斗的目标不是使"工具行为"而是使"交往行为"合理化,"交往行为"合理化的社会才是人类的理想社会。

哈贝马斯的交往理论,为我们研究课堂交往视角下的学生社会性生成提供了重要的理论基础。课堂场域的交往是师生、生生主体间以课堂场域为背景,以语言为媒介,以文化知识的学习、群体文化的营造和学生社会角色的分化与整合为目的的社会行为。因此,课堂交往,绝不应是一种目的理性基础上的工具性交往,而应是一种建立在交往理性基础上的合理化交往。课堂教学应当关注交往对于学生社会性发展的功能,而不仅仅将学生的社会性发展作为知识学习的附庸。师生、生生间通过建立在主体间性基础上的对话与协商,达成彼此间的"理解"与"一致"。建立在交往理性基础上的课堂交往,使得课堂场域中的学生,不再是单子式的个体存在,学生不是完全被动接受教师灌输的社会规范和价值观,而是具有自主的辨别和选择能力。课堂场域所培养的学生的社会性,不再只是一种顺从、迎合的品质,而是具有自我反思意识和批判能力的社会主体。

正是基于此,本书从课堂交往的视角分析课堂场域学生社会性的生成,将哈贝马斯建立在交往合理化基础上的交往行为理论作为分析课堂场域学生社会性生成的理论基础,探寻合理化交往基础上的课堂场域学生社会性生成机制。

(二) 研究思路

本书以课堂场域中的学生社会性生成为研究主题,从历史、现实和理论三个纬度展开对问题的分析。

首先,对国内外研究者关于课堂学生社会性生成的相关研究进行历史梳理,使研究建立在对研究问题深入把握的基础上。

其次,选择小学作为研究对象,对小学课堂学生社会性生成作以实证研究。这样,就使本书建立在对课堂实践充分了解的基础上。

再次,在对历史和现实把握的基础上,继而对课堂场域学生社会性生成进行理论分析。通过分析主要解决四个问题:(1)课堂场域学生社会性的表现形态;(2)课堂场域学生社会性的要素与结构;(3)课堂场域学生社会性生成的机制分析;(4)课堂场域学生社会性生成的影响因素。

最后,在理论分析的基础上,提出促进课堂场域学生社会性生成的实践策略。

关于研究框架参见下图：

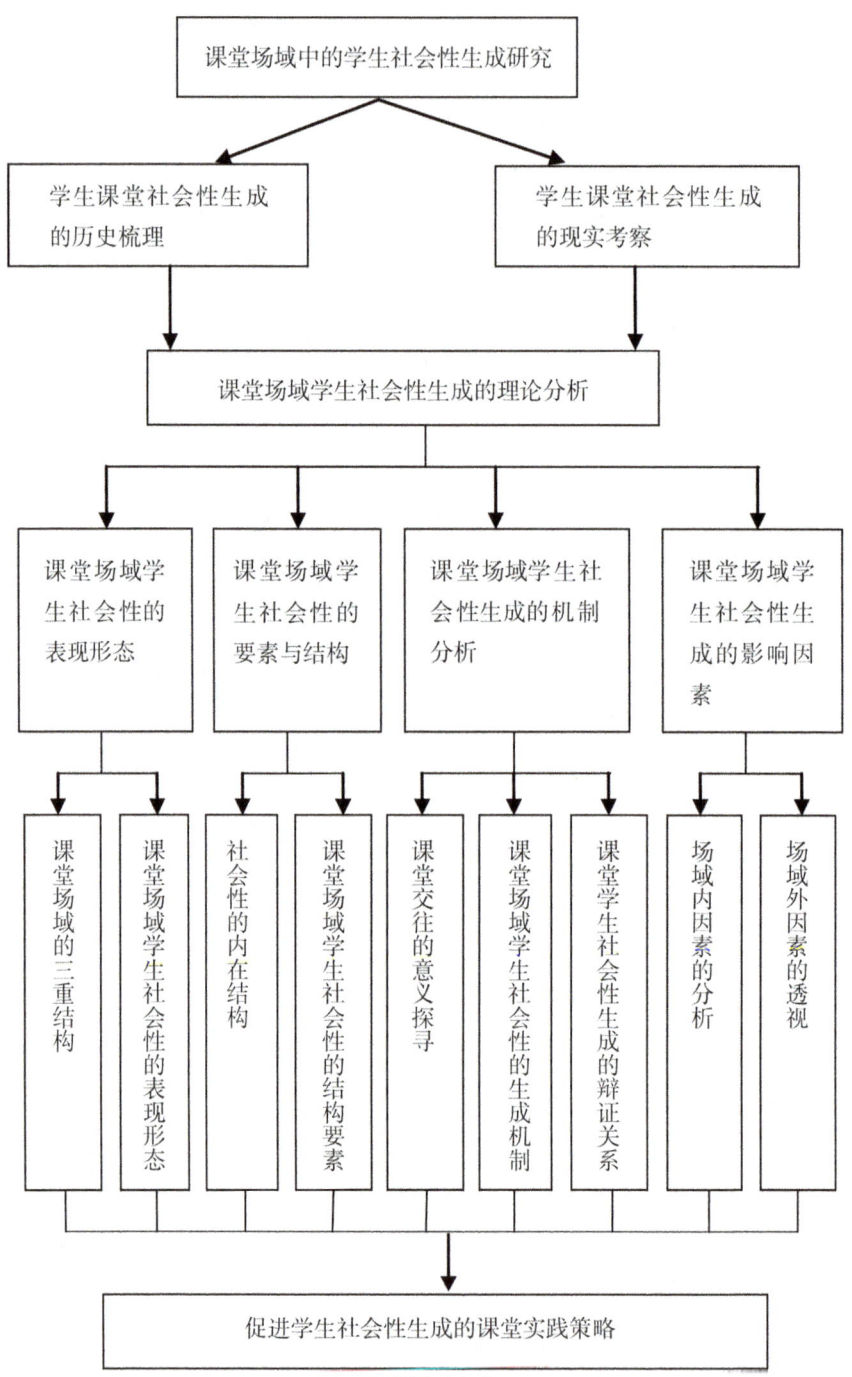

图 1　研究思路与框架图

四、研究的方法论与具体研究方法

（一）研究的方法论

方法论不同于具体研究方法。它是建立在一定理论指导之上的关于研究过程、研究方法的思想体系。方法论选择的差异将直接决定研究的分析路径、方法选择及结果解释。在本书中，基于课堂场域学生社会性生成问题的特点，将采用结构与过程相结合的方式，分析课堂场域的社会性生成。

结构和过程是一般社会学研究的基本视角。结构这里指的主要是社会结构，从形式上看，它意指某一整体事务的诸多组成部分及他们之间的相互关系。"每一种结构，都是由相互依赖的部分按照一定的模式构成的。"①从深层次的含义上看，它意味着某种资源的适当安排和一定的社会秩序，因而本身也成为一种社会资源。用结构的视角分析课堂场域的社会性生成，具有两个突出的特点：(1)课堂场域的构成性。课堂场域本身是由不同要素所构成的，如课堂交往、课程文本、班级规范制度、群体文化等，但同时，课堂又是学校更大结构的一部分，为了满足学校的稳定和存在提供必要的功能；(2)课堂场域的规范性。这里强调的是课堂场域整体所具有的含义和价值。课堂场域是一个整体性存在，具有一定的规范性和整体的功能。这种整体的意义和功能必然对其构成的要素具有一定的制约和影响。换言之，课堂场域中的任何结构性要素的意义和价值，只有通过课堂这个场域才能得到更好的理解和阐释。

过程主要指的是一个事物发生发展和变化的顺序和经过。过程的视角是相对于结构视角而提出的，它主要是一种历时性的研究视角和研究方法。这样一种视角把研究对象置于一定的发展过程、发展阶段之中，从过程和阶段的角度出发，对研究对象进行必要的定位，从而分析和理解这一研究对象的价值和特点。对学生课堂场域的社会性生成进行过程角度的分析，可以揭示学生是如何在动态的关系中实现个体社会性的过程性、阶段性生成的。

结构与过程相结合的研究本身体现了静态结构要素与动态生成机制相结合的一种分析视角和思路。在这样一种方法论的指导下，本书通过对课堂场域

---

① [美]玛格丽特.波洛玛.当代社会学理论[M].孙立平译.北京：华夏出版社,1989, 23-24.

结构要素和学生在课堂场域中社会性生成机制的动态分析揭示学生是如何在课堂场域中实现个体的社会性生成的。

(二) 具体研究方法

1. 历史研究法

历史研究法是通过搜集某种教育现象发生、发展和演变的历史事实,加以系统客观的分析研究,从而揭示其发展规律的一种研究方法。[①] 这一方法的实质在于探求研究对象本身的发展过程和人类认识该事物的历史发展过程,而不是单纯地描述具体的历史事件或历史人物的活动。笔者通过历史研究的方法,对课堂学生社会性生成的已有研究进行历史梳理,从而为研究视角选择和研究定位寻得依据。

2. 调查研究法

调查研究法是在教育理论指导下,通过运用观察、列表、问卷、访谈、个案研究以及测验等科学方式,搜集教育问题的资料,从而对教育的现状做出科学的分析辨识并提出具体工作建议的一整套实践活动。[②] 一方面,调查研究不同于历史研究,着重于研究现实情况;另一方面,它搜集的是自然状态下反映实际情况的材料,对研究对象不加以干涉,因而又区别于实验研究。本书采用调查研究的方法对小学课堂的学生社会性生成进行现实考察。具体包括问卷调查法、观察法、访谈法和案例分析法。

(1) 问卷调查法

问卷调查法是以书面提出问题的方式搜集资料的一种研究方法。这种研究方法能够确保在较短时间内获得大样本的信息搜集。[③] 在本书中,问卷调查主要担负着搜集资料的功能,其目的在于更好地了解学生的社会性发展水平以及课堂场域促进学生社会性生成的现实状况。调查对象包括学生和老师。对于调查数据的统计分析主要采用频数统计的方法。

(2) 观察法

观察法是指有目的、有计划地通过感官和辅助仪器,对处于自然状态下的

---

① 裴娣娜.教育研究方法导论[M].合肥:安徽教育出版社,2000,136.
② 同上,158.
③ 同上,167.

客观事物进行系统考察,从而获取经验实施的一种科学研究方法。① 它是活动中取得第一手原始材料的重要途径。本书的观察法主要是指课堂观察。通过自然状态下的课堂观察所捕捉到的学生社会性生成的重要"图景",能够进一步补充和说明研究的数据结果。在课堂观察过程中,我们将结构性观察与非结构性观察相结合,既根据已确定的课堂学生社会性问题分析模式明确观察的基本内容和结构,又争取抓住现实场景中发生的真实内容进行自然观察,从而在观察中不断调整、完善已有的理论模式和分析框架。

(3) 访谈法

访谈法即研究性交谈,是以口头形式,根据被访者的答复搜集客观的、不带偏见的事实材料,以准确地说明样本所要代表的总体的一种方式。② 由于这种面对面的直接交谈方式具有较强的灵活性和适应性,因此在研究中得到了较为广泛的应用。本书中的教师访谈作为课堂观察和调查问卷的补充、佐证,对于发现学生的社会性问题和了解学生的社会性发展状况具有重要价值。同时,与学生的访谈,可以深入了解学生内心世界的真实感受,从而更加深刻地探寻和理解小学生的社会性生成。

(4) 案例分析法

案例分析法是对个人、人群或现象进行调查的术语总称。调查中可采用多种技术,包括质和量两种方法。③ 教育案例研究就是将案例研究应用于教育情境解决问题或建立理论的一种研究方法。教育案例研究适合于下述教育情境:首先,正要研究的教育问题需要回答"怎么样"和"为什么"的时候;其次,研究者几乎无法控制研究对象时;最后,研究者关注的重心是当前现实生活中的实际问题。④ 在本书的现状调查中,运用了大量案例分析的方法。希望通过这些发生在班级课堂中的真实故事,获得对课堂场域中学生社会性生成的更加生动的把握和更加深刻的反思。

---

① 裴娣娜.教育研究方法导论[M].合肥:安徽教育出版社,2000,184.
② 同上,180.
③ [瑞]胡森.教育大百科全书(教育方法论卷)[M].张斌贤等译.重庆:西南师范大学出版社,2006,245.
④ 杨小微.教育研究的理论与方法[M].北京:北京师范大学出版社,2009,304-305.

第一章

课堂场域学生社会性生成的历史溯源

一、课堂场域学生社会性研究的历史审视

纵观中外教育史,历代教育名家对教育理论的理解和建构表现出两个鲜明的特点:其一,对人的发展的关注是全方位的,强调教育对于培养"社会人"的重要价值。无论西方文化对科学的追求、对宗教的神往,还是中国教育对典籍的研读、对伦理的崇尚;也无论是强调以人的发展为旨趣的个人本位论,还是以社会发展为目的的社会本位论,都不是对游离于社会的、孤立的人的单向度的关注。可以说,培养社会生活中的和谐发展的人,是教育永恒的理想和追求。其二,教育对于人的发展的关注是与社会的宏观背景密不可分的。课堂场域学生的社会性生成,无论在价值导向、表现形态还是生成机制方面,都不可避免地印刻着特定社会的时代背景和文化特征的烙印。因此,尽管培养社会人是人类教育永恒的追求,但培养怎样的社会品质和如何培养人的社会性,则是教育在不同文化与时代背景下的教育生成。

正是基于如上认识,本书对于课堂学生社会性生成的历史溯源将依循时代背景—文化特征—教育教学—社会性发展的分析理路,呈现中外教育史上不同历史阶段课堂学生社会性生成的特征,并从中探寻学生社会性生成的共同特质。

(一) 从"道德教化"到"社会主体生成":我国课堂学生社会性生成研究的历史演进

严格意义的课堂教学在我国的真正诞生只有一百年左右的历史,但通过教育对学生进行社会教化的思想却早已有之。我国古代虽然没有形成严格意义上的班级授课制,但却存在着悠久的教育教学实践,并积淀了丰富的教育教学

思想。对这些教育教学思想和实践的分析,能够清晰地体现出学生社会性发展的时代特征,从而为研究提供重要启示。因此,对我国学生社会性生成研究的溯源,本书选择了对更为广泛意义上的体现学生社会性生成的我国教育教学思想和实践进行历史梳理。

1. 古代教学:道德教化体系下的臣民意识灌输

中国古代,农业生产方式的绝对优势,形成了世界上最具特色的社会政治制度和社会组织形态——家国同构的宗法社会。家国同构强调家庭、家族、国家在组织结构方面的共同性。国家结构也具有家族结构的印记,家与国的组织系统与权力配置都是严格的父家长制。[①] 这样一种家国同构的社会制度和组织形态呈现出其鲜明的特征:"家庭—家族—宗族—国家"的社会形态结构建构起"家邦式"国家体系;权力结构"夫权—父权—族权—君权"的演绎确保了等级森严的社会秩序;价值结构"孝—忠"关系的逐渐展开呈现出义务本位的社会伦理;而其文化精神则是"个体依附于并制约于群体与民族国家"的个人主义、自由主义的消解同群体主义、民族主义、国家主义的张扬。正是这种以血缘为纽带,以父权家长为中心,以嫡长子继承制为基本原则的宗法制度及相应的意识形态与思维方式,形成了传统中国社会"超稳定"的"大一统格局"。

一种社会的政治制度和组织形态,对于其文化特质、教育思想乃至社会化的价值导向和方式方法,都具有重要的影响。和谐有序的传统中国社会结构需要建基于社会成员稳定的心态、情绪、观念与行为;而稳定平衡的社会结构本身又进一步形塑出具有相应心态结构的社会成员。政体的稳定需要文化思想领域的维护与支撑。中国古代文化在经历了春秋战国的百家争鸣之后,至秦汉以降最终确立起儒家文化的"正统性"和"权威性",这恰恰是因为儒家文化的精神内核满足了统治者的政治需求,维护了中国古代社会的稳定和谐。

以儒家文化为核心的主流价值观构成了中国传统文化的基本观念:一方面,形成了中国社会的伦理型文化范式。正如我国学者钱穆先生所言,"中国之学术精神,乃以社会人群之人事问题的实际措施为其主要研究对象"[②],儒家传

---

① 转引自马和民.从仁到人——社会化危机及其出路[M].北京:北京师范大学出版社,2006,48.

② 同上.

统文化通过对天人、群己、义利、理欲等关系的规定,逐渐展示了自己的价值观念,形成了"重人伦而轻自然、重群体而轻个体、重义轻利、重道轻器"的主流价值取向;另一方面,形成了中国社会的政治型文化范式。中国古代把维护群体的协调、社会的安定作为最高命令的伦理政治原则。个体对于整体而言,义务重于权利,奉献大于索取。个体的价值只有在整体社会中才能得到实现,个体的完善归根结底也不是为了自身,而是隶属于群体协调、治国安邦这一至上目标。《大学》教人们的最高境界,就是"明明德"、"亲民"和"止于至善"。

儒家的伦理价值与传统中国政治价值在中国传统文化下紧密交织,将传统中国的"政治人"与"文化人"合二为一,实现着中国传统文化"理想人格"的建构,也引导着大多数中国人的社会成熟。理想人格的建构及其分层目标的具体化,既在学子层面标定了社会成员理想化的人生追求,即"成己成人"、"内圣外王"、"修身、齐家、治国、平天下";又在日常生活层面为普通百姓构建出最基本的"待人处事"、义利与理欲等行为规范,在日常生活层面模塑着绝大多数传统中国人的社会化。而教育教学,正是将这种社会目标价值与导向内化于社会成员的重要途径。中国古代的思想家和教育家,在儒家文化的主流价值观下,凸显教育的"化民成俗"的社会目的,即通过社会教化,实现人文、伦理、道德及其规范的个体内化。因此,追寻中国古代教育中的学生社会化思想,乃是对古代社会教化思想的一种挖掘和探析。

孔子作为我国古代伟大的思想家、教育家,毕生致力于教育人的事业,对人的教化问题,提出了许多精辟的见解。孔子认为,人的先天素质差别是很小的,由于教化的不同和环境的习染,才造成人性与人的个性的差别。"性相近也,习相远也。"[①]基于对人性的这种认识,孔子首次提出了要加强儿童早期教化的理论,他说:"少成若天性,习惯之为常。"[②]孔子不仅注重教化中"教"的方面,而且十分注意"化"的方面,重视习惯的养成。对于社会化的目标,孔子提倡"仁"与"礼"相结合的人格。"仁"注重人的个性,是人性在人身上的自然表露,而"礼"体现了人的社会性,是社会规范对具体人格的要求,故孔子对于教育培养个体的社会性要求是:既具有"仁"也具有"礼"。一方面,"仁"即爱人,"夫人者,己欲

---

① 《论语·阳货》。
② 《大戴礼记·保傅》。

立则立人,己欲达则达人。"①仁者爱人体现了儒家将人我关系引入其伦理范畴,践行"仁"就必然涉及与他人一起构建的社会关系。因此,个人的实现就必然与他人、与社会的实现联结在一起。在孔子看来,不仅"己欲立而立人,己欲达而达人",甚至己立、己达都应当是以人立、人达为前提的,否则任何完善都将是不完善的。另一方面,孔子借助"礼"强调严格的社会规约性,在孔子看来,春秋时期是"礼坏乐崩"的时期,不仅下层的人不循礼制和不断犯上作乱,而且诸侯也不谙礼制和潜越君王。孔子要求各人要礼合其位,强调"君君、臣臣、父父、子子",不能越礼。

孟子是继孔子之后的儒家代表人物,在孔子"仁"学的基础上拓展出性善论的思想,孟子说:"恻隐之心,人皆有之;羞恶之心,人皆有之;恭敬之心,人皆有之;是非之心,人皆有之。恻隐之心,仁也;羞恶之心,义也;恭敬之心,礼也;是非之心,智也,仁义礼智,非由外铄我也,我固有之也。"②在其性善论的基础上,孟子试图建立一个邻里之间"出入相友,守望相助,疾病相扶持"的互助的社会风俗习惯。在"礼"的方面,孟子不仅延续了孔子的思想,而且发展出"王道"思想。孟子把政治理解为教育,又把教育理解为人伦的建立。他说,"夏曰校,殷曰序,周曰庠,学则三代共之,皆所以明人伦也。人伦明于上,小民亲于下。"③第一次明确的概括出中国古代学校教育的目的——"明人伦",又说明了教育就是通过明人伦为政治服务的。在孟子看来,人伦是人类的本质表现,也表现了人类生活的特点。人伦就是"父子有亲、君臣有义、夫妇有别、长幼有序、朋友有信"五对关系,并以父子、兄弟两对关系为中心,建立了道德规范体系,以此来维持社会秩序,实现政治统治。

如果说,孔子的忠恕之道的思维过程是从自己身上,知道了人情都是欲立的,这叫"近能取譬";然后推己及人,知道了别人也是欲立德,所以去立人。那么孟子更提出了一种人伦逻辑,即:个人的完善是融汇在群体、社会的完善中的,甚至还取决于他人的完善。

儒家学者论教育与人的发展,从来就是把人的发展置于社会发展的背景之

---

① 孙培青,李国钧.中国教育思想史(第一卷)[M].上海:华东师范大学出版社,1995,40.
② 《孟子·公孙丑上》。
③ 《孟子·滕文公上》。

下的,荀子更是明确提出了人的群体概念。荀子在与动植物、自然界的比较中指出了人类的特点,即"人能群,彼不能群也。"①基于这一认识,荀子进一步论述了教育对于保证人之群实现的重要作用。一方面,人类要求得生存和发展,就必须结合成群。但由于"人生而有欲",就"不能无求,求而无度量分界,则不能不争。"②纷争危害人类群体的存在。于是荀子提出建立完整的社会制度和行为规范,"为之制礼义以分之","明分使群"③,使人各守其分,改造人的本能,养成群体意识。而这一过程也同样是教育的过程,教育对于人类的存在具有根本意义。另一方面,教育通过个人的学习来实现的,而个体的学习只有在群体环境中才能取得成效。荀子认为:"学莫便乎近其人"。④ 最好的学习方式是人们之间的相互学习、共同学习,由此,某种知识、道德乃至这种学习本身就会很快受到人们重视,并迅速传播开来。荀子倡导"隆师而亲友",所着眼的就是学习的群体性,而这种有群体意义的学习又强化了人的"能群"。因此,教育活动本身就是维护群体存在的一种形式。

到了汉代,我国社会教化的设置有了发展。首先,是以行政区划"郡"、"国"为范围的地方学校的建立。郡国学校以社会教化为宗旨,是当时朝廷推行社会教化的基地。⑤ 其次,是家学的发展。家学所教的内容非常广泛,不仅传授知识、技能,而且讲究治学态度和方法,尤其重视生活启蒙、为人处世、待人接物等方面的教化。这种教化形式的发展同社会的发展进步一起推动着我国古代教化思想的发展。

董仲舒是我国古代对教化的重要意义论述比较全面的思想家之一。董仲舒从维护统治阶级的统治出发,论述了社会教化的重要性。他认为,"夫万民之从利也,如水之走下,不以教化提防之,不能止也。"⑥他告诫统治者,必须"以教化为大务"。⑦ 教化是社会长治久安的要策,"教化已明,习俗已成,子孙循之,行

---

① 《荀子·王制》。
② 《荀子·礼论》。
③ 《荀子·荣辱》。
④ 《荀子·劝学》。
⑤ 毛礼锐,沈灌群. 中国教育通史(二)[M]. 济南:山东教育出版社,1986,92-95.
⑥ 《汉书·董仲舒传》。
⑦ 同上。

五六百岁尚未败也"。① 这就是说,社会教化一旦转化为民俗民生,就会成为一种习惯力量,长期制约人们的行动。董仲舒还从人性的角度论述了教化的必要性。他将人从本性上分为三等,即"圣人"之性、"中民"之性与"斗筲"之性,"圣人之性不可以名性","斗筲"之性又不可以名性,名性者,中民之性。"②可以看出,董仲舒的"性三品"论规定了社会教化的主要对象:圣人之性的纯然完善与"斗筲"之性的无可改善都被排除在教化之外,教化主要针对的是占人口绝大多数的"中民"。维护社会稳定的关键在于争取"中民",而"中民"的教化可以直接保障社会秩序。对于怎样施行教化,董仲舒提出了一系列措施,其中一个重要的内容就是以学校作为教化的基地,即"立大学以教于国,设庠序以化于邑"。③ 在董仲舒的教育思想中,道德教育最被重视,因为它是德治政治思想在教育上的自然延伸,是成就理想人格的必由之路。

隋唐时期是中国封建社会处于上升的时期,封建主义政治、经济、文化空前繁荣和昌盛,社会教化也有了新发展。一些著名的思想家、教育家对人的教化问题都有很多论述,其中最有特色的是柳宗元的思想。柳宗元从唯物主义自然观出发,认为天下万物的生长,包括人的成长,都有其自身的发展规律,并且,这种规律社会不可违背,顺之者,就可以茁壮成长,反之,将枯萎甚至夭亡。他主张教化要顺从天性,但并不是放任自流。他把"明"、"志"作为做人的始基。何谓"明"与"志"? 他说:"敏以求之,明之谓也;为之不厌,志之谓也。"④也就是说,一个人的知识、才干、品行,不是自然而然形成的,要靠个人的努力,靠个人"敏以求之"、"为之不厌",尽力之所及。可见,柳宗元虽然主张对人的教化要顺从人的自然成长规律,但这种顺从不是消极的顺应,仍强调个人要发挥主观的能动性。这一思想是很可贵的。

宋代是我国私学在原有基础上蓬勃发展的时期,与之相联系,这一时期特别注重儿童教化。朱熹把学校教育分为"小子之学"和"大人之学",特别重视小学的教化功能。他认为,小学社会一个人"打坯模"的阶段,他说:"古者小学已

---

① 《汉书·董仲舒传》。
② 《春秋繁露·实性》。
③ 同①。
④ 《柳河东集》卷三。

自养得小儿子,这里定已自是圣贤坯璞了。"①小学坯璞打得好,就可能成为圣贤,如果坯模打坏了,"自小失了,要填补实是难"。② 所以,人的教化,必须从小学抓起,"使其讲而习之于幼稚之时,使其习与知长,化与心成,而无扞格不胜之患也。"③朱熹还提出,小学教育要以"教事"为主,"小学是事,如事君、事父、事兄、处友等事,只是教他依次规矩去做"。④ 他亲自编订了《蒙童须知》书中分衣服冠履、言语步趋、洒扫涓洁、读书写文、杂细事宜六节,详细规定了行为细则、日常生活习惯、待人接物的礼节以及读书写字的常规。对儿童进行这样的教化,对于促进儿童实现早期社会化,是十分有益的。

明代以后,仍然十分重视社会教化,并把其作为学校教育的首要目的。然而,这一时期的突出特点是:随着资本主义的萌芽,在人的教化上出现了科学化、民主化的倾向。如,王守仁根据儿童的生理、心理特点,提出"诱"、"导"、"讽"的施教办法,来替代以往"督"、"责"、"罚"的方法,使儿童"趋向鼓舞,中心喜悦","萌动发越,自然日长月化"。又如,黄宗羲提出教育为"万民"服务的思想,他设计的未来社会中的学校应承担改变社会风气、提高全民的精神文明的新历史使命。再如,颜元提出要从小培养儿童及青少年"身心道艺"的全面发展,不要娇生惯养,并且在中国历史上第一个提倡体育教育,重视劳动教育。上述这些思想,成为我国传统教化思想进入近代新时期的前奏。

小结:中国古代教育教学中的社会化思想,是在一种稳定的社会结构下的伦理教化。在中国古代,家国同构的政治制度、伦理本位的文化价值观以及成人成己、内圣外王的理想人格追求,构筑起稳定、和谐的社会化环境。教育作为实现政治统治的工具,则是以道德教化作为社会化的主要内容,以此来维护社会统治。因此,学校教育,无论是官学还是私学,都与家法族规、礼仪法度的教化、传统文化主流价值观等保持了高度一致。这就使得教育生活与家庭生活、社会生活形成了高度整合,确保了道德教化的有效实现。

应该看到,中国古代教育在强调礼仪法度、社会规范的教化过程中,积累了丰富的经验和成果。主要表现在:

---

① 《小学辑说》。
② 同上。
③ 《小学书题》。
④ 《朱子语类》。

(1) 注重儿童的启蒙教化

早在周秦时期,人们就已经认识到"少成若天性,习惯之为常"的道理。到汉代,蒙养教化已经基本成熟,有了比较稳定的启蒙教材,教学的内容和要求也趋向统一。然而,汉代以来的儿童蒙养教化,往往是限于宫廷内或某些达官贵人的子弟,直到宋代,才逐步推广到一般庶民子弟之中。宋代的童蒙教化,主要由社会进行初步的道德行为训练和基本文化知识的教学。而宋代以来的蒙童教材在继承前代传统的基础上也有较大发展。不仅有综合性的《三字经》《百家姓》等,还有专类教材,如进行伦理道德启蒙的《性礼字训》,进行历史启蒙的《十七史蒙求》《叙古千文》,以及专讲名物常识的《名物蒙求》等。其中,伦理道德类蒙学教材,主要是传授为人处世、待人接物,培养纲常伦理的道德意识,这是蒙学最重要的内容之一。明代王阳明指出:"古之教者,教以人伦,后世记诵词章之习起,而先王之教亡。今教童子,惟当以孝悌忠信、礼义廉耻为专务"。①

应该看到,古代伦理道德类蒙学教材,除具有综合性蒙学教材言简意赅、通俗易懂、形象生动、便于记诵的共同特点之外,尤其注意把培养伦理道德规范与儿童的日常生活结合起来,使伦理道德教育以儿童能够接受的形式出现。这对于今天我们思考儿童的社会化问题仍然具有重要的借鉴意义。

(2) 强调行为习惯的养成

古代教育家从孩童的身心特点出发,强调蒙学应当侧重于行为教育,加强行为习惯的训练,即所谓"教之以事"。如宋代的童蒙教化,主要由社会进行初步的道德行为训练和基本文化知识的教学。在基本知识教学上,又特别注重学习态度的培养和学习习惯的养成。如读书强调勤苦、认真、专一,培养认真听讲、及时复习、爱护书籍、珍惜光阴的习惯;写字要求姿势正确、态度认真、几案洁净、字画端整,学会研墨、执笔铺纸等基本技能和习惯。在道德品质培养上,又十分注意生活礼节和行为习惯的训练,如对穿衣戴帽,言谈举止等日常事宜,都有详细规范,儿童应严格按这些规范去做,习惯成自然。朱熹认为,"古之教者,有大学,有小学,其道则一而已。小学是事,如事君、事父兄等事。大学是发

---

① 《王文成公全书 训蒙教约》。

明此事理,就上面较旧所事君、事父兄等事是如何。"①他在《蒙童须知》中更明确地指出:"夫童蒙之学,始于衣服冠履,次级言语步趋,次级洒扫涓洁,次级读书写文字,及有杂细事宜,皆所当知。"很显然,蒙童阶段的主要任务就是对儿童进行行为习惯的训练,让他们知道做什么和怎么做,即所谓"使由之";而大学阶段则是给他们讲解为什么要这样做的道理,即所谓"使知之"。

事实上,重视行为教育也是重视道德伦理的教育。在蒙学阶段,伦理道德教育是通过行为规范、行为训练形式出现的,两者是二而一,一而二的。在行为训练的各种规约中,学会了爱整洁、讲礼貌、守规矩、贵谦让等良好的社会品质。

(3) 重视教化的方法

教化方法是教化实践的必然组成部分,也是提高教化效果的重要措施。中国古代教育家在教化实践中,提出和运用了许多行之有效的教化方法。如因人施化。早在西周进行"六艺"教化时,就已注意到了受教育者的年龄差异和身份差别。② 荀子针对人的个性差异而施教,就是一个典型的例证。又如循序渐进。朱熹就提出,对儿童的教育,应该开始于"衣服冠履",然后到"言语步趋",再到"洒扫涓洁",最后才是"读书写文字及杂细事宜。"这些方法的有效实施和总结,确保了古代教育中社会教化的有效实施。

当然,我们应该,也必须看到,以伦理教化为核心内容的古代教育的社会化思想虽然在维护社会秩序、促进民族整合方面发挥了积极作用;但森严的等级制度和严格的礼仪规范在很大程度上压抑了个体的自由发展和潜能实现。尽管在历史发展的长河中,也不乏对个体自我生命追求的主张者,如老子越明教而任自然、柳宗元的教化顺从天性。但从总体来看,社会意识形态的灌输和主体性的遏制消解,无疑是中国古代教育教学中社会性生成的主要特征。

2. 近现代教学:国民意识唤起下的现代性教化

以儒家为核心的古代社会教化体系之所以长期存在,是因为这样的组织系统适合于恒久不变的小农封建经济社会。然而,这种群体取向的儒家教化体系在近代中国却遭遇到了"天崩地裂"的巨变:蔓延了两千多年的君主专制政体土崩瓦解,源自西方的现代性全面侵入,瓦解了传统。社会结构解体、原有秩序崩

---

① 《小学集解 小学辑说》。

② 同上。

溃、文化整合解构、科举制度废弃、新式学堂出现,民族危机与人格危机以空前绝后的普遍化方式弥漫于几乎全体国民心中。

社会的基础性变迁与西学新知的强烈冲击,都迫使传统教化结构呈现出新旧杂糅的状态。一方面,在维新派与传教士的交互促进下,西学知识得以不断扩张与下沉;清末兴学、学制建立和科举废除所带来的连环冲击波,更进而摧毁了根深蒂固的传统教化体系;另一方面,随着"新国民"意识和"开民智"观念的日益涌动、高涨,特别是由于民国成立后的帝制复辟闹剧,直接导致"五四"新文化领袖对国民性问题的深度思考以及对儒家伦理教化的激烈批判。可以说,近代中国教育的社会化思想是与社会的急剧变革密切联系在一起的。① 正是在这样的时代背景下,催生出具有近代中国特征的社会化思想——"现代性教化"。② 而教育教学,则被近代思想家和教育家们作为实现这种现代性教化的重要途径。

国民意识与民智观念的觉醒,首先要归功于"西学东渐"后维新派的大力倡导,梁启超便是其中之一。他十分关注其理想中的"新民"——新型国民。"新民"二字本出于理学家对入学经典《大学》中"大学之道,在明明德,在亲民,止于至善"的注释,朱熹引程子注:"亲,当作新";并进一步阐发说:"新者,革其旧之谓也,言既自明其明德,又当推以及人,使之亦有以去其旧染之污也。"③梁启超汲取朱熹揭示的合理内核,并赋予了新的时代意义,认为"欲维新吾国,当先

---

① 这种影响社会化思想的社会变革不仅表现为政治体制的更迭剧变,还表现为"西学"的涌入所带来的现代社会民主自由的国民精神的唤起。从洋务教育到维新教育,再到新文化运动,中国的知识分子在对传统文化教育的反思中认识到:从器物的学习到制度的学习虽然是一种进步,但仍没有把握问题的实质;要实现国民文化素质的提高,最根本的是在国民精神、个性心理层面的超越。参见朱永新. 沟通与融合——中国近现代教育思想史[M]. 北京:人民教育出版社,2004,22.

② 所谓现代性教化,即"现代性道德教化"的简称,它"是传统道德教化的断裂、超越与质性的转向"。与传统教化的解构相对应,中国现代性教化则是伴随着中国近代社会经济文化的不断发展而兴起。其中,维新志士们的"新国民"意识与"开民智"观念,"五四"新文化领袖们对国民性问题的深度反思和对儒家伦理教化的激烈批判,都极大地促使传统道德教化的质性转向,并催生现代教化理念的生成。简言之,中国现代性教化,是指"五四"新文化运动时期,一种与传统教化搏击和接续中生成的以自由平等、科学民主、个性独立、生命关怀为旨趣的新式教化。参见黄书光.中国社会教化的传统与变革[M].济南:山东教育出版社,2005,376.

③ 大学章句。参见朱熹.四书集注[M]. 北京:中华书局,1983,3.

维新吾民";指出"中国所以不振,由于国民公德缺乏,智慧不开"。① 强调要以公德意识、国家观念、自由、独立、合群、权利、竞争、进取、冒险等要素为新人格品质,要求国人"勿为古人之奴隶",②努力学做一个具有国家观念、自由精神和独立个性的新国民。为了实现培养"新民"的崇高理想,梁启超十分重视新式学校的建设,他还模仿日本的学校教育制度,按照儿童身心发展的次序,设计了一个国民教育制度体系。③ 在这个国民教育制度体系中,梁启超特别青睐于义务教育阶段的小学教育。因为在他看来,义务教育是培养"新民"的重要途径,它客观上有利于劳动群众的子女获得接受最低教育的权利,有利于从整体上提高国民素质。通过义务教育,可以使人民成为具有国家观念的民族,来实现中国的富强。在具体的教学实施中,梁启超认为,教学必须重视品德的发展。他认为独立、合群、进取、冒险、自治、自信、自尊等品质是"新民"所应具备的基本素质。而这些品质的形成,不应是在外在的压力下被动的行为,而应自觉运用社会规范来约束自己。

与梁启超"新民"说相契合,康有为侧重探讨新国民教化的制度建构。在他看来,才智之民之多少直接与国民教化体系密不可分。他说:"夫天下民多而士少,小民不学,则农工商无才……故教育及于士,有逮于民,有明其理,有广其智。能教民则士欲美,能广志则理欲明。今地球既辟,轮路四通,外侮交侵,闭关未得,则方国所学,皆彼自七八岁入学,有不学者责其父母,故乡塾甚多。其各国读书识字者,百之率有七十人……所以开民智者亦广矣。"④这也即是说,要想国富民强,关键在于学习西方近代义务教育制度,建立一整套旨在广开民智的新国民教化体系。康有为从使"人人为有用之美才,人人为有德之成人"的目标出发,在其重要著作《大同书》中,详细地描述了一套理想的教化制度:在这个无阶级、一切都平等的"大同世界"里,教育普及,人人平等,每个人从婴儿起社会就负责培养教化,直到成为能够为社会服务的人才。按照康有为的设计,中小学阶段,是儿童社会发展品性的重要阶段,应当以培养学生良好的道德规范

---

① 丁文江,赵丰田.梁启超年谱长编[M].上海:上海人民出版社,1983,272.
② 李兴华,吴嘉勋.梁启超集[M].上海:上海人民出版社,1984,230-232.
③ 这一教育制度体系把教育分为四个时期。参见朱永新.沟通与融合——中国近现代教育思想史[M].北京:人民教育出版社,2004,84.
④ 汤志钧.康有为政论集(上)[M].北京:中华书局,1981,30.

和社会修养为主。他认为,儿童长到六岁,就离开育婴院进入小学院。小学院的主要任务是"养体为主而开智次之"。因此,要遵循"令功课少而游戏较多,以动荡其血气,发扬其身体"的原则,并且,"蒙养之始,以德育为先",注意使儿童从幼年起就养成良好的品行。儿童长到十一岁,就进入中学院。康有为认为,中学阶段是社会人生的重要阶段,"一生之学根本于是","人生学问之通否,德行之成否,皆视此学龄"。由于中学生"年少血气未定,易于感染",因此,除了注意和加强体育和智育外,还要以"德育为重",学会"人世相交之道,公家法律之宜",达到"涵养其性情,调和其血气,节文其身体,发越其神思"。康有为还认为,中学时期学生年龄已大,针对这一特点,对学生的管理、教育方法也应改变,不能像育婴院、小学院那样"纯用法律以绳之",而要"导之以正义","绳之以礼法",进行积极的说理教育。到了十六岁,进入大学院,则"专以开智为主"。通过大学教育后,实现"人人为有用之美才,人人为有德之成人"。

维新志士们对"新国民"意识与"开民智"观念的共同提倡,涌动成一股强烈的国民教育思潮和社会启蒙运动。当然,维新派所倡导的"新国民"教化理想,在资产阶级革命派看来,只能是纸上谈兵,不可能在不推翻封建专制统治制度的前提下得以实现。正如孙中山所坦言,改造中国之第一步,"只有革命"。

孙中山领导的辛亥革命以疾风暴雨的形式结束了长达两千多年的封建专制制度,建立了人们梦寐以求的资产阶级民主共和国。与之相对应,前清的"忠君、尊孔、尚公、尚武"的教育宗旨被军国主义教育、实利主义教育、公民道德教育、世界观教育和美感教育等"五育并举"所取代,通过了具有现代意义的"壬子·癸丑学制",厘定了新的课程标准和实施方案。凡此种种,都强烈地显示着新旧教化体系正在发生戏剧性的变革与嬗替。然而,施行了两千多年的旧制度并没有轻易地退出历史的舞台。袁世凯公然复辟帝制,使得国人"于共和国体之下,备受专制之痛苦"。传统教化虽然在制度上已经换上民国的新装,但传统观念仍然弥漫于国人的心灵深处。于是,伴随着"五四"新文化领袖们对传统教化的观念系统进行全面批判和反思,宣告了近代教育思想的结束和现代教育思想的诞生。

现代教育思想提出一系列现代性教化理念,促使现代性教化的逐渐生成。有学者将新文化启蒙思想家们的现代性教化思想概括为以下四点:(1)改造国民性,弘扬自由平等意识;(2)抨击纲常伦理,树立科学民主信念;(3)摒弃奴性思想,倡导个性独立人格;(4)"灵肉一致"的生命关怀与教化本真的归复。① 应该说,这一阶段的新文化启蒙思想家对于儿童社会教化的认识具有了很明显的现代性特征:一方面,摒弃了传统的强制性灌输,强调的是建基于对儿童生命各个时期的丰富性与多样性认识前提下的启发性引导;另一方面,基于儿童社会生活的需要和特殊性,强调"恰如其分的供给"。这种现代性教化思想体现了对生长中的儿童的独立价值和生命状态的充分尊重。

如果说,启蒙思想家们对儿童社会性发展的认识还只是一种基于社会进步与人的发展的观念性把握;那么,现代教育家们则是从教育教学的立场,对如何培养具有国民精神的现代人进行了深入具体的阐释。著名教育家陈鹤琴从改革传统教育出发,倡导的"活教育",为建设具有民族特色的中国现代儿童教育做出了有益的探索。陈鹤琴提出活教育的目的是:"做人,做中国人,做现代中国人"。层层递进的教育目标揭示出深刻的内涵:活教育首先要让儿童学会"做人",即如何建立良好的人际关系,更好地参与生活,改进社会;在此基础上,要教育儿童"做中国人",即培养儿童的民族意识和爱国情感;更进一步,活教育的最终目标是教育儿童"做现代中国人",基于当时特定的时代背景,现代中国人应当承担起救国图强和科学民主启蒙的社会责任,以此来实现中华民族的崛起与振兴。而为了实现国家民族的振兴,陈鹤琴认为现代中国人不仅要具有健全的身体和建设的能力,还要能够合作。缺乏团体性、不善合作是在近代社会中国国民性表现出的严重弱点,以致为人逐一击破。因此,活教育即须训练人自小具有团结合作精神,能舍小我成全大我,舍一己之个体成全国家民族之大体。尤其要紧的是,团体的形成不是靠专制力量的强聚,而是通过民主力量,靠个体高度的自觉认同。同时,基于对人的社会性的认识,陈鹤琴还提出现代中国人要能服务。要通过教育克服人的利己本能,养成儿童服务社会的崇高德性,懂得服务,善于服务,否则就是失败的教育,也使人与动物相去不远。由此可见,这样一种教育目标的确立,是与儿童的社会性发展紧密联系在一起的。层层递进的教育目标也正是对儿童社会性内涵的逐步深化。

为了实现活教育的目标,陈鹤琴打破惯常的学科组织体系,以活动单元的形式设置了体现儿童生活整体性和连贯性的"活教育"的课程,包括儿童健康活

---

① 黄书光.中国社会教化的传统与变革[M].济南:山东教育出版社,2005,380-384.

动、社会活动、科学活动、艺术活动和文学活动五个方面。其中,社会活动的课程就是基于学生的社会性发展的角度来设计的。在陈鹤琴看来,人的生活不能离开社会和群体。人要熟悉现实的世界和社会。社会活动的目的在于使学生明了个人和社会的关系;培养学生服务团体的知识、能力和兴趣;其内容包括:社会调查和参观;社会建设研究;抗战宣传。

陈鹤琴还十分重视儿童品德教育的问题。他认为学校应把培养"人"放在首要地位,他说:"……我希望全体同仁抱定这样一种信念。在这里不是教书,而是教孩子怎样做人,这是今天天经地义的第一条。"[①]陈鹤琴总结了德育的原则,认为核心是"养成做人的优良习惯。"在教育方法上,他认为,优良习惯的养成单靠人治不行,要制定具有约束力的"法",要向儿童讲清道理,让他们自觉守"法"。在陈鹤琴看来,每个人心中都蕴藏着追求上进的"潜在力量",这种力量未发挥时,他是"浑浑噩噩糊糊涂涂的",教师的责任就在于唤醒儿童心中的这种"潜在力量","让他知道自己的地位和价值,让他知道自己对国家、社会、学校所负的责任和应有的贡献",使他成为一个自觉地有力量的人。陈鹤琴指出,儿童优良习惯的养成有一个从"被动"到"自动"的过程,就可以"自己管理"了。儿童优良习惯是在长期不断地"做"中形成的,譬如:"互助"是"做人"的必备精神,"训育的目的之一在于培养学生'互助'的习惯,"而"互助"习惯只有在不断的"互助"过程中才能形成。

陈鹤琴的活教育思想对于我们理解学生在教育教学中的社会性生成具有重要的价值。他对于教育目标层层递进的阐释有利于我们对于学生社会性认识的深化。对于学生良好品德和行为习惯的养成,陈鹤琴既强调"法"的规范和约束作用,更强调个体的自知自觉,充分认识到了个体社会品质的形成是外部规约与自主生成的合力作用。而他对于通过"互助"的过程培养"互助"的习惯的分析,正是一种在社会交往中培养学生社会性的体现。

小结:近现代中国的发展史,是一部在矛盾、冲突、变革、图强中艰难求索的历史。与之相对应,这一时期的教育教学中所蕴含的社会化思想也是与变革社会对于人才的需求紧密联系在一起的。在传统教化体系里,只有绝对忠君的

---

① 陈鹤琴."活教育"批判 转引自孙培青,李国钧.中国教育思想史(第二卷)[M],上海:华东师范大学出版社,1995,460.

"臣民"意识,这既是维系家国同构政体的需要,也是保证宗法社会稳定的必然。然而,近代中国在西方列强入侵和封建帝制瓦解的双重压力下,原有的社会范型面临坍塌,原有的教化体系也已不再适应社会发展的需求。为此,近现代启蒙思想家和教育家们在"新国民"意识和"开民智"观念的涌动下,不懈地探求适合于现代社会发展需求的"现代性教化"。

这种"现代性教化",从近代延续发展到现代;从梁启超"合群"、"独立"、"自治"的"新民"到康有为"人人为有德之成人",再到陈鹤琴的"现代中国人"。在这一发展演进历程中,社会化的现代性特征愈益突出,并不断赋予更深层次的内涵:社会化的目标不再是塑造绝对忠君的"臣民"意识,而是培养具有独立人格的"国民"意识。特别是陈鹤琴的"活教育"思想中对于"现代中国人"的诠释,已经不仅仅是独立、合群、自治、有德的新民,而是肩负起救国图强和科学民主启蒙的社会责任的现代国民。同时,对于如何培养学生社会品德和行为习惯,这一阶段的教育家也提出了一系列方法,如,强调"法"的规约与学生的自主相结合;在"互助"的过程中学生"互助"的习惯等。这些方法的阐述也表明,这一时期关于学生社会性培养的教育理论和方法已经具有一定的系统性和科学性。

3. 当代教学:多元文化冲突下的社会主体生成

1949年10月1日,随着新中国的诞生,中国社会进入了万象更新的新时代。几十年的当代中国发展历程是艰难的、曲折的,也是令人振奋和鼓舞的。当代中国在经历了黑白颠倒、是非混淆的"文革"后出现严重失范,重生于社会主义市场经济的新时代,并最终主动融入全球现代化的世界体系。而对当代教育教学中关于学生社会性发展问题的考察,也正是在这样的时代背景下展开的。

如果对当代教育中学生社会化问题的研究作一个大致的划分,可以概括性地划分为两大阶段,且以"文革"的结束作为两个阶段的分界点。虽然"文革"期间社会秩序的彻底瓦解,带来社会的失范与裂变,这与解放初期的中国社会稳定格局形成鲜明的对比。但就总体而言,新中国成立至"文革"结束,中国社会始终处于一种高度的政治整合状态中。国家意识、集体主义、为人民服务等一切群体取向的认知、思想、信仰、意志、情感、行为构成了时代的主流,而个体主义、自我意识等被彻底淹没。与此同时,社会大环境、社会教化与学校教育、课堂教学之间的高度整合,学生接受的是一种没有价值冲突的正向社会化教育,即无条件地拥护统治阶级的领导,投身革命、建设祖国、服务人民。当然,"文革"中后期教育的荒废,也使这一阶段的教育留给我们更多的是反思和遗憾。鉴于这一阶段教育的特殊性,我们不作详细论述,而将当代教育教学中的学生社会性发展问题的关注点置于改革开放至今的30年。尤其是全球化时代的来临,多元文化的并存给学生在课堂中的社会性发展带来了新的问题与挑战。当代教育研究者如何应对?课堂教学中的学生社会性发展又呈现出怎样的新特征与新趋势?

20世纪70年代末,随着"文革"结束,党的十一届三中全会的顺利召开,中国社会进入了一个崭新的历史时期。伴随着社会政治领域的思想解放和经济领域的改革开放,教育科学也迎来了新的"春天"。我国的教育理论工作者和实践工作者学习国外教育教学理论经验、立足我国国情和社会发展需求,进行了一系列深入的理论研究和实验探索。基于对传统教学重知轻智,忽视学生非智力因素培养等问题,80年代的教育研究和改革从关注学生知识的掌握到关注学生智力的发展;并进而强调对学生非智力因素的培养。研究主题的转换背后是对人的完整发展、和谐发展的关注。教育研究者认识到,课堂教学对学生发展的关注不仅仅是认知的发展,也不仅仅是智力水平的提高,而是需要关注作为"完整的人"的学生的和谐发展。这其中,包括学生的丰富的情感体验、良好的人际交往能力以及准确的自我认识和自我监控。随着对教学过程本质认识的日益深化,课堂教学的功能也将发生重大的变革,即"从统一的全班教学为主向全班教学、小组教学和个人自学合理结合转移;从着眼于认知交往(知识、技能乃至智力)向认知交往和情意交往并重转移;从看起来是在群体背景下的共同学习实质上却是各人不甚搭界的单干活动向建立在同伴小群体的积极互赖关系基础上的互助合作学习转移;从教学时间地点过于固定刻板向相对灵活、允许变通转移;如此等等"。[①] 另外,与此同期进行的一系列整体性教育改革实验,如华东师范大学教科院在其附属小学开展的"小学教育综合整体实验"、北京教科所与宏庙小学开展的"小学生全面发展教育实验"、杭州大学教育系与杭州市天长小学开展的"小学生最优发展综合实验",也都是以促进学生的整体性发展作为课堂教学改革的目标。

---

① 盛群力.小组互助合作学习革新述评(下)[J].外国教育资料,1992(3).

进入20世纪90年代以后,随着我国改革开放的深入和社会主义市场经济的建立,人的主体意识的觉醒、主体能力的培养被提到前所未有的高度,社会的发展迫切要求教学活动应当培养具有自主品质和独立能力的未来社会公民。正是在这一背景下,一些教育理论工作者敏锐地抓住了这个反映当今时代精神的重大问题,开展了具有广泛影响的主体教育实验。其中,北京师范大学教育系裴娣娜教授主持牵头的"少年儿童主体性发展实验研究"是这一时期主体教育实验的典型代表。该实验以马克思主义关于人的发展的学说和教学认识论为理论依据,以发展少年儿童主体性为主要目标,以少年儿童主体性的具体表现、基本结构、发展规律和有效的教育影响为主要研究内容,构建了学生主体性发展的三维结构,即:自主性(包括自尊自信、自我调控、独立判断决断和自觉自理)、主动性(包括成就动机、竞争意识、兴趣和求知欲、主动参与和社会适应性)和创造性(包括创新意识、创造性思维能力、动手实践能力)。课题组将课堂教学作为促进小学生主体性发展的主渠道,[①]并在此基础上建构起发展性教学理论,提出了促进学生发展的教学策略:自主参与、合作学习、差异发展和体验成功。作为发展性教学策略之一的合作学习策略,正是针对学生社会性发展的问题而提出的。发展性教学认为,合作学习不仅是一种学习形式,更是一种教学思想和教学方式。教学中的社会交往、民主平等、合作融洽、相互尊重信任、共同参与师生关系、生生关系,对于学生的发展具有重要的作用。课题组将合作学习的目标定位为:通过实践活动基础上的主体合作与交往,促进学生主体性发展和学生社会化进程。在此基础上,发展性教学还提出了关于合作学习促进学生社会性发展的许多重要理论认识,如,认为学校作为一个社会性群体,师生间、生生间的社会交往不仅有利于促进学生社会适应性的发展,而且,更应该看到,生活在学校群体中的学生更需要交往。这是因为:同伴间提供的经验,通常易被接受;同伴间的交往活动,使学生理解社会角色规范,能有效地培养学生规范意识、任务意识、合作意识、责任感以及团结合作精神;教学中的人际关系、群体的归属感、认同感,使学生学会正确认识自己和评价他人,尤其是独生子女

---

① 主体性发展实验研究认为:学生的主体性发展主要是通过学科教学、德育、学校管理和家庭教育四个渠道实现的。基于教学室实现培养目标的基本途径,也是发展学生主体性的主渠道的认识,研究还专门构建了主体性发展的教学系统。裴娣娜.现代教学论(第三卷)[M].北京:人民教育出版社,2005,15.

的特殊环境,有助于克服自我中心,培养自尊、自信、自强、自立的自我意识的同时,培养合群性、利他性和社交技能。这正是未来社会对公民良好个性品质的要求。①

进入21世纪,在全球化时代和以现代化为根本导向的全面社会转型的进程中,中国社会面临着多元文化和多重价值观的冲突、选择与困惑。社会的变革与转型迫切地需要教育领域做出应答,培养具有独立人格、批判意识和选择能力的现代公民。而主体教育的实验研究也在回应社会的变革与发展过程中不断深化,②并赋予学生的社会性以时代特征和更深刻的内涵:一方面,课堂学生的社会化过程不仅是通过接受教育,掌握社会生活的知识、技能和规范,取得社会成员的资格的过程;它还需要学生在社会化的基础上进一步实现其"现代化"发展,获得与现代社会相联系的人的素质的普遍提高和全面发展,具有更强的能动性;另一方面,学生的社会性发展是作为社会主体的发展而实现的。这种社会性的培养,不是对社会规范的被动接受和消极适应,而是着眼于具有批判意识、选择能力和社会适应性的现代公民。

华东师范大学教育系叶澜教授主持的"新基础教育"改革实验,是当代教育领域又一具有重要影响的实验研究。这一研究立足于变革中的中国社会所具有的"重视未来、强调发展、立足变革"的时代精神特征,以及开放变革所带来的"注重选择"、"呼唤人的主体精神"的内在需要。它是在反思时代对于学校教育所提出的人才培养要求的基础上,对教育理论和教育实践的一种重建。研究强调当代基础教育的未来性、生命性和社会性,把增进人的生命主体意识看作是时代对教育功能的重要规定。通过理论探讨和课堂实践的双向互动,形成核心理念:当前我国基础教育中课堂教学的价值观需要从单一的传授教科书上呈现的现成知识,转为培养能在当代社会中实现主动、健康发展的一代新人。而现代教学目的从根本上说就是为了学生的"发展",这里的"发展"是作为一种开放的生成性的动态过程,既不是外铄的,也不是内发的,而是在人的各种关系与活

---

① 裴娣娜.合作学习的教学策略——发展性教学实验室研究报告之二[J].学科教育,2000(2):2.
② 课题组在"少年儿童主体性发展实验研究"的基础上,将主体教育研究进一步深化,先后完成了"主体教育与我国基础教育现代化发展的理论与实验研究"和"主体教育视野下课堂教学改革的深化研究"两项重要研究。

动的交互作用中实现的。① 学校内部的改革实验需要从三个方面展开:一是教学改革;二是班级建设新模式的研究;三是学校管理模式的改革。其中,对于班级建设改革的关注,体现了对学生日常生活质量的尊重;也反映出"新基础教育"关于学生发展的理念中所强调的社会性内涵:让学生在班级群体生活中获得丰富的社会角色体验,在班级民主管理中培养具有独立人格和思考能力、对群体富有责任感的未来公民。②

与此同时,还有其他一些实验研究,也都关注到了学生社会性发展的问题。如:杭州大学(现浙江大学)教育系"个性优化教育的探索"、山东省教科所的"合作教学研究与实验"、湖南师范大学教育系的"协同教学实验",都试图通过改变传统的课堂教学方式,促进学生认知和社会性的共同发展。

在把对学生社会性发展的诉求付诸教育改革实验的同时,一部分研究者还从理论建构的角度对学生的课堂社会性发展问题给予了直接或间接的关注。吴康宁教授的《课堂教学社会学》是我国比较早的关于课堂教学的社会学研究。这一研究的重要理论价值,就在于为我国的课堂教学研究建立起社会学的研究视角和理论基础。研究者将课堂作为一个社会系统,分析了这一系统中的社会角色、社会文化、社会行为和社会过程。这样一种研究,实际上是对我国长期以来以认知发展为目标的教学功能观的一种突破,凸显出课堂教学作为社会系统对于学生认知、社会性以及人格发展的整体功能。③

郭华教授的博士论文《教学社会性之研究》则从教学本身所具有的社会性功能,分析了学生教学对于学生社会性发展的价值。在这一研究中,研究者将教学作为一种社会实践的生成,从"教学交往"和"课程"两个方面分析了教学的社会性特征,提出:教学交往是教学社会性的外在呈现;课程是教学社会性的内隐表达。在论证教学活动对于推动社会发展的重要作用时,提出了教学活动对于促进学生社会化的直接作用:教学活动作为儿童第一个有特定目的、需要克服困难来赢得成功的活动,有助于儿童体验作为一名社会成员的责任和义务;教学活动中的师生交往和生生交往是学生应习得的重要社会性品质,也是形成

---

① 叶澜.重建课堂教学价值观[J].教育研究,2002(5).
② 叶澜."新基础教育"研究引发的若干思考[J].人民教育,2006(7).
③ 吴康宁.课堂教学社会学[M].南京:南京师范大学出版社,2001.

和改善社会关系的重要手段;教学认识活动的重要任务之一,就是要通过引导学生认识客观世界来培养学生的社会责任感。① 这些认识的阐释对于我们思考课堂学生的社会性发展问题,具有重要的理论价值。

现代社会生活环境条件的不断变迁,学生在社会生活和教育场域中,不仅面临现代与传统的文化冲突,而且还面临现实与虚拟的社会矛盾,这使得学生的社会性发展过程变得日益复杂。面对社会生活环境的变迁和拓展,学校教育如何适应社会发展的要求,形成家庭、学校和社会的合力作用,促进学生的社会性发展？西南大学郑淮博士的学位论文《场域视野下的学生社会性发展研究》对此做了系统的分析和研究。该研究以教育社会学的学科视野,以中学生作为研究对象,通过分析中学生所处的学校、社区、家庭因素和具体社会场域,探讨学生社会性发展的维度、影响因素、发展特点及其存在问题。② 这样一种从家庭、学校、社会以及虚拟文化场域等多层面的整合性研究,为我们从宏观上把握当前复杂社会背景下学生的社会性发展问题提供了一定的解释框架和策略参考。

小结:当代中国在经历了"文革"的社会失范,重生于社会主义市场经济的新时代,并最终主动融入全球现代化的世界体系。现代社会全面转型进程中的多元文化冲突,使当代中国人陷入了新的价值迷失。面临经济全球化的时代潮流,面临现代化建设的艰巨使命,当代中国社会迫切需要通过教育培养适应和满足当代社会发展需求的新型人才。这也构成了当代教育关于学生社会性发展研究的主线。

总结当代教学关于学生社会性发展的研究,可以概括出以下鲜明的特征:

(1) 从培养目标上,对学生社会性内涵赋予了新的时代意义

从古代教学对"臣民"的培养到近代教育对"国民"的期盼,再到当代教学对人的主体性的高扬,培养目标的变换演绎见证了中国社会的发展进步,打破了原来单一的道德教化体系,学生从被动的角色逐渐走向主体性的建构与发展。随着我国改革开放的深入和社会主义市场经济的建立,人的主体性问题被提到了一个前所未有的高度。社会的发展迫切需要教育教学培养出具有主体意识

---

① 郭华.教学社会性之研究[M].北京:教育科学出版社,2002,105-110.
② 郑淮.场域视野下的学生社会性发展研究[D].重庆:西南大学,2007.

和主体能力的现代公民,学生的社会性品质也被赋予了新的时代内涵。无论是主体性发展的实验研究、新基础教育研究还是关于社会性发展的理论研究成果,都认识到:学生的社会性是作为社会主体的内在品质,它不是对外部社会的被动接受和消极适应,而是主动性与适应性统一。它既要具有社会责任感和合作交往能力,还要具有社会批判意识和社会选择能力。而这,也正是当代教学培养目标的体现。

(2) 赋予课堂学生的社会性以动态的生成意义

当代教学关于学生社会性的研究中,学生的社会性获得与发展,已不再是一种被动的、单向的灌输与接受的过程。研究者赋予学生的社会性以动态的生成意义——强调生成,即强调社会性获得与发展的动态特征和过程性。研究者将学生的发展看作是动态生成的过程,认为学生的社会性是在课堂教学的合作与交往过程中动态生成的。从某种意义上说,这也是作为社会主体的社会性实现的必然。

(3) 抓住了课堂促进学生社会性发展的核心要素

当代教学理论研究者已经自发地关注课堂教学促进学生个体社会化的问题,并敏锐地抓住了促进学生社会性发展的重要因素:课堂交往、教学内容。通过课堂交往形成和改善学生的社会关系;通过教师对教学内容的引导使学生获得对客观世界的社会责任感。这些认识,对于我们思考课堂场域中学生的社会性生成机制具有重要的启发。

(二)"人性张扬"与"社会规约"的交织:西方课堂学生社会性生成研究的发展理路

与中国社会对人伦社会关系的关注不同,西方文化从其形成之初便将关注点投之于人与自然的关系上,强调人的理性与主体性。这种思维方式同样体现于西方教育对学生社会性发展的理解上。西方学者惯常于从物我二分的角度去考察一切问题,因此,个体的社会性品质成为一种先验的存在。而教育教学促进学生社会性生成的根本分歧则在于:这种先验的社会性品质是内在于个体学生的人性中?还是一种外在的道德律令?这也进一步决定了实现社会性生成的两条截然不同的路径——遵循自然与强制训育。

1. 教学是铸造心灵的手段:强制教育下的社会性生成

如果从强制训育的角度追溯西方教育的社会化思想,那么,斯巴达的教育便是最早的典型体现。为了应对战争环境和奴隶暴动,斯巴达的教育只重视军事体育训练,形成一种强制的军事化教育。在斯巴达人的观念中,人的价值就在于勇敢、服从、坚韧和强健。儿童从七岁开始,就长期地接受严格的训练和监督。孩子在教育场所过着艰苦的军事生活:他们常年赤脚,衣衫单薄,饮食粗劣而且数量少。他们集体睡在自己从河岸边采集来的芦苇上,无被褥,冬天至多只是加一点蓟草。这些都是为了训练他们能忍受苦劳,适应任何战争环境。这样一种军事化的教育训练,不仅铸造了斯巴达人强健的体魄,坚强的意志,更形成了他们对国家的绝对服从。从根本上说,这种国家之上的强制社会化最终使个体成为政治统治的工具。

在西方教育的历史上,斯巴达的教育并不具有典型特征,虽然它内在包含的强制教育特征是西方教育思想发展的一条重要脉络。文艺复兴带来了人性的解放和主体的觉醒,而近代教育对于社会规范和道德品质的外在训育也更加温和。

洛克对儿童社会性发展的认识是建立在他的经验主义认识论基础之上的。洛克认为,人之初生,心灵犹如"一张白纸,上面没有任何记号,没有任何观念"。而观念的获得则主要是通过后天的经验。儿童的犹如没有痕迹的白板或柔软的蜡块,可以任人随心所欲地涂写或塑造。在此基础上,洛克基于16世纪英国新型资产阶级贵族培养绅士的需要,提出了他的"绅士教育"思想。洛克认为,教育的目的就是培养绅士。"绅士需要的是事业家的知识,合乎他的地位的举止,同时要能按照自己的身份,使自己成为国内著名的和有益国家的一个人物"。[①] 他既要有健壮的身体,又要有"德行、智慧、礼仪和学问",是通达世故、善于处理实际事物的社会活动家。可以看出,这种绅士的培养目标非常重视儿童的道德、礼仪和处理社会事物的能力,这些恰恰是上层社会生活必要的社会品质和社会技能。

绅士教育包括身体、道德和智力多方面的训练。在洛克看来,德育居于绅士教育理论体系中的首要地位,因为德行是一个绅士必须具备的最重要的品质。这种德行首先是服从理智和自我克制的能力,因为这是关系到儿童未来快乐与幸福的"真正基础"。其次是良好的礼仪。洛克认为礼仪"具有效用",它可

---

① [英]洛克.教育漫话[M].北京:人民教育出版社,1963,78.

以使一个绅士"获得一切和他接近的人的尊重和好感",①在社会活动中取得成功。

对于良好道德品质的培养,洛克提出了有效的教育方法。他认为,奖励和惩罚是教育儿童的一种好方法,教育者可以恰当地使用,以此来培养儿童的羞耻心和荣誉感。同时,要充分利用说理和规则,因为"说理是对待儿童的真正办法","无论什么应守的德行,应戒的过失,他们无不可以用理说服。"②说理的时候可以提出一些规则,使儿童有遵循的依据。这些规则经过实践中的反复练习,可以帮助儿童养成良好的习惯。此外,洛克还重视榜样的作用,认为,在各种教育方法中,榜样是"最简单、最容易而又最有效的办法"。③父母、导师是儿童的直接教育者,必须以身作则,示以模范,给儿童树立良好的榜样。

洛克基于经验主义认识论基础上的教育思想,将儿童作为可以任意涂写的白板,这种"实质教育"思想的背后隐含着这样一种意义:对学生的一切影响都是一种外在的施加,因此也就不可避免带有了一种强制的性质。绅士教育通过说理、奖惩等方式培养未来绅士正是适应贵族社会生活的社会人,而洛克关于儿童道德品质培养所提出的方法,对当代课堂教学中的学生社会性培养仍然具有一定的启发意义。

康德作为伟大的哲学家,对教育问题也有深刻的见解。他洞察到教育对人生的巨大价值,撰写了教育专著《论教育》,阐述了自己的教育主张,成为他的整个思想体系的重要组成部分。康德认为,合理的教育不应是为现在,仅仅把青少年教育成能适应现在社会生活的人,而是"为将来人可能改良到的一种境界",也就是说,教育应以人类的理想为目的,培养具有理性的、能够变革和改良社会的人。基于这种有理性的人的培养,康德给教育下了一个简短的定义,他说:"所谓教育指保育、管束、训导和道德之陶冶而言。故人在幼稚时期须保育,儿童须管束、求学时须训导。"④管束是一种对儿童行为的约束。康德认为,在儿童的本性中,除了善的倾向外,还有一种动物性冲动。管束的目的就是要消除

---

① [英]洛克.教育漫话[M].北京:人民教育出版社,1963,72.
② 同上,63.
③ 同上,64.
④ [德]康德.论教育[M].北京:商务印书馆,1926,1 转引自戴本博.外国教育史(下)[M].北京:人民教育出版社,1990,209.

人的野性，使他在受约束中，逐渐养成遵守人类规则的习性。管束是一种消极的教育，它适用于儿童尚不能接受理性的指导的时期。儿童在入学后，除了施行管束外，还主要对其进行"教化"。与管束相比，教化是一种积极的教育。所谓教化包括教学与训导两个方面。教学主要通过学校所学的课程，来发展儿童的能力，以便将来能适应社会生活上的要求；"训导"则是对儿童外在行为规范的训练和指导，包括礼让谦逊之德。在与人交往时，懂礼貌、有风度，更要有辨别是非曲直的智慧。这样他才能在社会上立身处世，不被人讨厌，得到他立足于社会的地位。至于道德上的陶冶则是更高级的一种教育，其目的是使人的善的倾向得到发展，在行为上实现作为道德上的最高价值的"善良意志"。

康德的教育思想中对于儿童的培养是以适应和改造社会的人作为目标的，因此，儿童的社会性的发展成为康德所理解的教育内涵的题中应有之意。康德将社会人的培养给予层次的划分：从管束到训导，再到德性之陶冶，是一个从外在规约到内在自律的教育过程。而儿童的社会性品质也在这一过程中逐渐形成和发展，并最终形成康德认为的社会性的最高层次——"善良意志"的实现。在这里可以看出，康德将社会性的最高层次诉诸于"善良意志"，实际上是把人的社会性的生成过程看作是人性不断地接近和实现先验的道德律的过程。虽然在康德看来，这种以理性为根据的道德律令是内在于个体之中的，但它却不是一种自然性的存在，而是需要通过外在的管束、训育来克制人的自然性，从而实现的超感性的"绝对命令"。因此可以说，康德所崇尚的人的理性是一种对自然性的压抑基础上的有限主体性，而个体的社会性的生成也就不可避免地带有了强制教育的特征。

赫尔巴特是近代教育思想史上具有重要影响的教育思想家。他借以构建其"科学的教育理论体系"的基础——伦理学和心理学，恰恰体现了他的教育发展观：学生的发展是主动性和受动性的统一。

赫尔巴特批判地继承了康德的伦理学思想，试图把人类的一切行为都纳入绝对的道德规范之中。他把阐述如何处理人与人的关系，养成五种道德观念——"内在自由"的观念、"完善"的观念、"善意"的观念、"正义"的观念和"报偿"的观念，作为他的伦理学的基本原理。而"教育的唯一工作与全部工作可以总结在这一个概念之中——道德"①，即培养学生的五种道德观念。一方面，应

---

① 张焕庭.西方资产阶级教育论著选[M].北京：人民教育出版社，1979,249-250.

该看到,赫尔巴特对于道德教育的强调,实际上是维护当时社会统治秩序的需要。因此,他强调教学的"教育性",强调通过管理和训育克制学生的冲动和欲望,形成向社会的意志和守秩序的精神。但另一方面,赫尔巴特也看到了,教育的目的不仅是培养学生的品格和道德,使儿童具有社会性,而且要呈现儿童的个性,使儿童的个性尽可能地不受侵犯。但个性与社会性往往相对抗,"品格在几乎不可避免的冲突中与个性对抗着而表现其自身"。① 于是,赫尔巴特认为,实现儿童个性与社会性统一的重要方法就是培养学生多方面的兴趣。

赫尔巴特十分重视兴趣在教学中的地位和作用。他认为,教育的最高目的是培养有道德的人,这应该是通过教学来实现的。而若要使教学之要素(知识)对教育之要素(道德品格)的培养发生效用,赫尔巴特认为,最重要的条件是学生必须对知识发生强烈的兴趣,从而产生强烈的行为意志。这样,兴趣便成了人的精神生活的源泉,而教育的直接目的便是培养学生的兴趣;赫尔巴特认为,儿童的兴趣是多方面的,可以分为两类:一类是与自然知识相联系的兴趣,这类兴趣可分为三种:经验的兴趣、思辨的兴趣、审美的兴趣。另一类是被称之为历史的或同情的兴趣,它是一种社会性的兴趣,是基于社会交往而产生的。这类兴趣也可分为三种:同情的兴趣、社会的兴趣和宗教的兴趣。根据多方面兴趣理论,赫尔巴特进一步建立了他的课程理论和教学的形式阶段论。

应该说,赫尔巴特以兴趣为基础建立起课程和教学理论,这本身就是对儿童的主动性的承认和尊重。因为"有兴趣的东西对我们的心理有吸引作用,并由于这种力量,使它突出于其他表象之外。"②但同时,赫尔巴特更加强调儿童社会性的发展。事实上,赫尔巴特的教育目标正是培养具有美德修养的社会人。而这种社会人的培养,一方面,是通过强制的管理和训育,克制儿童的欲望,形成自制与服从的品质;另一方面,则是通过教学培养学生多方面的兴趣,尤其是可以"激发起追求社会秩序的精神"的"历史或同情"的兴趣。③ 可以说,赫尔巴特对于学生社会性的培养,已经不再是一种完全的强制教育,而是一种建立在个体心理需求基础上的外在规约。

---

① 赫尔巴特.普通教育学·教育学讲授纲要[M].北京:人民教育出版社,1989,59.
② 博伊德.西方教育史[M].北京:人民教育出版社,1986,339.
③ 同①,61.

2. 教学实现人性解放和自我发展:遵循自然的社会化发展

西方教育教学思想对于人性的承认、尊重与解放有着深厚的文化渊源。古希腊的教育思想家,尤其是亚里士多德建立在人的自然发展基础上的教育思想,很大程度上开启了西方教育教学思想的自然主义脉络。虽然中世纪的经院哲学曾一度使这种人本、自然的教育理念被湮没和压制,但文艺复兴对于人性的解放和张扬又一次使自然主义教育思想得以复兴和传承,并在新的时代背景下赋予了更深层次的意义和内涵。在这样一种文化根基和教育思想的传承下,学生社会性发展的观念也体现出鲜明的遵循自然倾向。从古希腊承认教育的社会性前提下的自然主义到夸美纽斯"适应自然"的德行发展;从卢梭的培养民主社会公民意义上的"自然人"到裴斯泰洛齐"教育心理化"基础上的儿童社会性发展;从第斯多惠的"文化适应性原则"到斯宾塞遵循儿童"心智演化进程"的社会生活课程的实施;可以说,不同的时代背景、社会发展需求以及教育思想的演进,使得遵循自然的社会化思想呈现出不同的内涵和意义。

作为西方教育传统的源头,古希腊的自然主义教育思想一方面承认教育的社会性,认为教育应当顺从社会发展的需要;另一方面,又特别强调教育遵循自然的要求,"自然本性"的观念在古希腊的教育思想中已相当明确。在柏拉图和亚里士多德看来,社会制度是事物本性的一部分,有自然的根据。因此,"人的道德行为虽然有许多是顺从约定的习俗的,但更多的则是遵从事物的本性的。"①亚里士多德对人的灵魂的三个层次(阶段)的考察,体现出鲜明的自然主义倾向,成为他的教育与人的发展思想的生物学和心理学依据。据此,他在教育史上首次论证了教育要遵循人的自然发展原则,要求依照儿童年龄特征施教;他主张对儿童施行身体、道德、知识全面而和谐的教育;他认定人的发展是自然(本性)、环境和教育三要素的结合等。在这样一种观念下,个体的社会性发展便成为一种遵循自然本性的社会化过程:既承认个体社会性发展的必要性,又强调实现个体社会性生成的自然主义理念和方法。

尽管遵循自然原则的教育教学思想,可以追溯到古希腊的亚里士多德。但是,明确地提出"教育必须遵循自然"的原则,并以此作为指导儿童社会化的教

---

① 叶秀山,傅安乐.西方著名哲学家评传(第二卷)[M].济南:山东人民出版社,1984, 104-105.

育方法的,则是捷克伟大的教育家夸美纽斯。夸美纽斯受其所处时代的生产技术和自然科学发展的影响,认为,旧学校的最大弊病就是违背自然,用无用的知识填满学生的头脑,造成儿童学习时间和精力的极大浪费。他认为,要想改革旧教育,就必须贯彻适应自然的原则。所谓"适应自然",按夸美纽斯的看法,包括两层内涵:一个是遵循自然界的"秩序"。他把人看作是整个自然的一部分,因此,人的发展以及对人进行的教育应服从于这一普遍法则;二是依据人的自然本性和身心发展的规律进行教育。夸美纽斯认为,人生而具有智慧、道德和信仰的种子,但这些种子如何发展,取决于人所受的教育。所以"实施这种教育的时候不用鞭笞,无须严酷,也不用强迫,尽可以实施得尽量和缓、快乐,尽量自然……把养料、照顾和运用谨慎地供给心理,把它自然而然地导向智慧、德行和虔信。"①可以看出,夸美纽斯适应自然的教育不仅适合于知识的传授,同样适用于德行、虔信这些社会品性的培养。因此,儿童德行、虔信的培养,不能依靠外在的强迫和压制,而是需要调动学生内在的德行和虔信的种子,使儿童主动地自我发展。针对与当时学校普遍存在的仅仅重视知识的教学,而把德行和虔信丢在一边的问题,夸美纽斯认为,由于学校里不注意培养德行,所以不可能使它的学生成为有德行的人。当他们到了社会上,也就不能成为谦逊、慈善、严肃、克制的榜样。因此,他认为,智力、德行、虔信三方面的教育,虽说缺一不可,但尤其不可忽视德行和虔信的训练。不教导德行和虔信,就不能算是一种真正的教育。可见,早在三百多年之前,夸美纽斯已经认识到德行的培养和周全的教育对于个人发展的重要价值,这对于我们今天的教育理论探索和实践改革仍然具有指导意义。

　　夸美纽斯在教学理论上的另一个突出贡献就是他对班级授课制的确认和发挥,并给予理论的证明。而班级授课制的实施,对于学生社会性的发展具有重要的意义。"当儿童们共同游戏时,由于他们年龄相同,他们的发展态度和习惯也大致相等,所以他们彼此磨砺更为有效……在他们中间,既不存在此一儿童优于另一儿童的臆说,也不存在压力、恐怖或惧怕。他们中间只是爱、坦白和关于自由的问答……"②事实上,在班级授课与学生共同学习的过程中,同伴之

---

① 夸美纽斯.大教学论[M].付任敢译.北京:人民教育出版社,1958,101.
② 熊易群.在活动和交往中发展儿童的社会性[J].西安教育学院学报,1995(4).

间的交往、合作、鼓励、帮助,不仅提高了课堂学习的效率,而且很大程度上促进学生社会性的发展。

继夸美纽斯之后,法国教育家卢梭再次提出并强调了顺应自然的教育思想。卢梭所谓的"自然",是指事物保持其本来面貌、原始倾向。他提出"回到自然"的口号,主张顺应儿童的本性,让儿童的身心得到自由的发展。基于此,他提出了"自然教育"的主张。"这种教育,我们或是受之于自然,或是受之于人,或是受之于事物。我们的才能和器官的内在发展,是自然的教育;别人教我们如何利用这种教育,是人为的教育;我们对影响我们的事物获得良好的经验是事物的教育。"[1]只有使三方面教育协调一致,儿童才能得到正常的发展。而要实现这种协调,则需要"事物的"与"人的"教育服从于自然的要求,与人们无法控制的"自然的"教育配合起来,也就是与儿童的本性、人性的自然发展一致起来。在具体的教育过程中,则应当遵循儿童成长发展的自然进程,考虑其年龄特征,适应其本性施教。卢梭将儿童的发展划分为四个时期,主张顺应自然施以恰当的教育:初生到两岁半为婴儿期,身体软弱,教育应以养护为主;两岁半到12岁为儿童期,感觉发达,教育应以感觉训练为主;13岁至15岁为青年期,理性开始发达,教育应以知识教育为主;16岁至20岁为青春期,儿童已经意识到社会关系,教育应以道德教育、宗教教育和性教育为主。通过这样的一种教育,最终实现"自然教育"的目标,即培养不受传统束缚而率性发展的、身心健康、具有独立自主精神的"自然人"。

虽然卢梭的自然教育反对人为的、社会的教育对儿童的改造,但他对于"自然人"的培养目标绝不是游离于社会的孤立存在的人。他只是用一种遵从儿童天性的方法让儿童合乎自然地成长为一个知道如何做人的人。这样的自然人,事实上也就是一个既能坚持自由、平等的原则,又能遵守法律;既有独立自主精神又能服从国家利益的民主社会的公民。也正因如此,卢梭并没有漠视对儿童社会性方面的培养,他将16岁至20岁作为儿童社会关系能力发展的关键时期,就是希望按照自然的顺序、运用自然的方法使儿童的社会性品质和社会关系得到发展。尽管卢梭的教育思想中渗透着浓重的浪漫主义情怀,但却给我们的社会性研究以重要的启示:个体的发展受到多种因素的影响,如何将外在的

---

[1] [法]卢梭.爱弥儿[M].李平沤译.北京:商务印书馆,1994,7.

社会影响与自我的内在因素相协调,是儿童社会性生成的一个重要条件。

瑞士教育家裴斯泰洛齐的教育思想也具有明显的自然主义教育特征。裴斯泰洛齐也非常重视人的人性,要求根据人的人性自然进行教育。裴斯泰洛齐适应自然的教育一方面受到了卢梭的影响,但另一方面又与卢梭有所不同,他并不认为人的人性是尽善尽美的,他在"关于人类发展的自然进程的研究"中指出,所有的人都有两面性,即低级人性和高级人性。低级人性指的是自我保护及可能由此发展而来的损人利己、狡猾贪婪的品性,即动物性;高级的人性则指的是人所独具的理性,包括追求真、善、美,自我完善,热爱上帝,利他等特性。高级的人性以低级的人性为基础,并从中产生、发展起来。所以裴斯泰洛齐认为,教育一方面要遵循儿童的人性,但另一方面又要通过教育的作用,把人性提升到更高的道德境界。他认为,只有教育才能把人身上潜在的能力发掘出来,教育的目的就在于"促进人的一切天赋能力和力量的全面和谐的发展"。① 这里可以看出,裴斯泰洛齐不仅强调教育要适应人的自然发展,更为重要的是要通过教育提升人的自然本性,赋予人性以理性的特征与和谐的发展。事实上,这种人所独具的理性的培养,正是高于人的自然性之上的社会性的培养。

此外,裴斯泰洛齐在教育史上第一个明确地提出了"教育心理化"的口号,这也使得儿童德行和社会品质的培养有了更深刻的内涵:不仅要使儿童固有的、内在的德行得到发掘,还应基于儿童的心理特点,使儿童在道德和社会性发展的过程中都处于自然主动的地位。这样一种认识,使得对外部强硬灌输的教育方法的反对建立在科学化的基础。可以说,教育适应自然的思想在裴斯泰洛齐这里达到了更高、更深的层次。

德国教育家第斯多惠继承了裴斯泰洛齐的"天赋能力"思想,认为教育的目的就在于协调发展自然赋予人的具有发展倾向的各种能力,把青年一代培养成为身心和谐发展的完人。他把"遵循自然"的教育原则列在教育的首位。因为在教育中,我们是同人打交道,所以在人的教育中,一般地说一切应按照人的本性来进行。"教育必须符合人的人性及其发展的规律。这是任何教学的首要的最高的规律。"②

---

① 张焕庭.西方资产阶级教育论著选[M].北京:人民教育出版社,1979,173.
② 同上,96.

然而,第斯多惠不同于前人的地方就在于,他不仅提出自然适应性教育原则,而且还提出了文化适应性原则。所谓"文化适应性原则"就是要求教育教学"必须注意我们时代和社会阶层的风俗习惯,我们所生存的时代的精神,我们民族的民族性。"①在第斯多惠看来,只有把教育教学提到人类现代文化的高度,才能使教育理想符合时代的要求,促进人类社会向着真善美的境界不断前进。第斯多惠文化适应性原则的提出,说明他对于教育的理解,已经突破了单纯的自然发展层面,关注到社会文化对于学生发展的重要作用。而这种社会文化对学生发展最直接的影响就是使儿童理解和获得民族与时代的文化精神,促进社会性的生成和发展。在此基础上,第斯多惠还进一步论述了自然适应性原则与社会适应性原则二者的关系。他认为:文化适应性原则应当从属于自然适应性原则,并使二者协调一致。现代科学知识和社会文化的传授,只有在遵循儿童身心发展规律的前提下,他们才容易接受和理解,并在独立思考的基础上形成美好的性格。事实上,第斯多惠所追求的文化与自然的协调一致,也正是教育促进学生社会性发展的一种理想追求。如何在考虑到儿童自我、个性的基础上使学生获得社会文化、掌握社会规则并能更好地与人相处?第斯多惠200年之前的回答,或许会给我们一些思考和启示。

　　对于西方教育史上关于学生社会性发展问题的追溯,我们不能不提及英国著名教育家斯宾塞。他所提出的"为完满生活做准备"的教育目的以及以此为基础所建构的课程体系,使我们明确地认识到了课程文化对于培养社会人的重要价值。斯宾塞根据人类生活的集中主要活动,将课程划分为五个部分,包括生理学、基础科学、心理学、历史学和审美文化。这样一种教育思想的阐述是与他所处的时代背景密不可分的。斯宾塞处于英国工业发展的时代背景下,当时的英国教育重视古典人文,忽视科学知识,使得教育与社会生活严重脱离。斯宾塞对于以实用知识为基础的课程体系的建构,是对培养完满生活的社会人的具体实现。因为能够完满生活的社会人,首先要具备现实的社会生活所必需的知识和能力,而这,也正是斯宾塞的课程理论所力图实现的。

　　在课程实施的方法上,斯宾塞认为必须遵循儿童的"心智演化进程"。他认为,"心智演化有个自然过程,干扰它就会发生损害;我们不能把人为的形式硬

---

① 张焕庭.西方资产阶级教育论著选[M].北京:人民教育出版社,1979,384.

加在一个正在发展的心智上;心理学也给我们提出了一个供求规律,而我们要不出毛病就必须遵循它。"①可以看出,在教育教学的方法上,斯宾塞承袭了卢梭、裴斯泰洛齐以来的自然教育思想。只是这种自然的原则,随着社会的发展和教育认识的不断深入,已经从最初的目的意义发展为方法意义。即,以一种自然的方法实现培养社会人的目的。

3. 规约与自主的张力生成:课堂教学培养民主社会的公民

如果说,西方教育对于学生社会性的培养是沿着两条脉络——外部规约的强制教育和适应自然的自主生成——演进的,那么,实现这两种理路最终融合的,则是美国教育家杜威。事实上,对于学生社会性生成的认识,两条不同的分析路径早已在历史发展的进程中呈现出一种相互融合的趋势。但无论是赫尔巴特建立在个体心理需求基础上的外在规约,还是第斯多惠自然适应性与社会适应性原则的协调一致,还是斯宾塞以自然的方法培养社会人的教育,终究是基于一种立场之下对另一方面的兼顾而已。而杜威的根本性超越,就在于他突破了二元化的思维方式,以一种"一元论"的教育价值观和教学方法论实现他培养民主社会公民的教育理想。

杜威把教育看作社会进步与发展的必要条件和基本手段。虽然他反对给教育强加一个内在的目的,但他仍然赋予了教育以外在的社会目的。他认为,教育的社会目的,应当包括两方面:其一,使人人都能获得平等的教育机会。这是一种"民主主义"社会的教育追求。其二,发展个人的创作能力和适应环境的能力,也就是培养所谓的"社会精神和社会能力"。由此可见,在杜威看来,教育的目的就是要改造社会中的人,使其成为适应民主社会生活的社会人。

民主社会的社会人培养需要民主社会的教育。杜威把教育看作一种"智慧训练"——包括知识的获得和品德的养成的过程,借以养成人生行为的"智慧"和"对自然和社会的基本倾向",其中包括"智慧态度和道德态度"、"智慧能力"和"智慧行为"。杜威认为,归根到底,教育就是要使人获得和增长有益于人类社会进步的经验,即养成有效地参与社会生活的这些"智慧"的态度、能力和行为。

---

① 斯宾塞.论教育[M].北京:人民教育出版社,1962,46 转引自戴本博.外国教育史(下)北京:人民教育出版社,1990,346.

那么,如何来通过民主的教育实现民主社会成员的培养呢?正是在这一问题的认识上,杜威实现了以往教育家和教育思想的超越。杜威认为,教育要培养民主社会的成员,就必须使儿童在民主社会的生活中获得成长。在他看来,"教育之于社会生活,正如营养和生殖之于生理的生活"。① 杜威批判当时的传统学校是"静听"的学校,与广阔的社会生活相脱离。事实上,杜威所说的这种社会生活,就是让学生在活动中获得发展,也就是他所主张的"做中学"。当然,对于学生社会性方面的发展,这种活动和做则主要是一种社会生活中的交往与合作。"要学会做人,就得通过平等的交往,发展出一种社会意识,意识到自己是一个独特的社会成员,了解和欣赏社会的信仰、期望以及秩序,并且进一步把有机体的能量转化成人类的资源和价值以做出贡献。"②

为了实现民主社会成员的培养,杜威还特别强调了课程内容、教学环境的社会性。杜威认为,"承认教育的社会责任的课程必须提供一种环境,在这种环境中,所研究的总体问题都是有关共同生活的问题,所从事的观察和传授的知识,都能发展学生的社会见识和社会兴趣。"③在杜威这里,课程已经不只是作为知识的内容来吸收,而必须作为当前需要和目的的有机组成部分来吸收,而这些需要和目的又是社会性的。对于教学过程,杜威强调教学环境应当创设一种真实的社会环境。在这样的环境里,彼此平等相处,建立共同的经验。"这种活动提供了社会气氛,学校因此不再是脱离生活,专为学习功课的场所,而是一个雏形的社会群体,在这个群体里,学习和生长是需要共同参与的活动的副产品。运动场、商店、工厂、实验室,不但能指导青年的自然的主动趋势,且包含交往、交流和合作,所有这一切都扩大对各种联系的认识。"④

概而言之,杜威用做中学的观点,化解了以往教育思想中主客二元对立的根本矛盾,也将这种思想贯穿于他对儿童的社会性的培养方面。儿童的社会性的发展,是需要在社会环境中发展起来的,而不是在孤立的环境中发展起来的。正如他自己所认为的,是"通过某种社会性的权利和义务,彼此互相合作"才发展起来的。

---

① 杜威.民主主义与教育[M].北京:人民教育出版社,2001,148.
② 杜祖贻.杜威论教育与民主主义[M].北京:人民教育出版社,2003,13.
③ 杜威.民主主义与教育[M].北京:人民教育出版社,2001,1-4.
④ 同上,376-377.

二、课堂学生社会性研究的跨学科研究

对于儿童社会性的研究,心理学、社会学、人类学等相关学科都有较为系统的理论研究。只是,在社会学和心理学领域,这种社会性生成的过程更多地用社会化的概念来表述,以此来强调社会性生成的过程。而在人类学中,则以濡化来体现社会文化的个体内化。在这一部分里,我们主要就心理学、人类学及社会学等相关学科的社会化理论加以梳理。

(一) 哲学视角下人的社会性研究

哲学视角可以为我们提供对研究问题抽象化和概括化的根本性认识。虽然对于特定的学生角色的社会性研究,哲学领域少有涉及,但是古今中外哲学家们对于人的社会性深刻分析,为我们理解课堂场域学生的社会性生成提供了重要的理论基础和方法论启示。

古希腊的哲学思想中关于人与社会的关系的观念是现代哲学关于人的社会性认识的历史渊源。古希腊人以城邦为基本的社会组织,城邦为每个自由公民提供政治、经济和文化上的权利。因此,在希腊人心目中,人首先是城邦的公民。正是在这种历史前提下,亚里士多德提出:"凡隔离而自外于城邦的人……他如果不是一只野兽,那就是一位神祇。"因为每一位脱离城邦的"个人都不足以自给其生活"。[①] 在这个意义上,虽然城邦发生程序上后于个人,但"在本性上则先于个人和家庭。"因为,就本性而言,"全体必然先于部分"。[②] 然而,亚里士多德并不真正理解人的社会本质,而把人的社会性看成是一种天赋的自然倾向。在他看来,"人类生来就有合群的热情",[③]本性上是"一个政治动物",因而"人类自然是趋向于城邦生活的动物"。[④] 可以看出,亚里士多德所谈到的个体的"社会性",不仅是一种在组织或团体中活动的特征,这种社会性的认识,甚至和"自由"、"理性"相关联,是人的本能和根本属性。

费尔巴哈是一位典型的人本论哲学家。但他也认为,人是一种"社会动物","类"是人的本质。在他看来,"孤独性就是由现行和限制性,集体性则是自由和无限性"。因此,"孤立的、个别的人,不管是作为道德实体或是作为思维实

---

① 亚里士多德.政治学[M].北京:商务印书馆,1965,9.
② 同上,8-9.
③ 同上,9.
④ 同上,7.

体,都未具备人的本质。人的本质只是包含在团体之中,包含在人与人的统一中"。不过,在费尔巴哈那里,人与人的统一仍是以个人主义为基础的,因为他认为"这个统一只是建立在'自我'和'你'的区别的实在性上面的。"① 可以看出,费尔巴哈已经认识到,离开社会,人就不能作为人而存在。只有在社会中,在享受群体的文明成果时,人才是有理性的生命。但是,他所理解的社会性,还只是人不能脱离社会共同体而存在,只是一种抽象性的理解,他没有看到人的社会关系,特别是经济关系的历史性和具体性,仅仅把社会性理解为我与你的关系。

马克思在批判地吸收前人理论观点的基础上,把人的社会性作为人的本质属性并做了深刻的分析和阐述。他提出,"'特殊的人格'的本质不是人的胡子、血液、抽象的肉体的本性,而是人的社会特质"②,"人的本质并不是单个人所固有的抽象物,实际上它是一切社会关系的总和"。③ 人的社会性既表现最一般、最普遍的社会关系,也表现特定时空条件下形成的,历史的发生变化的社会关系,这种社会关系反过来又制约和规定着人的社会本质。由于人类社会具有物质性,实践在本质上是一种社会性活动,正是在实践过程中,人们结成了一定的社会关系。概而言之,马克思强调人在实践活动中创造、生产人的社会联系、社会性本质,从而使自己成为"社会存在物",并且在社会建构活动中的现实意义上阐述人的社会性。

马克思关于人的社会性本质的观点是理解人与社会关系和人的社会性的理论基础。其基本观点具体包括以下几层含义:第一,人不是单纯的自然物,还具有社会性本质。人之所以是人,不在于人的自然属性,而在于人的社会属性,在于他们的社会关系和社会特性的差别。第二,人的社会性本质不是先天的、天赋的,而是在后天社会生活和社会实践中形成的。第三,人的社会性本质不是由某一方面的社会关系决定的,而是多方面社会关系的总和。第四,人的社会性本质是具体的、历史的,一定的社会关系都是在一定的具体社会历史条件下形成的,根本不存在永恒不变的、抽象的、普遍共同的人的本质。第五,人的社会性本质是人们各自社会关系的总和的根本性质,是人们在社会联系和社会

---

① 费尔巴哈哲学著作选集(上卷)[M]. 北京:商务印书馆,1984,185.
② 马克思恩格斯选集(第一卷)[M]. 北京:人民出版社,1995,270.
③ 同上,60.

关系中显现出来的个人社会特质、群体社会特质。第六，马克思关于人的社会性本质"在其现实性上是一切社会关系的总和"的命题并不是对人的本质下一个定义，而是为思考人的本质提供一条思路，为全面、深刻地把握人的本质提供一条科学的方法论原则。①

通过哲学领域的已有研究可以看出，对于人的社会性的哲学认识，是不断深化的过程。马克思关于人的社会性本质的阐述给予我们的个体社会性研究以重要启示：作为社会中生命个体的人，只有在一定的社会生活与社会实践中才能认识自己的社会性和社会本质，认识和发展自己的社会性才能实现自身的社会价值，成为真正意义上的社会人。

（二）社会学视角的学生社会性研究

社会学对于学生社会性生成的研究主要是从个体社会化的角度展开的。20世纪20年代之后，社会学理论得到了较为显著的发展。在功能主义、符号互动、冲突论等社会学理论中，关于教育的社会化理论研究逐渐发展成熟起来。在这里，我们主要选择结构功能主义和符号互动理论予以介绍，从这两种学派理论观点的分歧中，可以使我们更加深入地理解社会学视角下的社会化内涵。

1. 结构功能主义：基于社会结构稳定需要的规范习得与角色扮演

结构功能主义是西方社会学理论中相对来说最为久远和深厚的理论传统之一。从20世纪20年代至50年代，这一理论曾一度被西方社会学界公认为是社会学理论的主导或统治范式。结构功能主义理论关注教育机构如何满足更大的社会需要，并以此为视角阐述教育的社会化功能。结构功能主义者认为，由于结构分化而引起的基本需要之一就是，如何促进不同的个体在一个更大的社会系统中的整合，也即如何实现个体的社会化。而教育无疑是实现这一目的的重要方式。这既包括通过教育对个体进行特殊的训练，提供个人能够进入经济活动的各种文凭，同时也使得个人能够适应社会一般公民文化。就教育的社会化功能的阐述而言，这一学派的代表人物是涂尔干和帕森斯。

法国社会学家涂尔干是20世纪50年代以前结构功能主义的代表人物，他也是当代西方社会学的奠基人之一。涂尔干把社会当作一种自然现象来研究，

---

① 李友谊,于秀艳.马克思关于人的社会性本质理论的原本认识——兼联系马克思关于人的类本质的理论[J].白城师范学院学报,2004(3).

认为社会事实是社会学的研究对象,社会事实是对个人而言的一种社会的外在性,是社会与个人的关系式整体与它的各个部分的关系。他提出的社会化理论,就是建立在这个总体理论的基础上的。

涂尔干强调教育的社会化功能,"在某种重要意义上,教育必定是社会化。因为所有的教育都着重于发展儿童的心灵,而这种发展主要是社会的事情。"①涂尔干认为,每个人身上都存在着双重人格:一种人格仅仅由整个与我们自身、我们个人生活中的事件的精神状态所组成,涂尔干把它称作"个体我";另一种人格属于思想、情感和习惯的体系,就是说在我们身上表现的不是我们个人,而是我们作为一个组成部分的社群或不同的社群,这种体系的总和被称作"社会我"。"教育的目的是使出生时不适应社会生活的个体我转变成为崭新的社会我。"②"使儿童的身体、智力和道德状况都得到某些激励与发展,以适应整个社会在总体上对儿童的要求,并适应儿童将来所处的特定环境的要求。"③在涂尔干看来,一个社会必须要有一些共同的规范才有可能继续存在下去,这些规范在一定程度上适用于该社会的全体公民,但从某一点起,它又会按照社会内部的特殊环境开始多样化。教育就是为了这种统一而又多样化的规范的实现。具体地说,教育就是为了使儿童产生:"(1)他所属的社会认为其每个成员不应该不具备的某些身心状况;(2)他所属的特定社群(社会等级、社会阶级、家庭、职业)认为其全体成员必须具备的身心状况。"④简言之,"教育在于使年轻一代系统地社会化。"⑤

与此同时,涂尔干还长期致力于建立一门道德社会学,在他的《道德教育》一书中,详细阐述了他的道德内化理论,这也成为其社会化理论的重要组成部分。他认为,道德起源于社会,通过一种那个社会的道德权威和社会期待,从而转化为一种共同的道德规范和道德理想。道德具有三要素:纪律感、对社会群体的依恋和意志的自主性。成年人通过教育把道德灌输给还未准备好社会生

---

① 瞿葆奎.教育与社会发展[M].北京:人民教育出版社,1989,34.
② 张人杰.国外教育社会学基本文选(修订版)[M].上海:华东师范大学出版社,2009,8-9.
③ 同上,8.
④ 同上,7.
⑤ 同上,9.

活的人,以达到培养适应社会发展需要的人,开发智力,形成个人品质和个性特征的目的。这种道德内化的过程,也就是一个人从他律到自律的复杂过程。

20世纪50年代以后,帕森斯继承了涂尔干的社会化思想,并吸收角色理论的观点,开创了结构功能主义的新发展。帕森斯认为,在社会结构中,角色是最基本的单位,社会共同的价值观念决定了个人应扮演角色的性质。社会化是将社会的价值观内化为个体个性的过程,也就是个人与社会的一致化、个人被社会同化的过程。在《作为一种社会体系的班级:它在美国社会中的某些功能》一文中,帕森斯将班级的功能概括为社会化和选择两方面,并详细地阐述了班级的社会化功能。他认为,从功能的观点看,班级可以看作一个重要的社会化机构。在班级中,通过培养学生个性品质,使他们在动机上和技能上都能胜任成人角色。班级的社会化功能包括两方面:个体责任感和能力发展。这些责任感和能力对于他们未来的角色扮演是最为基本的前提。责任感可依次分解成两个部分:履行广泛的社会价值的责任感和完成社会结构中某一特定类型角色的责任感。能力也可分解成两个部分:一部分是完成个人角色中的任务所需要的能力和技能;另一部分是作为实现他人对适合这些角色的人际行为的期望所需的能力或"角色职责"[①]。可以看出,在帕森斯这里,学校教育作为社会的一个构成要素,具有十分重要的社会化功能:即通过培养共同的价值规范来维持社会秩序的稳定。

通过以上分析可以看出,结构功能主义主要从社会结构的稳定出发,解释学校的社会化功能。以涂尔干为代表的早期结构功能主义理论主要以儿童为研究对象,考察社会环境对儿童的作用和影响,人的社会化很大程度上被看成是个体被动的适应社会的过程。50年代以后的结构功能主义理论开始注意到了社会化过程中的选择功能和隐蔽功能,使得这一学派的社会化研究逐步深化。然而,应当看到的是,结构功能的关系范畴,不可避免地使得这一学派的社会化理论中,个体始终处于社会化的相对被动地位。

2. 符号互动理论:社会互动中的自我生成

符号互动理论是一个纯然由美国学者创立的社会理论。这一理论关注微

---

① 张人杰.国外教育社会学基本文选(修订版)[M].上海:华东师范大学出版社,2009,420.

观层面的社会学研究，强调主体间互动关系和语言象征的中介作用对于个体自我的形成的重要作用。由于符号互动理论认为，自我的形成过程也就是个体的社会化过程，因此，研究交往互动中的自我生成也就是对个体社会化过程的研究。其中，比较有代表性的是库利的"镜中我"理论和米德的自我理论。

库利是美国早期著名的社会学家，也是符号互动理论的先驱者。库利提出，个人与社会本来就是统一的，"个人"和"社会"并不是两个不同的实质，而是研究人类相互作用这个生动过程的不同侧面。在库利看来，人作为一个名副其实的社会生物，其标志是能够把自己跟集团区别开来，能够意识到自我、自己的个性。但是，自我意识发展的必要条件则是同他人的交往并领会他人对自己的意见。于是，他提出了"镜中我"的观点。他认为，"自我"是通过把我们看来是我们对周围环境所产生的那些印象加以综合而形成的。人的"自我"包含三层意思：(1)关于"我在别人看来是怎样的"观念；(2)关于"别人怎样评价我的形状"观念；(3)由此而产生的类似自豪或自卑的特殊自我感觉。在分析个人和社会的相互作用时，库利还提出了著名的"初级群体"的概念。所谓初级群体，是指直接发生面对面相互作用的各个个人的协作和联合。库利认为，初级群体的初级性，首先在于它们在个人的社会世界和社会理想的形成过程中起着决定性的作用，正是在这些地方，个人第一次感觉到自己是属于社会的并且了解到共同的理想。①

美国社会学家米德承袭了库利的相互作用论。他认为，人离不开社会，因而人的行为必然是社会性的。在《心灵、自我与社会》一书中，米德提出了著名的"泛化的他人"理论，并与"社会"的概念建立起紧密联系。他从符号互动论的观点出发，认为社会不是一种客观实体，而是社会成员互相作用的网络，个体通过使用符号给自己和他人的行动以意义。一切社会结构和社会组织都是在互动的过程中形成的，人的社会行为则是靠行为者不断根据他人或社会的标准去调节来控制的。与此同时，米德还提出了著名的"自我"理论。他将"自我"的体系概括为两个要素："主我"(I)与"宾我"(Me)。"主我"是有机体对他人态度的反应；"客我"是有机体自己采取的一组有组织的他人态度。他人的态度构成了

---

① 刘豪兴，朱少华.人的社会化[M].上海：上海人民出版社，1993，102.

有组织的"客我",然后有机体作为一个"主我"对之作出反应。① "主我"作为自我的冲动方面,体现了机体对他人的态度所做出的反应,表征着自我的创造性;"客我"则是自我的社会方面,是个体自我采取的一组有组织的其他人的态度。作为自我的逻辑组成部分,"主我"和"客我"是互为依存的,共同构成完整的社会个体。在米德看来,每个社会成员都应当从其他人所处的位置应当获取的利益和可能具有的意愿来考虑问题、处理问题,即只有承担他人角色,进入社会关系和社会过程之中,才能找到自己的生存位置,明白自己的角色地位,从而有效地开展社会交往活动。人不断把别人的态度内化,并学习按照社会上一般人的期待来判断和调节自己行为的过程就是社会化过程。② 这一思想对于当代社会化研究具有很大影响。

通过以上社会学理论的分析可以看出,不论是观点还是方法,符号互动理论都是以结构功能主义的对立面而呈现的。符号互动理论假设人是一种创造性的存在,而不是被动的个体。"代替那种只是对作用于它的因素做出反应的有机体,人类更应当被看作只关心它所关心的东西的有机体。人类通过自我标识同自己所关心的东西相联系,在这个过程中它构筑它所关注的那种对象,赋予其意义,并以此作为指导行为的基础。"③在这样一种理论假设下,社会不再是即成的结构整体,而是一种符号互动的生成。社会行动包含在个人行动之中,通过符号互动建立起社会关系。换言之,社会就是"行动着的人"的关系集合,而不是作用于人的强制力之源。可以看出,这一理论观点充分体现了个人在自我生成和社会化过程中的主动地位,而实现这种主动生成的方式则是个体之间的交往互动。

(三) 文化人类学视角的学生社会性研究

在文化人类学视域下,个体的社会性生成是以"社会化"或"濡化"来表达的。所谓"濡化"是指个体在日常生活中,通过日积月累的行为重复而形成习惯系统的过程。威廉·哈维兰认为,文化从一代传到下一代的过程谓之濡化。④ 人类学中,"社会化"与"濡化"常常作为同义词而使用。人类学家认为社

---

① [美]米德.心灵、自我与社会[M].赵月瑟译.上海:上海译文出版社,2005,137.
② 时蓉华.社会心理学[M].上海:上海人民出版社,1986,102.
③ 黄晓京.符号互动理论——库利、米德、布鲁默[J].国外社会科学,1984(12).
④ [美]威廉·哈里兰.当代人类学[M].王铭铭等译.上海:上海人民出版社,1087,247.

会化就是社会文化的内化,重视个体的"接受文化熏陶"和群体的"文化世代相传"的过程。这一领域的研究更多在于考察不同的文化模式对个体社会化的影响,并将这种影响称为"濡化"。人类学对于个体社会化的研究最为典型的体现为社会人类学和文化模式论的濡化观。①

1. 社会人类学的濡化观

马林诺斯基将社会结构作为研究起点,认为文化具有独立的功能和价值,对文化的分析必须包含个人的情感和智力方面,也包含人的全部生活状态,必须把整个的文化过程和产物投射于代表性个体的生活史。他研究个体被逐步授以技能,教以使用语言及其所在文化中其他象征手段的方式。这使他得以越来越深广地进入各种制度。这样,当他完全成熟并得到他所应得的部落民身份时,就会成为一个真正成员。② 柯尼格认为,所谓社会化就是一种过程,个人由此成为他所出身的那个社会恪尽职守的一分子,其行为符合社会的民俗民德。③ 文化学家奥格本认为社会化过程就是接受世代积累的文化遗产,以保证社会文化的延续过程,提出了社会化的"文化内化论"。

人类学家博厄斯认为人类群体的习惯由文化决定,人的心理和人格是受文化因素制约和随着文化条件的变化而变化。个人的独立性越弱,文化为控制每个人行为的单一思想所统治的痕迹就越明显,儿童期养成习惯之后形成的自动行为是最稳固的,灌输到儿童脑中的各种习惯意识愈强,而他们就越不善于提出疑问,情绪的感染也将会越强。④ 博厄斯从文化学的视野,探讨了个人与文化条件的关系,揭示了社会化与人的独立性和思维习惯的相互对抗的关系。由此可见,人类学家们对社会化的理解是从文化的发展需要出发,研究社会化过程的核心问题仍然在于群体的文化活动,具有文化中心的价值取向。

2. 文化模式论的濡化观

文化模式论者认为,文化模式是指某种文化的全部成员所能普遍接受的长

---

① 郑淮.场域视野下的学生社会性发展[M].重庆:西南大学,2007.
② [美]马林诺斯基.科学的文化理论[M].黄建波等译.北京:中央民族大学出版社,2000,256.
③ 裴时英.教育社会学概论[M].天津:南开大学出版社,1988,76.
④ [美]博厄斯.人类学与现代生活[M].刘莎,谭晓勤,张卓宏译.北京:华夏出版社,1999,97.

期存在的文化结构,从群体或个体及其个性的考察中得出文化模式。他们主张按文化发生的来龙去脉来评价文化现象,从而解释人们的行为和社会化过程。米德受到博厄斯的影响,通过她的人类学考察,注意到文化与人格的关系,认为各种文化模式的复杂性以及该文化的成员对它的认识程度是可以改变的。同时,米德认为前喻文化是一种全新的以开拓未来为使命的文化传递模式,代表未来的是晚辈,而不是他们的父辈和祖辈。① 她首创性地研究了"代沟"和反向社会化问题,以区别于一般的社会化,并分析了前喻文化、并喻文化和后喻文化等三种文化传递形式,探讨了不同的社会化模式,拓宽了社会化研究的课题。

本尼迪克特以各种文化的成员在感情上对待世界的态度来解释文化模式,她把文化看作是一个思想和行为一致的整体,在一个民族或群体中,由于受共同文化的孕育,每个人的性格中都有全体成员共有的部分,这一共同性区别于其他文化的特点,就是该民族或群体的"基本人格"或"众趋人格",后来被称为"民族性"或"国民性"。她对个体的形成过程,即对从儿童时代早期开始的"个人"发展特别感兴趣,研究使用了比较的方法,考察和比较了各种社会化方式,讨论了文化的条件作用中的连续性和非连续性,对儿童在不同文化模式中的社会化实际情况作了人类学的描述,特别分析涉及了潜在矛盾的三个方面:社会责任、分配和服从的模式、两性作用的区别。② 克罗伯认为每一种文化模式都会产生自己的价值体系,也即是说,人们的信仰与行为准则来自特定的社会环境。本斯曼和罗森伯格证明了各种文化模式—规则、价值、思想和实际—代代相传的方式,还说明了从一个群体到另一个群体,从一个人到另一个人传播的方式,他们把这个传播传送文化方式的过程叫社会化。③

可以看出,文化人类学对于个体社会化的分析是以文化为线索的。从文化发展的角度,把人的社会化看成是一个文化传递和延续过程,认为社会化过程就是接受世代积累的文化遗产,以保证社会文化的延续过程。和以社会结构为

---

① [美]米德.文化与承诺——一项关于代沟问题的研究[M].周晓虹.周怡译.石家庄:河北人民出版社,1987,23.
② [美]本尼迪克特.文化条件作用中的连续性和非连续性[A].克鲁克洪等译.文化与个人[M].杭州:浙江人民出版社,1988,85.
③ [美]本斯曼,罗森伯格.社会化:使人适应其社会[A].克鲁克洪等译.文化与个人[M].杭州:浙江人民出版社,1988,110.

假设的社会学研究迥然不同,文化人类学将人的社会化贯穿于历史的复杂的文化模式之中加以考察,在"人化自然"的过程中实现着"社会化人"。

(四) 心理学视角的学生社会性研究

心理学对学生社会性发展的研究,侧重于人的生理成熟与心理发展,关注个体的认识、情感、意志以及个性心理特质等方面。然而,不同心理学派基于不同的研究视角和研究路径,又做出了各不相同的理论建构。在这里,我们主要就精神分析学派、认知发展理论以及社会学习理论关于个体社会性发展的相关研究及其观点逐一介绍。

1. 精神分析学派:人格与社会性发展

精神分析学派关注个体的人格发展,其创始人是奥地利心理学家弗洛伊德。在《自我和本我》一书中,弗洛伊德提出了一种人格分析的全新方式:即人格是一个包括本我(id)、自我(ego)和超我(super-ego)的结构模式。本我是人格中最原始的部分,是由先天遗传的本能冲动或内驱力所组成,代表人的生物主体,是一切驱欲能量的来源。这种本能冲动受快乐原则支配,追求行为上的满足,是人格发展的动力;同时,这种本能冲动又是混沌的欲望,如果不加控制就会妨碍社会群体的活动和个人的发展。自我是对本我的发展,是人格结构中的现实成分;自我遵循"现实原则",调节外界与本我的关系,使本我适应外界要求,推迟本我能量的释放,减少行为的盲目性;个体正是在与他人、环境的交往互动和相互作用中,才能了解自我存在的意义以及与他人的关系,从而获得自我的发展。超我是从自我中分化出来的、人格结构中最后形成的最文明的部分。它来自自我,又超脱自我,是"道德化了的自我";超我由两部分组成,即"自我理想"和"良心":"自我理想"体现生活的道德标准,"良心"负责惩罚违反自我理想的行为;因此,超我的作用就在于管制那些不容于社会的原始冲动,通过"自我批评和道德控制",使自我以合乎社会道德规范的目标代替较低的现实目标,向着理想的目标努力,形成完善的人格品质。弗洛伊德认为,本我、自我和超我这三者是一个互相联系、互相制约的有机整体。人格形成的动力就在于本我、自我和超我的交互作用。当三者处于相对平衡状态时,个体能够较好地适应社会生活,应付体内外的各种刺激。而这种平衡一旦打破,则会产生个体的不良社会行为,甚至精神疾病。

可以说,弗洛伊德关于本我、自我和超我的理论分析,以及个体人格发展的精神分析学说，是心理学史上对个体社会性发展理论的较早阐述。而他的理论所体现出的人格形成过程中"本能冲动"和"社会规约"的有机协调，对于后继的社会性发展研究具有重要的启示。

弗洛伊德的同事及弟子们，一方面继承了弗洛伊德的人格结构理论，同时又在此基础上有所发展。他们认为，在考察学生发展时，既要考虑到生物学因素在个体心理发展中的作用，同时也要考虑社会文化因素的重要作用。基于这一观点，形成了新精神分析理论，而埃里克森便是倡导这一理论的代表。

埃里克森的理论是在接受并修正弗洛伊德的人格结构说的基础上产生的，是在自我心理学基础上形成的。与弗洛伊德对本我的强调不同，埃里克森认为，自我在个性发展中起着最为重要的作用。个体的自我是一种独立的力量，其作用在于帮助个体适应社会。个体的心理发展阶段是按照某一方式被社会化的结果，在社会化经历的不同时期，个体与社会环境之间存在着普遍的冲突。正是这种冲突，推动了个体的社会化过程。基于这一观点，埃里克森提出了著名的人生发展阶段和自我同一性理论。他把人的一生分为八个发展阶段，对每一个阶段都提出了一个主要的心理社会问题。第一阶段是婴儿期，是从出生到1岁，主要任务是满足生理上的需要，发展信任感和克服不信任感；第二阶段是儿童早期，约从1岁到3岁，是形成自主感而克服羞怯和怀疑的时期；第三阶段为学前期，从3岁到6岁左右，这一阶段的主要发展任务是形成主动感而克服内疚感；第四阶段是学龄期，从6岁到12岁，发展的任务是获得勤奋感而克服自卑；第五阶段青年期，从12岁到18岁，这一阶段的发展任务是形成自我同一性而克服同一性混乱；第六阶段成年早期，从18岁到25岁，是形成亲密感而避免孤独感的时期；第七阶段成年中期，从25岁到50岁，是获得繁殖感而避免停滞感的时期；第八阶段为老年期，直至死亡，主要是获得完善感而避免失望和厌倦感的时期。基于这一阶段划分，埃里克森认为，个体人格的发展具有阶段性和联系性；前一阶段任务完成的好坏，对下一阶段有着直接的影响；而后一阶段的成就，又可以补偿前一阶段的失败。

埃里克森以个性的自我渐成为中心，将个体的心理发展的不同阶段置于社会文化制约的背景下进行分析，揭示不同阶段人格发展的主要矛盾和内心冲突，有益于我们更好地理解社会化的具体过程。新精神分析注重自我，强调文化、社会环境对个体社会性生成的影响。这一理论观点对于今天的社会性发展研究,仍然具有很大的启示。

2. 认知发展理论:社会认知的能动建构

认知发展理论由瑞士发展心理学家皮亚杰始创,主要是从认知的角度研究人的发展问题。虽然皮亚杰理论是以儿童认知尤其是思维发展为核心的,但他也十分重视认知发展在儿童社会化过程中的作用,并在儿童社会性发展领域取得了令人瞩目的成就,特别是关于儿童道德认知发展方面。

皮亚杰对于儿童社会性发展研究产生的重要影响,就在于他将儿童视为自身发展的积极动因。皮亚杰认为,儿童关于客观世界的知识既不来源于主体,也不来源于客体,而是来源于主客体的相互作用。因此,儿童的社会化不仅仅在于把规范和价值一代一代向下传递,儿童也是他所在社会的道德法则的积极加工者。皮亚杰理论对儿童社会性发展研究的另一个贡献就在于强调儿童社会性发展与认知发展的相互关联、相互依存。在皮亚杰看来,在儿童的发展历程中,认知发展是一个更为基本的过程,儿童的某些特定社会性特征只有在相应的认知机能形成之后才能出现,某一年龄阶段儿童社会性发展的特点都可以从相应的认知发展阶段中找到根源。因此,可以通过儿童认知发展来解释其社会性发展的特点。皮亚杰将儿童道德发展与认知过程联系起来,认为不同的智力水平和自我中心主义的形式,造成了儿童不同的道德发展阶段。通过研究儿童对待游戏规则的态度,皮亚杰将儿童的道德发展划分为四个阶段:(1)2至5岁,"自我中心阶段",即前道德阶段;(2)6至8岁,"权威阶段",即他律道德阶段;(3)8至10岁,"可逆性阶段",开始出现自律道德;(4)11至12岁,"公正阶段",即自律道德阶段。

皮亚杰的认知发展理论说明了对自己、他人和世界的思维方式如何影响着个体的社会发展和道德发展。他指明了儿童如何从我向主义转变为自我中心主义,并最终实现社会中心主义的转变过程。皮亚杰还对儿童道德态度与人际关系的认知成分进行分析,并探索了儿童从前运算阶段进入具体运算阶段过程中,道德观念和道德行为的转变情况。这些工作对于后来的社会性发展研究产生了重要影响。

美国心理学家柯尔伯格沿袭并发展了皮亚杰的认知发展理论,形成了自己关于社会性和个性发展的认知发展理论。他的理论的基本假设是:(1)认知发展是按照皮亚杰所描述的不变的阶段顺序依次发展的;(2)情感发展平行于认知发展;(3)社会性的发展可以根据儿童将自己与他人作比较而获得的自我概念发展而发展;(4)儿童社会认知依赖于其角色扮演能力,儿童的角色扮演能力越强,他就越能理解他人的需要和他人行为的原因;(5)社会性和个性发展的方向是朝着一个平衡状态发展的,发展具有阶段性。儿童社会性发展依赖于儿童认知发展水平和社会经验的交互作用。① 基于这一基本认识,柯尔伯格运用道德两难推理问题对儿童进行研究,创建了道德发展阶段理论。根据不同年龄儿童和成人对道德两难问题所作的判断,柯尔伯格将人的道德发展过程分为三个水平六个阶段:前世俗水平的服从与惩罚的定向阶段和工具性的相对主义的定向阶段;世俗水平的好孩子或好公民的定向阶段和维护权威与社会秩序的定向阶段;后世俗水平的社会契约的定向阶段和普遍的道德意识或原则的定向阶段。

柯尔伯格认为,道德发展的水平是依照一定的次序进展的,每一个阶段都体现了个人对社会和社会规范的不同认识,体现了对顺从或违背的不同看法。他还认为,在分析儿童对行为范式的学习时,除了应考虑范式的特点外,尤其应该考虑儿童所处的认知发展阶段。柯尔伯格对道德发展水平的划分及相关理论,对研究学生的社会性生成,尤其是规则意识和自律精神的形成有着重要的意义。

3. 社会学习理论:社会化过程的观察模仿机制

学习论的创始人可以追溯到美国心理学家华生,华生深受巴甫洛夫的影响,强调联想或刺激——反应的学习过程,并以此作为对人类行为的主要解释。华生认为,人是灵活的、可塑的,环境决定了人的行为。

华生的学习理论在其之后有了新的发展。20 世纪 60 年代,以美国心理学家班杜拉为代表,提出了社会学习理论。这种理论认为,人的个性特征与其他心理现象一样,是以学习的方式获得的,是条件反射的建立和泛化的过程。儿童的一些行为的获得,也不是按照单纯的奖励或惩罚的方式来进行的,而是通过观察和模仿的学习方式来实现的。班杜拉并没有满足于建立在行为主义刺激——反应基础上的学习理论,而是吸收了认知论的一些原理,突出了学习过

---

① Shaffer, David R. (1994). Social and Personality Development Brook. Cole Publishing Company, 121 - 122.

程中的模仿、认同和强化对个性形成的重要作用。班杜拉认为，模仿是最基本的学习过程，人们通过观察的手段向别人学习时，不管是有意还是无意，都是对范型的模仿。认同是深一层的模仿，而这种模仿的行为要想得到维持和加强，就必须有强化。在班杜拉看来，个体之所以模仿和认同某人的个性特征，是因为个体意识到这种模仿和认同可以增加其安全感或提高自尊心和自信心，个体之所以向团体规范认同，也是由于他希冀由此获得团体的接纳和赞许。社会学习理论特别强调学生社会性生成过程中榜样的力量，强调人类的行为是个体与环境交互作用的产物。班杜拉等通过实验研究表明，榜样具有替代性强化的作用，在学生行为中发挥着重要的作用，它可以抑制学生的某些行为并强化另一些行为，从而促进学生积极社会行为的习得与内化。

班杜拉的社会学习理论从人的社会性角度研究学习问题，强调观察学习，认为人的行为的变化是个体与环境相互作用的结果。一方面，强调榜样示范的力量，充分关注了他人的教育影响对学生社会性发展的重要作用；另一方面，强调学生在社会学习中的自我调节和自我效能，则进一步凸显了学生社会性的自我生成特征。

三、课堂学生社会性研究的方法论反思

（一）时代特征的呈现：走向具有自主精神的社会人

历史地审视中外教育史上关于学生社会性问题的研究，呈现出鲜明的特征：教育要培养怎样的社会人，是与社会的发展水平、时代特征有着密不可分的联系。无论是中国古代道德教化下臣民意识的灌输，还是西方社会杜威对于民主社会公民的培养，都反映出社会对于人的需求标准。正因为如此，处于社会转型时期的当代中国的学生的社会性的培养，也就必然地要求我们立足于当下的时代背景和社会的需求，思考我们究竟应当培养学生怎样的社会性品质？

在学生社会性培养的价值取向和教学方法上，中外教育的发展理论不尽相同。就中国教育关于学生社会性的培养而言，从古代忠君孝亲的臣民，到近现代社会改造的国民，再到当代具有主体精神的社会人，是一个从依附到独立的社会主体的觉醒过程。与之相对应，在学生社会性的培养方法上也经历了从强制灌输到正向教导，再到强调自主合作学习的过程。而西方教育中的社会性培养，则是在社会规约与自主生成的交织中最终实现了两者的融合。因此，社会

性的培养方法也始终在强制教育与遵循自然之间摇摆,直到杜威用"做中学"的活动使得外在的规约与学生的本性在社会生活与交往中实现了统一。

然而,尽管中外教育在学生社会性培养的价值取向和教学方法上存在路径上的分歧,但却殊途同归地走向了一个目标。杜威对于民主社会公民的希冀,是一种既具有社会责任感和合作意识,又具有民主社会变革能力的社会公民。处于多元文化并存的社会转型时代背景下的当代中国,也同样需要一种既具有合作精神和社会适应能力,又具有自主意识、批判精神和选择能力,能够推动社会发展和进步的现代公民。而这也正是当代课堂教学对于学生社会性发展的理想追求。

(二) 多学科视角的整合:社会性的双向互动生成

对于社会性生成的多学科视角审视,为我们理解社会性的生成机制提供了更为广阔的学科视角。哲学强调社会实践活动对于社会性生成的中介作用,认为个体只有在一定的社会生活与社会实践中才能认识和发展自己的社会性和社会本质。社会学对于社会化的考察经历了一个发展过程:早期的社会化研究习惯于考察外在的客体对主体的影响,强调社会环境对儿童社会化的作用和影响。这使得个体在社会化的过程中处于相对被动的地位。近些年的社会学研究开始重视人作为社会化过程的主动实践者,认为人的社会性是人与社会双向互动的生成。心理学偏重于社会化过程中的个人成长,关注人格发展与自我形成及一般的社会学习过程,这就使得社会性生成过程中自我的作用更加凸显。人类学将个体的社会化称为濡化,而这一过程的一个重要特征就是"社会化人"的同时实现着"人化社会"。

整合多学科的观点,使我们对社会性的生成有了更深刻的理解:首先,个体的社会性生成是以社会实践活动为中介的;其次,在社会化过程中,个体与社会进行着双向互动;再次,社会观念与社会行为对于个体的影响必然要经过自我意识的选择与接受,因此,自我意识对于个体社会性的生成具有重要的影响;最后,社会化生成的结果是人和环境的双向生成。

基于不同学科视角的社会性理解,从社会性生成的中介、过程、结果等的不同视角诠释了社会性生成的内涵。概而言之,个体的社会性是以社会实践活动为中介的双向互动生成。

第二章

课堂场域学生社会性生成的现实考察

对于课堂场域学生社会性生成机制的逻辑分析和理论建构必然需要建立在对课堂现实全面透彻把握的基础上。因此,在对课堂学生社会性研究的历史溯源和跨学科研究的基础上,本章将对小学生课堂社会性生成予以现实考察。通过走进实然课堂的过程,获得对学生社会性生成动态、鲜活的体验和真实、深刻的反思,也为进一步的理论分析与建构提供现实依据。

一、调查研究的方案设计

(一) 研究问题

对课堂学生社会性生成的现实考察,目的在于了解学生社会性发展的真实状况,发现当前课堂学生社会性生成所存在的现实问题,从而为进一步从理论上分析课堂学生的社会性生成寻求现实依据。基于此,本章的现实考察,将重点涉及以下三个问题:

1. 小学生社会性发展水平的现状调查

以小学高年级学生作为调查对象,通过调查问卷的形式从学生对于课堂规范纪律的认知、对于学生角色的认知、群体文化的归属感、师生关系和生生关系等几个方面的调查,了解当前小学高年级学生社会性发展的总体水平。

2. 课堂场域小学生社会性发展问题的调查

通过课堂观察、质性访谈和案例剖析,把握当前课堂场域中学生社会性发展所表现出的具体问题。针对这些问题进一步反思:课堂场域学生社会性发展的哪些方面应当给予特别的关注?如何促进学生社会性生成?

3. 课堂场域小学生社会性生成具体表征的调查

包括两个方面：对影响小学生社会性生成的课堂要素的定量调查和对课堂如何促进学生社会性生成的质性分析。通过这一部分的现实考察，了解课堂教学中的诸要素是如何促进学生的社会性生成的。

(二) 研究对象

1. 研究对象的年段选择

学生的社会性处于不断的发展过程之中。小学、初中和高中不同年段学生的社会性发展呈现出明显差异的特点。为了研究本身的具体化和实效性，我们将研究对象的年龄阶段限定为小学阶段，考察小学生课堂社会性的生成的现实状况。通过对不同年段小学生的调查研究，揭示小学课堂学生社会性的总体状况和社会性生成的差异特点。

之所以选择小学阶段作为研究对象，是基于以下几个方面的考虑：

首先，小学阶段是儿童生活世界的重要转折阶段。小学生入学后，学生经历了由家庭生活为主的生活方式到学校学习为主的生活方式的重要转变。在学生社会性的生成方面，家庭和学校的生成机制有着很大的不同。家庭的社会化是以情感为基础的，具有主观性和生活化的色彩。而学校的社会化则建立在理性的基础上，是一种相对客观性、带有一定强制性的方式。在小学阶段，个体的社会性生成经历了这种社会化机制的转变过程。因此，在小学阶段，学生所体现出的社会性发展变化，比其他学段更能归因于课堂场域的社会化功能。

其次，小学阶段学生的社会性发展处于显著变化阶段。在课堂场域中，低年级学生社会化过程的"重要他人"主要是教师；而到了高年级，学生的"重要他人"则逐渐转变为同伴群体。学生的这种社会性生成的变化过程，与年龄特征有着密切的关系。同时，对于探索学生社会性生成的特点和机制具有重要的价值。

正是基于以上两点考虑，我们将调查研究对象选择为小学阶段，在广泛性的课堂观察、师生访谈和案例分析的同时，选取小学四、五年级和一年级两个年龄阶段的学生作为调查研究（问卷调查）的重点作以分析。

2. 研究对象的样本选择

我们分别在北京、成都和青岛选择了十所学校作为研究样本。希望通过对这些学校的课堂观察、访谈和问卷调查和案例剖析，获得对课堂学生社会性生成现状的清晰把握。

由裴娣娜教授主持的主体教育研究自20世纪90年代至今，经过十多年来深入实践的理论研究，概括和提炼出教学理论的重大命题。本书对于课堂场域中学生社会性生成的研究正是基于主体教育视野下教学理论的重大命题——"在实践、活动基础上，通过合作与交往促进学生社会性发展"，试图进一步探明和解释：作为主体的学生，是如何在课堂场域中通过交往与合作，实现社会性的生成与发展的。可以说，本书所呈现的是在主体教育视野下对学生社会性发展的研究成果，因此，以主体教育课题成员学校作为现状研究的主体，可以保证研究的可行性和代表性。基于此，我们选择了北京海淀区和四川成都共九所主体教育课题学校作为调查研究的主要样本。

另一方面，课堂场域中的学生社会性生成不仅取决于课堂要素的作用，还取决课堂之外的学生个体经验、家庭背景、教育方式。因此，对学生社会性生成机制的研究就不能忽视这些外在要素的作用。为了了解不同家庭背景学生的社会性生成的差异，我们还选择了青岛的一所郊区学校作为对比研究的样本，以期通过调查了解不同家庭背景的学生课堂社会性生成的差异，从而揭示家庭环境等场域外要素对于课堂学生社会性生成的作用机制。

二、课堂场域学生社会性发展水平的调查与分析

对小学生课堂社会性发展水平的调查与分析主要是通过问卷调查的方式来实施的。通过对调查结果的分析了解课堂场域小学高年级学生社会性发展的总体状况。

（一）小学生课堂社会性发展水平：基于学生视角的调查

关于小学生社会性的发展水平，无论从社会认知、自我意识还是社会关系角度，心理学都已有过系统的、量化的研究，并对小学阶段学生的社会性发展水平做出了概括性的归纳。因此，本书对于小学生社会性发展状况的问卷调查，目的不在于重复前人已有的研究并得出精确的数据结果和量化结论。而是希望借助问卷所具有的研究的广泛性和普遍性的优势，对具体到课堂场域中的学生社会性发展水平进行了解和描述。对于问卷调查的数据结果，则主要采用频数统计和百分比统计的处理方法。

在调查内容的设计方面,问卷主要从学生对课堂规范纪律的认知、对学生角色的认知、对群体文化的归属感、自我认知与自我评价、师生关系以及生生关系等六方面进行调查。通过这六方面具体内容的调查来反映课堂场域小学生的社会性发展水平。由于小学阶段随着年龄的增长,学生的社会性发展水平和特征呈现出明显的差异,因此很难概括整个小学阶段的学生社会性发展水平和特征。而考虑到低年级学生理解能力和分析水平可能会在一定程度上影响调查结果的信度和效度,因此,本章对小学生社会性发展水平和特征的调查主要是指对小学高年级学生的社会性发展状况的调查。而对低年级学生的问卷调查主要用于高年级学生社会性特征的比较和参照。

1. 对课堂纪律和班级规范的认知与态度

考查学生对于课堂纪律和班级规范的理解,可以从在一定程度上反映学生对于外部规约与自主自制关系的认识,而这恰恰是学生自我意识发展的一个重要体现。围绕这一主题设计了三个问题:①你怎样看待你们班的课堂纪律?②你认为,班级的规范制度应该怎样制定?③课堂上,如果老师讲的内容是你已经会的,你通常会怎样做?调查结果如下:

表 1　对课堂纪律的认知与态度（N=226）

	频　数	百分比
A. 太过严格,但还是会遵守	26	11.5
B. 自觉遵守,做到这点很容易	140	61.9
C. 有些不太合理,应该改进	47	20.8
D. 很不喜欢老师那么多的要求和规定,做自己的事情	13	5.8

对于"你怎样看待你们班的课堂纪律"这一问题,有61.9%的学生认为会自觉遵守,并且做到这点很容易;有11.5%的学生尽管认为太过严格,但还是会遵守;20.8%的学生认为课堂纪律有些不太合理,应该改进;5.8%的学生很不喜欢老师这么多的要求和规定,做自己的事情。

我们可以将学生对待课堂纪律的认知和态度归纳为四种特征:积极的接受;积极的质疑;消极的接受;消极的反对。通过问卷调查可以看出,大部分学生对于课堂纪律持"积极接受"的态度,他们自觉自愿地适应班级生活,遵守课堂纪律。有20.8%的学生对课堂纪律持有"积极质疑"的态度,在他们看来,课堂纪律有不合理的地方,作为班级一员,他们希望并愿意积极参与改进。还有11.5%的学生表现出"消极接受"的态度,尽管认为课堂纪律太过严格,但仍然消极无奈地顺从遵守。另外,还有个别(5.8%)的学生,会对班级纪律采取"消极反对"的态度,不愿接受外在规范的束缚,也不愿积极地寻求改进,而是我行我素,做自己的事情。

学生对课堂纪律的态度在一定程度上反映出他们在处理外在规约与自主自制关系问题上的态度,也进一步反映出学生的社会性发展差异特征。小学高年级阶段,大部分学生对于外在的规范和纪律已经具有较好的适应性并自觉遵守。少部分的学生还表现出积极的反思和批判意识,应该说,这是社会性发展的更高水平的体现。有十分之一左右的学生对规范制度表现出的消极态度和无奈表现,说明他们的社会主体意识相对较弱,社会性的发展水平还停留在接受服从的层次。另外,还有个别对制度规范消极反对、我行我素的学生不能接受必要的外在规约,也没有形成积极的自主意识和自制能力,应该说,其社会性还处于较低的发展阶段。

表 2　班级规范制度的制定方式（N=226）

	频　数	百分比
A. 老师制定,我们应该遵守	28	12.4
B. 我们和老师共同制定	110	48.7
C. 老师制定,同时听取我们的意见	88	38.9

对于"你认为,班级的规范制度应该怎样制定"的问题,有48.7%的学生认为应当师生共同制定;有38.9%的学生认为可以由老师制定,但应该听取学生的意见;还有12.4%的学生认为应当由老师制定,而学生则应该无条件遵守。

这一问题主要考查学生作为社会主体的自主意识。通过这一问题的回答可以看出,大部分学生对于班级规范制度的制定具有较强的参与意识,这表明高年级的学生在社会生活中已经具有了较强的社会主体意识,能够表达自己的意愿而不是一味地顺从。当然,也有少数(12.4%)的学生还停留在对制度的单向服从和适应水平,社会主体意识不足。

表 3　对学生自我管理能力和水平的调查（N=226）

	频　数	百分比
A. 仍然听讲,因为老师要求学生上课要认真听讲	34	15.0
B. 仍然听讲,因为说话或做其他事情可能会影响同学	55	24.3
C. 认真听讲,可以使我掌握知识更扎实	129	57.1
D. 不想听了,和同学说话或者自己玩	8	3.6

"课堂上,如果老师讲的内容是你已经会的,你通常会怎样做"? 对于这一问题,有96.4%的学生都会选择继续听讲,只是解释的原因有所不同:57.1%的学生是因为认真听讲可以使自己更好地掌握知识;有24.3%的学生是因为怕影响其他同学;还有15%的学生只是因为老师要求上课要认真听讲。另外,只有3.6%的学生会选择不听课,说话或者做自己的事情。

对这一问题的提问是为了进一步了解学生对于外在约束和自我约束(即自制)的认识。调查表明:大部分(81.4%)小学高年级学生对于课堂规则的遵守是出于内在动机的驱动。其中57.1%的学生是能够从自我发展的角度看待外部规约,有24.3%的学生从协调社会关系的角度来理解制度规范。有15%的学生还只是从外部要求和制约的角度去接受规范制度,并没有把规范制度内化为个体的自我体认。另外还有个别学生(3.6%)选择对规范制度的无视和我行我素,这与第一题的调查结果有相似之处。

通过对以上三个问题的调查结果的分析可以看出,在小学高年级阶段,大部分学生能够从内在动机(包括自我发展和社会和谐)的角度理解班级规范和课堂纪律并自觉遵守,而且一部分学生已经具有了对规范纪律的反思和质疑的意识;对于班级制度的制定,大部分学生希望和要求以一种主动积极的心态参与并表达自己的意愿和观点。这些特点表明:面对社会规范和制度的规约,小学高年级学生已经具有了一定的自主意识和自制能力。当然,也有少数学生的自主意识和自制能力发展不足。这种发展的差异特征具有普遍性。

2. 对学生角色的认知

对于学生角色的承担是课堂社会化功能的首要体现。帕森斯将班级的社会化功能分为两个层次:承担未来社会成员角色的责任感和能力;承担某　特定社会角色的责任感和能力。在课堂场域中,学生作为未来社会公民的社会性首先是通过学生角色的承担作为中介而生成的。在学生角色的体认和扮演中,责任感与社会能力得到拓展和迁移,从而使学生形成一种承担社会角色所需要的社会价值观和社会能力。

表 4 对学生角色的认知(可多选)(N=226)

	频 数	排 序
A. 上课认真听讲,按时完成作业	181	1
B. 尊敬老师	159	4
C. 和同学融洽相处,热心帮助同学	161	3
D. 听老师的话,让老师喜欢我	82	6
E. 考试考出好成绩	121	5
F. 努力学习,将来成为对社会有用的人	179	2

对于学生角色的认知,我们根据学生的选择频数逐一排序,结果现实,对于学生角色的普遍认知是"上课认真听讲,按时完成作业",这说明小学高年级学生对于学生角色的基本要求仍然具有普遍的认知。排在第二位的是"努力学习,将来成为对社会有用的人",说明大部分学生都具有正向、积极的人生观和社会价值观。排在第三位和第四位的分别是"和同学融洽相处,热心帮助同学"以及"尊敬老师",体现了课堂场域中的社会关系维度。随着年龄的增长,学生的"重要他人"由教师转变为同学,这或许是造成这种排序差距的原因。但总的来说,这两个选项的频数差距不显著。排在第五位的是"考试考出好成绩"说明虽然学业成绩仍然在学生的自我评价和相互评价中占有较为重要的地位,但相当一部分学生已经不再以此作为评价学生的唯一标准了。排在最后一位的是"听老师话,让老师喜欢我"。可以看出,很多高年级学生已经不再把对老师的顺从和让老师的喜欢作为学生的职责,这也是高年级学生在课堂场域中自主性增强的一种体现。

总的来说,小学高年级学生对于自身的学生角色已经有了较为清晰和恰当的认知和行为倾向。这种对角色的认知也体现出学生在角色承担过程中的自主性逐渐增强。

3. 群体文化的归属感

课堂之所以是学生社会性生成的重要场域，就在于它给学生提供了广泛的活动和交往的机会。不仅包括师生、生生之间的个体交往，还包括个体和群体的交往。学生在群体生活中，受到群体文化的熏陶和感染，同时形成对群体文化的归属感。这种对群体的依赖和归属，是个体社会性生成的一个重要条件。

表5　学生对班级集体的情感体验（N=226）

	频数	百分比
A. 温暖的班集体，大家互相关心	102	45.1
B. 积极向上的班集体，大家在班级中共同进步	99	43.8
C. 松散的班集体，人际关系非常冷淡	8	3.5
D. 没有感觉	17	7.5

对于"你的班级是一个怎样的集体"，有45.1%的学生认为班级是一个"温暖的班集体，大家互相关心"；有43.8%的学生认为班级是一个"积极向上的班集体，大家在班级中共同进步"；有3.5%的学生认为是"一个松散的班集体，人际关系非常冷淡"；还有7.5%的学生认为"没有感觉"。

通过调查结果的统计可以看出，89%的学生具有较强的班集体归属感，其中45%的学生强调班级人际和谐的意义，43.8%的学生强调班级对于自我发展的意义。7.5%的学生并没有感受到班级的群体文化的积极影响，他们对于班级的群体意识明显缺乏自知。仅有3.5%的学生对班集体持否定态度，认为人际关系非常冷淡。

基于量表的统计结果，配合与学生和教师的访谈，我们认为：学生对群体文化的感受一方面取决于学生在班级中的地位与人际和谐；另一方面则取决于学生的性格特征及行为方式。对于班级的群体文化持否定或漠视态度的学生通常有两种可能：一种是在班级生活中遭到冷遇的学生，他们没有感受到群体生活中的快乐和温暖，因此他们会认为班级的人际关系很冷淡或者没有感觉。这种学生渴望班集体的温暖，因此，他们对班集体的否定态度常常是他们无奈遭遇下的一种反馈。与之不同，还有一部分对班集体持冷漠态度的学生则是一种自我的主动选择。这些学生过于强调自我，较少与群体其他同伴主动积极地相处，也缺少对集体意识的积极体验。总的来说，在小学阶段，学生对于群体文化缺少归属感主要是第一种原因。随着年级的增长、自我意识的增强，个别高年级学生会出现第二种表现。但在整个小学阶段这种情况并不多见。

对这一问题的调查和深入访谈也让我们进一步认识到，群体文化对于学生的影响与学生的群体文化归属感是相互作用、相互影响的。学生自身的社会性特质在一定程度上决定了群体文化对其的接纳程度和影响方式，而这种影响又反过来影响学生对群体的归属感和情感体验，并进一步影响学生社会性的生成。

表6 学生对于班级群体的归属感的行为体现（可多选）（N=226）

	频数	百分比
A. 遵守班级的规范和纪律	113	50
B. 热爱班级，努力为班级争荣誉	143	63.3
C. 反对违反班级纪律或影响集体荣誉的同学和事情，并主动帮助改正	79	35
D. 不想做什么，因为与我无关	9	4

"作为班集体的一员，你认为自己应当做到哪些方面？"这一问题是为了了解学生对于班级群体的归属感的具体行为体现。有63.3%的学生认为应当"热爱班级，努力为班级争荣誉"；有50%的学生认为应当"遵守班级的规范和纪律"；有35%的学生会"反对违反纪律或影响集体荣誉的同学和事情，并主动帮助改正"；只有4%的学生认为"不想做什么，因为与自己无关"。

通过调查结果可以看出，绝大部分学生已经形成积极的群体归属感并将这种情感付诸于行为。当然，学生对班级群体的归属感具有不同层次的行为表现，50%的学生认为对集体的归属感应体现为对班级纪律的遵守和服从；有63.3%的学生认为应当努力为集体争荣誉，这部分学生已经能够将对群体的依赖感上升为积极的归属感；35%的学生认识到维护集体的荣誉不仅应当自己做好自己的事情，而且有责任维护集体的利益和反对破坏集体荣誉的事情，这部分学生进一步体现了对班级集体的责任感，应该说是一种群体归属感的进一步深化。当然，尚有4%的个别学生表示不愿为集体做什么，这应当与上一题所调查到的部分学生缺少对班级群体文化的归属感有关。

表7 对教师评价和同学评价的态度(N=226)

	频 数	百分比
A. 当然重要,我希望做个老师、同学都喜欢的人	165	73.0
B. 不重要,做好自己应该做(喜欢做)的事情就可以了。	21	9.3
C. 更在意老师的评价,希望做个老师喜欢的学生	27	11.9
D. 更在意同学的评价,因为和同学们的人际关系很重要	13	5.8

学生对于班级群体的归属感还体现在关注群体成员对自己的评价。事实上,学生正是在与他人的交往的反馈中来调整自我的行为方式,并进一步促进个体的社会化。对于"你在意老师、同学对你的评价吗"这一问题,73%的学生非常在意老师和同学的评价,希望能够得到老师和同学的喜欢。这部分学生具有比较强的群体归属感和归属的需要,能够比较积极地投入到班级活动和交往中。9.3%的学生认为,班级其他人的评价不重要,做好自己就可以了。这部分学生的自主性比较强,但可能与同学、老师交往的意识和能力相对不足。有11.9%的学生"更在意老师的评价,希望做个老师喜欢的学生",有5.8%的学生"更在意同学的评价,因为和同学的人际关系很重要",通过这一数据,反映出少数学生对于老师或者同伴评价的偏向。尤其值得注意的是,虽然随着学生年龄的增长,社会化过程中"重要他人"会发生转变,老师的评价对于学生而言仍然占有比较重要的地位,大部分学生都希望做老师喜欢的学生。也由此可以进一步推断,对于群体文化的营造,教师的引领和导向发挥着十分重要的作用。

4. 师生关系

师生关系是小学儿童社会关系的重要组成部分。与幼儿园教师相比,小学教师对学生的影响更加严格:不仅关心学生的生活,而且引导和监督学生的学业和品行。与中学教师相比,小学教师对学生的关心和影响则更加细腻、也更加权威。小学生师生关系的这种特殊性,也在一定程度上决定了小学生的社会性发展在师生关系方面的特有体现。通过以下几个问题的回答,可以了解小学高年级学生心目中的教师形象,以及处理课堂师生关系的态度和方式。

表 8　教师在学生心目中的角色形象（N=226）

	频　数	百分比
A. 知识的传授者	129	57.1
B. 学生的领导者	28	12.4
C. 家长的代理人	9	4.0
D. 模仿的榜样	14	6.2
E. 朋友和知己	46	20.4

"在你眼中，老师首先是怎样的角色"？这一问题是希望了解教师在学生心目中的角色形象。调查结果显示：57.1%的学生认为，教师首先是知识的传授者；20.4%的学生认为，教师首先是学生的朋友和知己；12.4%的学生认为教师是学生的领导者；6.2%的学生把教师作为模仿的榜样；仅有4%的学生把教师作为家长的代理人。

通过这一结果可以看出，大多数学生首先认可的仍然是教师作为知识传授者的角色。事实上，通过知识的授受实现学生的发展仍然是我国中小学教师和学生普遍认同的当前课堂教学的主要职能。而作为知识传授者的教师背后必然隐含着这样的一层意义：教师与学生在知识的占有上是不对等的。这种不对等性也就进一步决定了师生交往中教师的权威性。有20%左右的学生把教师首先看作是朋友和知己，这种师生关系的认知可以使课堂的知识传授建立在互相尊重、平等对话的基础上。此外，还有少部分学生认为，教师是学生的领导者、模仿的榜样、家长的代理人，这些观念和认识也都强化了教师在课堂活动和班级生活中的权威性。而个别学生认为教师是家长的代理人，则是将儿童与父母之间的关系迁移到学校中，应该说，持这种观点的学生对教师角色并没有形成较为恰当的认知。

表 9　学生处理师生冲突的方式（N=226）

	频　数	百分比
A. 直接对老师说	85	37.6
B. 给老师传纸条或以其他方式告之	81	35.8
C. 决不会说出来	60	26.6

既然大部分学生仍然强调师生关系中教师的权威性,因此,我们进一步了解学生是如何在课堂学习中认识和处理这种关系的。当问道:"如果你对老师的做法有意见,你会怎样做",有37.6%的学生表示会"直接对老师说",有35.8%的学生认为会"给老师传纸条或以其他方式告知",还有26.6%的学生认为"决不会说出来"。

通过这一问题的回答可以看出,一方面,师生交往确实表现出不同于其他交往关系的不对等性和权威性,因为大部分学生会顾及教师的权威性而以纸条的方式向老师表达意见甚至选择沉默不说;但是另一方面,这种权威性在小学高年级却并未表现出一种无条件地服从,因为大部分学生敢于向教师表达自己的想法和意见,只是这种表达方式有所不同而已。这也表明,小学高年级学生在师生关系中处于一种教师权威性与自我主体性的制衡关系中。

表10 学生对待教学中教师错误的方式(N=226)

	频数	百分比
A. 毫不犹豫地当场指出来	89	39.4
B. 心里觉得好笑,认为这个老师水平太低	11	4.8
C. 下课后找到老师,委婉地说出自己的"发现"	112	49.6
D. 无所谓,反正我知道就行了	20	8.9

"老师在课堂教学中出现了错误,被你发现了,你会怎样做"?这一题与前一问题所要调查的内容有相似之处。目的是为了验证学生对前一问题的回答,同时进一步了解学生在教学场景下对于知识学习中遇到质疑的态度和反映。调查结果与前一问题的调查数据稍有差异。39.4%的学生认为,如果发现老师在课堂教学中出现了错误,会"毫不犹豫地当场指出";49.6%的学生认为会"下课后找到老师,委婉地说出自己的'发现'";8.9%的学生认为"无所谓,自己知道就行了";还有4.8%的学生会"心里觉得好笑,认为这个老师水平太低"。

可以看出,相对于学生对教师行为的意见,如果教师在知识传授的过程中出现差错,会有更多的学生倾向于向教师表达。而这种表达主要会采用一种比较含蓄的方式,即课后向老师说出自己的"发现"。由此可见,相对于其他方面,学生更不能容忍教师在知识传授过程中出现的错误,这在一定程度上与教师作为知识传授者的角色认知是分不开的。

5. 生生关系

生生关系是课堂学生社会性生成和发展的重要构成要素。在小学阶段,儿童随着年龄的增长,社会化过程中的"重要他人"也会发生变化。到小学高年级,对学生社会化最为明显的影响要素就是同伴之间的交往。通过以下几个问题的调查,希望了解小学高年级学生在生生交往中的利他性、合作意识以及同伴之间的择友标准。

表 11　学生对同伴学习困难的态度(N=226)

	频数	百分比
A. 告诉老师	12	5.3
B. 帮助同伴改正	197	87.2
C. 不关我的事	17	7.5

"数学课上,老师布置做习题,同桌做错了好几道题,你会怎样做?"通过这一问题的调查可以看出,课堂学习中,对于同伴遇到的学习困难,87.2%的学生愿意"帮助同伴改正",有5.3%的学生会选择"告诉老师",还有7.5%的学生认为"不关我的事"。这一结果可以看出,在小学高年级学生的同伴交往中,大部分学生乐于主动积极地帮助同伴,具有明显的利他性。

表 12　学生对同伴困难的处理方式(N=226)

	频数	百分比
A. 我愿意尽全力帮助	141	62.4
B. 在不影响我自己的情况下我愿意帮助	64	28.3
C. 如果和我关系好的同学我愿意帮助	14	6.2
D. 和我无关	7	3.1

在此基础上,我们又做了进一步的追问,"如果同学有困难,你会怎样去做",希望了解学生这种利他性的内在驱动。结果显示:如果同伴有困难,62.4%的学生"愿意尽全力帮助";28.3%的学生认为,"在不影响我自己的情况下我愿意帮助",6.2%的学生认为"如果和我关系好的同学我愿意帮助",还有3.1%的学生认为"和我无关"。

通过这一调查结果可以看出,对于同学的困难,95%的学生都会选择给予帮助,只有3.1%的学生会选择漠视同学的困难。其中62.4%的学生会做出无条件的利他选择。28.3%的学生给予帮助的前提条件是不影响自己,也就是说,这部分学生已经在有意识地权衡利他与利己的关系问题。还有6.2%的学生会根据与自己的人及关系的亲疏来决定是否给予帮助,由此可见,有34.5%的小学高年级学生的利他行为已经建立在与自我利益关联的基础上了。

表13 学生在合作学习中的行为倾向(N=226)

	频数	百分比
A. 倾听其他同学的想法	45	19.9
B. 表达自己的观点	34	15.0
C. 和同学一起讨论,共同解决问题	147	65.1

当问学生:"课堂上的合作学习,你更希望做什么?"19.9%的学生更希望"倾听其他同学的想法";有15%的学生更希望"表达自己的观点";有65.1%的学生希望"和同学一起讨论,共同解决问题"。这表明:在小学高年级的课堂上,大部分学生已经具有了合作意识和合作能力。值得注意的是,还有35%左右的学生在这方面的发展还显示出不足:一部分学生更加注重自我观点的表达,还有一部分学生则倾向于倾听、接受别人的观点。他们成为课堂合作学习中的"小权威"和"搭车者"。这种现象在当前的课堂教学中较为普遍。如何发挥合作学习的实效性,真正在合作学习中促进学生社会性的发展,这也是合作学习研究者所关注的重要主题。

表14 学生在班级中的择友标准(可多选)(N=226)

	频数	百分比	排序
A. 学习成绩好的同学	95	42	2
B. 性格好的同学	148	65.5	1
C. 班干部	30	13.3	4
D. 座位距离比较近,经常在一起的同学	65	28.8	3

对于"你喜欢和班里的哪些同学做朋友",65.5%的学生会选择性格好的同学作为自己的朋友;42%的学生会选择成绩好的同学作为朋友;28.8%的学生会因为空间距离的远近而确定朋友关系;仅有13.3%的学生认为班干部会成为选择朋友的一个标准。

由此可以看出,在小学高年级学生已经有了自己选择朋友的标准。大部分学生倾向于选择性格好,合得来的同学做朋友。也有部分学生会选择学业成绩好的同学做朋友,这说明在小学生的交往中,学业成绩仍然是一个比较重要的评价指标。同时,距离的远近也会为学生之间友谊的发生创造条件,距离比较近的同学之间有机会经常接触从而形成友谊关系。此外,特别值得注意的是,大部分学生不倾向于和班干部做朋友,这一点和调研之初的假设有明显差异。而在教师访谈中,也进一步佐证了学生的这种选择。班干部通常具有比较高的自主性和比较强的处事能力,但同时自我中心意识常常比较强,与人合作能力不一定很好。学生或许会认同班干部的能力,但不一定喜欢与这部分同学做朋友。这从另一层面给我们以提醒:对于长期在正向的、表扬的环境中成长的学生干部,教师应如何给予适时的引导,使学生获得各方面的和谐发展。

(二) 对小学生课堂社会性发展水平的总结与反思

以上从课堂纪律和班级规范的理解、学生角色的认知、群体文化的归属感、师生关系、生生关系五个方面对小学高年级学生在课堂场域中所表现出的社会性发展水平逐一调查。通过对调查结果的分析可以看出,小学高年级学生随着年龄的增长和自主性的增强,在社会性的发展过程中表现出明显的外在社会约束与内在自主意识的矛盾、冲突与制衡的特征。这既表现在对课堂规范制度的理解上,也表现在师生、生生的交往中,还表现在对群体的归属感和责任感。总的来说,小学高年级学生的社会性呈现出明显的差异发展特征。这种差异特征表现为几种水平:

1. 积极反思质疑的社会性发展水平

这类学生能够以积极的社会主体的身份参与到群体活动和课堂交往中,并且在社会活动中具有自己独立的思考和观点。能够反思性、批判性地看待和处理问题,同时又能以积极的心态投入到群体活动和建设中。这是一种比较理想的社会性发展水平。在小学阶段,由于学生的年龄特点决定了这类学生并不多。通过我们的调查可以看出,到小学高年级阶段,有少数学生呈现出具有这样一种社会性特征的倾向。

2. 积极参与服从的社会性发展水平

这类学生能够积极地参与到群体活动和课堂交往中,他们对群体规范和课堂纪律自觉遵守,并将这种价值观内化成为一种内在动力,驱动自己的行为。这是小学高年级大部分学生的社会性发展水平。但是,问卷调查的结果显示,尽管这类学生的积极服从行为是来自于内在动力,但其内在驱动力的归因却有所不同。基于这种不同,又呈现出社会和谐趋向型和自我发展趋向型的发展差异。

3. 消极顺从接受的社会性发展水平

这类学生能够参与到群体活动和课堂交往中,并表现出较好的适应性特征。但这类学生在社会活动中更多地表现出一种顺从、接受的行为方式。他们缺少社会性发展的内在驱动力,缺少自己的思考和观点,是完全顺从外在约束的"乖孩子"。通过调查结果显示,在小学高年级,少部分学生处于这样的发展水平。

4. 消极漠视对抗的社会性发展水平

这类学生不愿参与到群体活动或社会交往中,不能很好地适应班社会群体环境。对于群体活动、班级事物以及人际交往往往采取否定和对立的态度。这属于社会性发展明显不足的学生。这类学生也有两种不同的情况,反映在对于群体活动和同伴交往的态度,一种是漠视型,对班级活动和人际交往表现出事不关己的态度,不在意老师和同伴的评价。例如,在问卷调查中我们所了解到的,个别学生认为,"不想为班级做什么,因为与我无关",甚至认为自己的班集体是一个"松散的班级,人际关系非常冷淡"。还有一类学生是对抗型,这类学生在群体活动和交往中常常表现出故意对抗、甚至破坏的行为方式,甚至以此来赢得老师、同学的关注。在访谈中就曾听到一位老师向我抱怨,"有些孩子可能故意与人作对,故意做错事情引人注意。我们学校的学生中午在学校吃饭午睡,昨天就有几个老师反映,有三个高年级的学生把两个睡室里的被子、枕头弄得乱七八糟。"当然,在整个小学阶段包括小学高年级,这类学生都属于极少数个体。

三、课堂场域学生社会性发展问题的揭示与剖析

对小学生课堂社会性发展问题的调查分析,主要是通过质性的课堂观察、访谈和案例研究的方式来实施的。通过深入的课堂观察、课后访谈和案例剖析,使我们对当前课堂场域中所呈现出的学生社会性发展问题有所了解。

(一) 课堂场域小学生社会性发展问题的主要表现

在对小学生社会性发展水平进行整体性调查分析的基础上,我们进一步希望了解的是:当前课堂教学中,学生社会性发展具有怎样的困境和问题?事实上,对于学生社会性生成现实问题的把握也正是分析和建构学生社会性生成机制的立论点和现实依据。基于此,我们走进课堂,通过课堂观察和教师访谈,对课堂学生的社会性生成现状做进一步的了解和分析。在对课堂现状归纳分析的基础上,我们认为,当前课堂场域中,小学生社会性发展的问题主要表现在以下三方面:

1. 价值观生成的偏离:社会生活经验对课程文本理解的消极影响

在课堂教学中,课程文本作为社会文化的载体,蕴含着丰富的价值意蕴。无论是课程目标的确定,还是课程内容的选择与编制,都承载着向年轻一代传承社会主流价值观从而促使个体社会化的使命。"如果说课程是学校教育的核心或心脏,那么价值取向则是学校课程的关键或灵魂"。①

在课堂场域中,课程文本的学习是学生社会价值观生成的重要方式。不同学科文化所承载的不同的价值意蕴:如语文学科所蕴含的人文情怀,可以让学生更好地体会人与自然、人与人以及人与社会的关系;数学学科所体现的科学价值,可以培养学生的求真精神;外语学科可以让学生在学习语言的同时了解异域文化,并进一步深化对本民族文化的理解;社会学科则可以让学生学会如何与人相处、参与社会生活。恰恰是这些不同学科价值内涵的交织互补,使得学生通过课程文本的学习获得丰富的情感体验和积极正向的社会价值观。

然而,在现实的课堂教学中,课程文本对于学生价值观的影响常常无法达到预期的目标,而是呈现出一种价值观生成的偏离。以下是一位小学社会课教师向我诉说的,她的一次糟糕的教学经历。

"事实上,社会课的很多主题和内容对于学生的社会性发展还是很有价值

---

① 施良方.课程理论:课程的基础、原理与问题[M].北京:教育科学出版社,1996,283.

的。不过,课程文本对学生社会性生成的影响并不是那么直接、简单的。很多时候,学生先前的不正确的价值观会影响文本上价值观的生成。尤其是高年级学生,这个问题尤其突出。比如,六年级的孩子,在讲节约的时候,因为他们的家庭都很有钱,而且都是做生意的,根本不会对孩子有节约的教育。学生就觉得那是很可耻的行为,有学生说:'自己挣的钱,不用白不用!'有些学生会认为我是傻子,眼神很鄙夷地看着我。所以节约的课我上得很糟糕,一堂课走完形式就匆匆结束了。

你看,社会、家庭对于学生课堂上的价值观形成其实影响是非常大的。因而,我很清楚,这些问题不是靠一节课能够解决的。可能需要他们成年之后,自己挣钱之后才会有变化。"

通过与这位社会课老师的访谈可以看出,课程文本所给予学生的价值引导学生并不会全部的接受,学生的个体经验是价值观选择的重要"筛子",而作为学生价值筛选标准之一的生活经验则是与社会经历和家庭生活有着密切的关联。在与另一位小学语文老师的访谈中,进一步说明了学生的社会生活经验对于课程文本的价值引导的消极影响。

教师:我们在课堂上,包括老师在班集体活动或者是班会上,或者结合学校发生的一些事情,对学生进行的教育和引导,都是一些正面的、积极的、理想化的。但是社会上给孩子的反应呢,有些是和我们讲的是矛盾的。比如说,我们讲一篇课文,彭德怀还是朱德?游北海公园的时候,工作人员把所有的游客都清场了,因为国家领导人要到这儿来。但是首长特别不赞成这种做法,认为公园是大家的,大家都有来这游玩的权利。这篇课文体现了首长和人民这种亲近的情感。但是,就在我讲完这篇课文不久,正好是一个假期,我们去泰山,当时正好赶上封山,为什么呢?就是我们现在的一位领导人,因为他要去泰山,所有的客人在几点之前,必须得下山,否则,你就只能困在山里,下不来。正好我班里的一个孩子和爸爸妈妈也去旅游,我们就碰到了。然后孩子就问我:"老师,泰山封山了,课文里不是说,公园都是给大家建的吗?"你看这个我就不是很好回答,这个教育就出现了矛盾,我们只能是,第一,我们尊重文本,第二,我们给孩子一些积极健康的东西。

我:课堂所给予孩子的一些引导,和社会上他所接触的价值观会有些冲突。在这种情况下,您又是怎么处理的呢?

教师：这个时候，在孩子年龄还小的时候，我们可以尽量引开他的注意力，因为，你说这个问题我怎么去回答？当时，正好孩子的爸爸妈妈也和他在一起，孩子的爸爸也是个知识层次很高的人，他把话题转移开了，当时就没有正面地去回答孩子提出的这个问题。回到课堂我也没有很针对性地提出这个问题，没有讨论，只是问了下孩子，你们会更喜欢谁呢？孩子更喜欢什么样的做法？虽然说现在言论自由，但是你评论谁啊，倒不是像以前会给你扣什么帽子，但是我们还是要给孩子正面的引导。

以上两位教师的课堂教学经历表明：在课堂场域中，课程文本所蕴含的文化价值内涵只有建立在学生自我情感认同的基础上才能内化生成个体的价值观，从而达到塑造行为取向、行为方式的目的。但需要指出的是，实现这一目的的前提在于整个社会价值体系的相对和谐与一致。在当代社会多元文化价值并存的时代背景下，学生的生活经验受到家庭、社会的多重价值观影响，诸如访谈中所提到的"金钱至上"、"权力至上"的价值导向，使学生在课程文本的正向价值观学习中面临冲突和困惑，造成了学生价值观生成的偏差。

2."小权威"的自我中心和"学困生"的顺从他主：合作交往中的困境

在课堂教学中，合作学习是实现学生生生互动、促进学生社会性生成的重要学习方式。由于学生之间的合作与交往基本上是一种对称性交往，①相对于学生和教师的交往，往往更经常、更亲切、更丰富多变。学生在这种平等的合作交往的过程中，逐渐熟悉各种社会角色，学会用他人的眼光看待问题。同时，在同伴之间的相互合作与沟通中，培养学生的合作意识和交往能力，从而促进学生的社会性发展。

然而，在现实的课堂教学中，这种平等意义上的合作学习却常常表现出不平等的现象，并进而影响了课堂合作学习的有效实施和学生社会性的真实发展。以下两个例子是合作学习问题的真实呈现：

在一节六年级的数学课上，老师布置合作任务是：讨论圆面积与什么有关？有什么关系？小A是本班的数学尖子"2号"，他的愿望是成为本班的数学尖子"1号"。在他看来，其他三个同学的势力"微不足道"，在拿到合作材料的同时，

---

① 裴娣娜.合作学习的教学策略——发展性教学实验室研究报告二[J].学科教育，2000(2).

他似乎有点犹豫。其他小组在组长的带领之下纷纷展开激烈的讨论,小A也是本组的组长,组员们似乎有点畏惧组长的"权威",他没发言之前其他人都不知所措。当老师来到他们中间时,小A突然放开嗓音:"到底圆面积与什么有关?你们说说吧!如果都不知道,就听我说。"组员们见组长要说自己的意见了都将目光投向他的方向,组长似乎找到了"巨人"般的感觉,"这有什么难的?你们看圆的大小本来就由半径决定的,肯定是和半径有关,圆面积的公式是 $S=\pi r^2$。"说着说着,便自己翻开书,"你们瞧!书上也是这样写的,我昨天才预习过。"在他们小组待了一会儿,老师便到别的小组巡视了。哪知,老师才离开,小A就摆挑子了,"怎么还不懂吗?自己看看书吧!"组长自己径自靠在椅子上开始休息了!其他同学一头雾水地你看看我我看看你……再后来的汇报过程中,小A积极地举手争取发言,老师也邀请他介绍了他们的讨论结果。他的发言似乎很精彩:"我代表我们小组发言,我们小组的意见是……"然而,一个人精彩的发言能代替4个人的合作交流吗?

在《海底世界》的教学中,教师让学生合作学习第四自然段,在小组中说说你最喜欢哪一种动物的活动方式,为什么?在其中的一个小组里,大家很快地找到了自己喜欢的动物活动方式,并且声情并茂地朗读了一遍。说到为什么的时候,甲生说:"我喜欢梭子鱼的活动方式,因为它的速度很快。"乙生说:"我喜欢海参的活动方式,因为它很慢很有趣。"轮到丙生了(这是一个平常不爱回答问题的孩子),"我喜欢贝类的活动方式。因为它自己不动就能走。"丁生抢着说:"贝类那么懒,你都喜欢?"丙生像做错了事似的,不知道怎么回答,在观望中度过了以后的合作学习时间。

以上两个例子是合作学习中"小权威"现象的真实体现。由于学生之间差异的存在,在课堂的合作与交往中,必然会表现出对于学习内容理解掌握程度的不一致。在这种情况下,学业成绩优异的学生常常不能做到以一种合作互助的方式参与到小组学习中。与之相反却更多地表现为一种自我中心式地依靠权威主宰小组的学习进程。正如案例一的小A,他用自己一个人的观点代替整个小组的发言,并且对小组其他成员表现出不屑的态度。而在案例二中,丙生本来就是个不爱回答问题的孩子,对自己不够自信,学习不够主动,缺乏自主性。在良好的合作氛围作用下,丙生发挥了主动性,鼓足勇气自主地表达了自己的观点。如果同学们耐心听丙生说,丙生很可能会把自主发现的观点说完,或许大家会为他独特的思维而喝彩,使他进入主动学习的良性循环中。但是,由于"小权威"丁生对他做出了"贝类那么懒,你都喜欢?"的评价,使丙生的自尊心和自信心受到严重打击,学习主动性急剧下降,仅有的"自主"立刻化为乌有。遗憾的是,其他同学在"小权威""定性"评价下,没有人敢于为丙生的精彩回答做出肯定的评价。所以,在余下的时间里,这个同学只有谨小慎微地观望他人的"自主"活动。而在这样的情境下,合作学习不但无法真正培养学生合作意识与交往的能力,相反可能会助长"小权威"的自我中心,并造成其他学生的他主与顺从。

由于"小权威"长期在合作学习中高度"自主",必然就会产生一个特殊的群体——合作学习中几乎没有自主活动,长期接受"他主"活动,被动学习且成绩差的"学困生"。在长期恶性循环中,大家嫌"学困生"太笨,帮助他们太费劲,或者他们会在小组竞赛中"拖后腿",常常出现大家不欢迎"学困生"进入本组合作的情况,乃至"学困生"找不到能接纳自己的合作小组,成为合作学习的嫌弃儿。以下是两位老师在实施合作学习的课堂上所遇到的问题实录:

在一节语文课的合作中,菲菲向我告状说:"我们组的路路和康康都不参加讨论。"我仔细一看,只见路路东张西望地坐着,脸上一副倔强的表情,康康埋着头,也不吭声。我微笑着问:"怎么了?"语文"尖子生"路路迫不及待地说:"我不愿意跟他们一组,康康好笨,给他勾了答案,都说不出来,我说的时候他们都不听,还说让我回答就是了,没什么了不起!"此时,后进生康康的头埋得更低了。我又问他:"你为什么不愿意发表自己的意见呢?"在我不断地鼓励下,康康终于压低嗓门说:"其实,并不是我不愿意说,每次他们都说我胆子小、声音小,听都听不清楚。说错了,大家又笑话我,很丢脸!只要听他们说就可以了。我觉得自己像个哑巴!我也不想和他们一组了!"

体育课上,前面30分钟的内容进行得非常顺利,接下来的教学设计的是六至八个人自由组合成一个小组。各小组选择自己最喜欢的内容进行练习,老师巡回指导。有的小组在跳橡皮筋,有的小组在踢毽子,有的小组在比赛立定跳远。每个同学在小组活动中都显得兴高采烈,练习得非常开心。这时,我看见一个胖胖的小男生坐在墙角,没有任何表情,呆呆地,没有目的地环视四周。难道是他不愿参加?还是在偷懒?我带着疑惑慢慢向他靠近,看到我的来临,他随即埋下了头。当我俯下身,摸着他的脑袋,关切地向他询问时,他突然哭了,哭得很伤心。他说,他不是不想参加,是同学们都不愿意要他加入小组,都嫌他长得太胖,怕影响本组的活动。看到这种情况,我心里非常着急,马上把他安排到一个小组中去。可我刚走一会儿,他又坐到墙角去了,说是同学嘲笑他做得太难看。

由于"学困生"学习能力较差,在合作学习中容易不受大家欢迎,甚至受到别人的嗤笑,成为同伴学习中的"弃儿"。这类学生在合作学习中有较强的心理压力,容易产生自卑心理。在课堂学习中,他们无法与同伴平等地相处,常常表现为自主意识的丧失和对同伴的服从。久而久之,在与人交往中形成一种他主、被动的顺从心理。这必然会影响他们未来的社会生活和社会交往。

3. 不懂得倾听与尊重:课堂规范意识的欠缺

在课堂学习和人际交往中,学会倾听别人的观点,是正常的社会交往得以进行的一个重要的条件。然而在小学的课堂教学中,我们发现,学生常常表现出倾听意识和倾听行为的不足。很多学生以自我为中心,具有强烈的发表自己观点和自我表现的意愿,对于教师所提出的"认真倾听"、"尊重别的同学的发言"等规范要求并没有形成自觉的意识。

在小学低年级数学《发新书》一课上,老师在分析了已有的数学信息和问题后,列出了算式"19+18=?"。老师问:"究竟怎么算呢?"很多学生马上高高地举起了小手,嘴里嚷着:"我!我!我!",有的学生甚至跳了起来,迫切地要表达自己的想法,叫声响彻整个教室,此起彼伏,唯恐别人抢了先。老师请了小 A 起来说说自己的想法:"我是这样算的:10+10=20……",正在这时,教室里发出了一声:"老师,我有不同的想法!"只见小 B 正高举小手,站在自己的位置上,眼睛里充满了急于表达的愿望。老师向小 B 说:"你能尊重别人,听他把话说完吗?"学生小 B 很委屈地坐下了,小 A 接着说:"9+8=17,20+17=37,所以 19+18=37。"话一完毕,其余学生要求发言的高潮再起,"老师,我有不同的方法!","老师,我会其他方法!""老师,我也会!"而此时,刚才打断别人说话的学生小 B 很安静地坐在自己的位置上,用极其标准的姿势举着手,但是眼睛里仍然充满了想表达的渴望。老师注意到了这个孩子的表现,向全班同学说:"我请发言最文明的小 B。"小 B 很得意地站了起来,其余学生为自己未能发言而连声惋惜、抱怨,小 B 声音洪亮地回答道:"我是这样算的:先算 9+8=17,再算十位上的 1+1=2,就是 20,最后把它们加起来得 37。"听完他的发言,班上有的同学一脸困惑,其中一位学生小声地嘀咕说:"其实他们俩的算法是一样的。"更多的同学也才醒悟过来,"就是,他们的算法是一样的!"老师顺势教育:"上课要认真倾听别人发言,你才能学会更多的算法。谁还有不同的算法?"话音刚落,就看见一个女生小C信心满满地举着手说:"老师,我有不同算法!"老师请她回答,小C说:"我是在心里算的,9+8=17,10+10=20,再算17+20=37。"大多数学生说道:"你的算法和前面的方法是一样的。"

在这个教学片段中,可以看出,学生并没有懂得如何去倾听和评价同伴的发言。事实上,在小学课堂上,学生常常急于表现自己,在课堂发言中,他们只管自己说,哪怕重复,照搬别人的话。目的就是希望得到老师的认可,而不去倾听和思考同伴发言的内容、意义。

课堂学生的倾听问题不仅表现在学生急于表达自己的观点而不懂得尊重同伴的发言,还表现在有的课堂中,虽然学生按照老师的要求呈现出良好的倾听状态,如给其他同学的正确发言致以热烈的掌声,但学生却常常没有真正倾听同学的观点,而只是等待同伴发言后自己可以争取下一轮的发言机会。在下面的这个教学片段中,我们就看到了这样一种现象:

(在同桌交流怎样比较 $15\times 6 \bigcirc 16\times 5$ 的大小后)

师:现在谁来说一说你们是怎样比较这两个算式的大小的?

(大家都抢着发言)

生:我是先算 $15\times 6=90$,再算 $16\times 5=80$,所以 $15\times 6 > 16\times 5$。

(全班呈现出良好的倾听状,听完后,报以热烈的掌声,马上又有同学举手,表示自己还有不同的做法。)

生:我是这样想的,15 比 16 只少 1,差不多大,我把它们看作同样多,而 15×6 表示有 6 个 15,而 16×5 却只有 5 个 16,当然是 15×6 大。

(他的说法较抽象,有些学生不容易理解。可他正在汇报时,已发现有同学正做拍手手势;有的同学眼睛盯着发言者,但眼神明显不专注;有同学想翻书,表情有些疑惑,发言同学话音刚落,那些准备好手势的孩子赶紧把最及时的掌声送给他,在"第一轮"掌声的引领下,全班掌声整齐而热烈,虽然有学生表情很疑惑,目光投向教师,但紧跟着也拍起手来,回答问题的同学一坐下,马上又是一轮举手发言高潮。)

师:大家都很赞同他的说法,现在谁来说说你是怎样理解他的算法的?

（森林般的小手缩下去了，大部分同学选择了沉默，刚才有疑惑的学生终于有了倾诉的机会，都争相举手）

生：他说的什么意思啊？我听不懂？

可以看出，学生在这堂课上的倾听任务很单一，就是等同伴发言后抢先举手，争取下一次的发言机会。而表面上呈现出的学生热烈的掌声与实际上学生对于同伴发言的不理解也暴露出课堂上学生社会性的一种"虚假"发展。学生只知道按照教师要求的课堂规则，给发言的同学致以掌声，却没有一种发自内心的、真实的倾听。

学生课堂规范意识的欠缺不仅表现在缺乏倾听意识，还表现在学生之间，尤其是学业或能力优异的学生的优越感，以及对学业、能力或其他方面相对落后学生的嘲笑或冷落。

英语课上，老师设计了 story time 这一环节，以此来锻炼学生的口语并发挥其表演特长。班上的英语故事大王小 A 主动要求发言。他的英语特别好，口语也很棒，给大家讲的 Three bears 故事绘声绘色，听得同学们如痴如醉。当小 A 用一句"Thank you"结束他的故事时，教室里响起了一阵热烈的掌声，很多同学向他投去崇拜羡慕的眼光。接着老师让同学们就刚才的故事进行问答，并让提问的同学可以随意找另外的同学回答。小 B 站起来指着小 C 问："How many bears?"小 C 慢吞吞地站起来，一副茫然。同学们纷纷看着他，教室里异常安静。"老师，他是新同学，什么都不会，你不知道他说的普通话好搞笑哦，说英语肯定就不摆了！同学们说是不是，哈哈哈哈！"故事大王小 A 脱口而出，全班顿时也跟着哄堂大笑起来，小 C 的头低得更下去了，满脸通红。

在这则教学片段中，作为故事大王的小 A 虽然在学习上具有非常优秀的表现，但是却不懂得课堂学习和交往过程中应当相互尊重。而班里的大多数学生对于学业相对落后的小 C 也并没有给予尊重和鼓励，而是哄堂大笑。这种课堂表现暴露出学生课堂交往中，作为基本的交往规则的相互尊重意识，并没有形成和内化。

通过以上的教学片段的分析可以看出，在小学课堂上，学生常常表现出不懂得倾听和尊重他人的社会性发展问题。他们还没有真正理解课堂的规则和规范，也没有形成一种正确的交往规则意识。在与人交往，包括课堂交往中，仍然以自我的意愿作为出发点，不懂得真正的交流和交往应当建立在互相尊重和彼此倾听的基础上。

（二）对课堂小学生社会性发展问题的反思

以上，通过课堂观察、案例分析和教师访谈，我们从三个方面分析了课堂场域小学生社会性发展的问题。对这些问题背后的原因做进一步的剖析，可以将课堂场域学生社会性发展的问题归因为以下三个方面。

1. 外在的课堂规约与学生的自我意识的冲突失衡是课堂学生社会性问题的内源

课堂作为学生有目的、有计划地接受系统文化知识的场所，是实现学生社会化的重要场域。因此，作为社会化机构的课堂场域，必然需要一系列的规范制度来维护课堂秩序并规约学生的行为。但另一方面，学生作为独立的社会个体，他们的思想和行为不仅受外在制度规范的规约，更受到自我意识的驱使和选择。尤其是随着小学生年龄阶段的增高，学生的自主性和独立性也在不断增强，高年级学生已经在一定程度上形成了独立思考和分析问题的意识和能力。因此，在课堂场域的学习和交往中，一方面，课堂规范与纪律总是以外显或内隐的方式规约着学生的行为，另一方面，学生的自我意识与自主行为又常常试图冒犯和减少制度的规约。正是外在规约与自我意识的博弈、制衡内在地推动着课堂学生社会性的生成。

当课堂规约与学生的自我意识处于动态平衡的状态下，学生社会性呈现出理想的生成状态——既遵守合理的社会规约又具有自主意识的社会主体的生成。然而，当两者出现冲突甚至失衡状态时，则会造成学生的社会性生成的偏离，呈现出"自我中心"为特征的"社会化不足"或者以"顺从他主"为特征的"过度社会化"问题。

因此，如何协调外在课堂规约与学生自我意识的关系，实现两者的动态平衡，是解决课堂学生社会性生成问题的核心问题。

2. 转型社会的多元价值冲突对于学生个体经验的影响是学生课堂社会性问题产生的外因

当代中国正处于社会转型的时代背景下，多元价值的并存与冲突带来社会价值观的混乱。大众文化的主流价值观与官方倡导的主导价值观无法和谐统一，"金钱至上"、"权力至上"等消极价值导向给人们的思维和行为方式带来重大的影响。这种导向不可避免地影响着学生的社会生活经验，造成学生课堂社会性生成的价值冲突。正如在教师访谈中我们所了解到的,在优越的家庭生活环境和"金钱至上"的价值观引导之下,学生对于"勤俭节约"的价值引导不仅不认同,而且表现出非常鄙夷的态度,认为"自己挣的钱,不用白不用!"。在这样一种价值冲突下,课程文本所倡导的社会价值观的内化更是无从谈起。

课堂教学如何应对当代社会多元价值的并存与冲突,培养学生的反思意识和鉴别能力,使学生形成具有独立分析和鉴别能力的社会品质,这是解决当前学生社会性发展矛盾的又一重要问题。

3.课堂交往结构与评价方式的单一是促使学生的课堂社会性问题呈现的发生条件

课堂场域的内在结构特征是造成学生社会性生成问题的另一重要原因。当前课堂教学交往结构仍然是以师生交往为主要形式,班级和学生小组在课堂教学中并未真正成为有意义的"功能群体",学生在课堂中或者只是"个人",或者只是并无实质性功能联系的所谓"班级"之一员。另一方面,以学业成绩的高低作为评价学生的主要甚至唯一标准的课堂评价方式,进一步激化了学生之间的竞争。可以说,正是课堂交往结构与评价方式的单一造成了学生社会性发展中竞争意识的强化和合作能力的欠缺。

因此,改变当前课堂场域交往结构和评价方式的单一,建立和创设多元评价体系和多样化交往机会,是走出课堂学生社会性生成困境的另一重要条件。

四、课堂场域学生社会性生成的现状表征

在对课堂场域学生社会性发展水平和问题获得整体性认识的基础上,进一步需要追问和思考的问题是:既然课堂是学生社会性生成的重要场域,那么,影响课堂场域学生社会性生成的主要因素有哪些?这些要素是如何影响和促进学生的社会性生成的?通过这些问题的考察和分析,可以让我们更加深入地把握课堂场域小学生社会性生成的现状表征。本部分对课堂场域小学生社会性生成的现状表征的呈现与分析,采用了定性研究与定量研究相结合的方法,在对教师进行问卷调查的基础上,进一步通过观察、访谈和案例分析,从多个层面揭示课堂场域学生社会性生成的具体表征。

(一)影响小学生社会性生成的课堂要素:基于教师视角的调查

为了从课堂实践层面对影响小学生社会性生成的课堂要素有所了解,从而

对课堂学生社会性生成的理论分析与建构提供启发与佐证，笔者以问卷的方式对教师进行了相关调查。通过对成都、青岛两所不同地域学校 52 位小学教师的问卷调查结果的数据分析，从三个方面获得对课堂场域小学生社会性生成的现实把握：(1) 课堂场域小学生社会性的发展主要表现为怎样的特征；(2) 课堂场域影响小学生社会性生成的主要因素有哪些；(3) 这些要素是如何发挥作用从而促进小学生社会性的生成和发展的。

需要说明的一点是，由于在课堂场域中，教师负有掌控课堂教学的方向和进程的职责。学生的社会性主要是通过教师有意识的课堂设计和安排生成、发展的。因此，对于影响小学生社会性生成的课堂要素的现实调查，我们主要选择了教师而没有选择学生，作为问卷调查的对象。

1. 课堂场域学生社会性发展的表现特征

对这一问题的调查主要是为了了解从教师角度所观察到的课堂教学带给学生的社会性发展和变化。因此，设计了问题"您认为学生入学前后社会性的发展和变化主要表现在哪些方面？"请教师加以选择。调查结果如下：

表 15　对课堂场域学生社会性发展的表现特征的调查(可多选)(N＝52)

	频　数	百分比	排　序
A. 更加懂规矩，守纪律	42	80.0	1
B. 形成正向、积极的社会价值观	30	57.1	4
C. 学会了关心帮助他人，能更好地与人交往	42	80.0	1
D. 掌握了社会生活的知识	21	40.0	6
E. 形成集体意识和归属感	37	71.4	3
F. 学生角色意识逐渐形成	30	57.1	4
G. 其他	0	0.0	

通过对调查结果的统计分析可以看出，教师认为，小学生入学之后社会性的发展变化特征依次表现为以下几方面：更加懂规矩、守纪律，学会了关心帮助他人，能更好地与人交往、形成集体意识和归属感、形成正向和积极的社会价值观、学生角色意识逐渐形成、掌握了社会生活的知识。事实上，通过教师访谈我们也进一步确证：在小学低年级(尤其是一年级入学)，学生对规范纪律而逐渐遵守表现最为突出。随着学生与同学之间的课堂交往的增多，学生在课堂学习

和交往中会逐渐学会关心他人，更好地与人交往，并在教师的引导下逐渐形成集体意识和集体归属感。学生的社会价值观的形成比较内隐和渐进，它不会表现出学生社会价值观的明显突变，而是学生在课堂学习中通过长期、正向、积极引导的潜移默化而生成。

2. 课堂场域促进学生社会性生成的主要影响因素

课堂场域影响学生社会性生成的要素是错综复杂的。那么，在课堂场域的诸多要素中，哪些要素对于学生社会性发展发挥着更为突出的作用呢？作为长期处于课堂生活中的教师对于这一问题的认识和感受，无疑会对进一步的理论分析提供重要启示。因此，我们试图从教师的角度对课堂场域学生社会性生成的主要影响因素进行调查，并在此基础上加以统计分析。通过这一调查，可以为理论上概括和提炼课堂场域学生社会性发展的主要因素提供重要的现实根基。

表16 对课堂场域学生社会性生成的主要影响因素的调查（可多选）（N=52）

	频 数	百分比	排 序
A. 课程文本	39	74.3	3
B. 教师教学风格	46	88.6	1
C. 学生的家庭背景	40	77.1	2
D. 学生的学业成绩	13	25.7	7
E. 课堂规范和纪律	31	60.0	5
F. 性别	3	5.7	8
G. 课堂交往	30	57.1	6
H. 班级群体文化	39	74.3	3
I. 其他	0	0.0	9

在这一调查中，问卷共设计了9个选项。① 通过以上调查数据的分析可以看出，在教师看来，影响学生社会性生成的最主要的因素依次是：教师教学风格—学生的家庭背景—课程文本、班级群体文化—课堂规范和纪律—课堂交

---

① 选项的设计有三个来源：一是与教师访谈中获得的重要信息；二是从理论视角的分析和思考；三是课堂观察的收获与启示。为了避免从某一单纯视角分析的偏颇，我们将来源于不同分析视角可能涉及的要素都予以罗列。哪些要素是影响学生社会性发展的更为关键的要素，则需要通过问卷做进一步的调查和分析。

往—学生的学业成绩—性别。就这一结果来看,教师们普遍认为,教师教学风格和学生家庭背景是影响学生社会性生成的最重要的因素。事实上,对这两个因素的强调体现了作为主体的教师和学生的先在特征对于课堂场域中的社会性生成的重要作用。但进一步的思考分析可以发现,从某种意义上说,这两个因素本身并不是课堂场域的客观要素,但它们决定着课堂场域的要素——课程文本、班级群体文化、课堂规范和纪律以及课堂交往的作用机制。因此,对于课堂场域中影响学生社会性生成的要素,主要可以概括为四个方面,即课程文本、班级群体文化、课堂规范和纪律、课堂交往。

同时,从对课堂场域影响学生社会性生成要素的调查结果的分析中,也使我们对现实的课堂场域中学生的社会性生成以进一步的反思与启示:

首先,在课堂场域中影响学生社会性生成的诸要素中,教师的调查结果似乎普遍弱化了课堂交往的重要性。这与研究的理论预设有所差异。为此,我们在与教师(尤其是参与调查问卷的填写的教师)的访谈中,获得了教师角度的合理化解释。一部分教师认为,课堂交往,尤其是学生之间的交往在课堂教学中是很少的,因此,对学生的社会性生成影响不大。这在一定程度上暴露出当前课堂教学中,仍然以师生交往为主,学生之间交往明显不足的问题。

与之相对应的第二点反思是,在调查结果中普遍强调教师的教学风格对于学生社会性生成的影响。由于课堂场域中的交往主要是一种师生交往,因此,学生的社会性生成也必然与教师的个人特质有着密切的相关。这进一步体现了当前课堂场域中教师身份的控制权。

当然,问卷调查中所反映出的教师们对于教学风格和学生家庭背景重要性的强调也给进一步的研究以启示:学生的社会性的生成不能够背离学生已有的生活经验的影响,以及教师有意识的引导与潜移默化的熏陶。

3. 课堂场域促进学生社会性生成的主要影响因素的作用机制

既然课程文本、课堂交往、班级群体文化和课堂规范制度是课堂场域学生社会性生成的主要影响因素,那么这些因素在课堂场域中是如何发生作用的?又发生着怎样的作用呢?对于这一问题的分析,当然不是仅仅靠问卷调查所能够解决的,更需要深入的访谈和质性的分析。但是对这些问题的调查,却可以为进一步的质性分析提供参考和佐证。

表 17　对教师的课程价值观的调查(可多选)(N=52)

	频　数	百分比
A. 系统的文化知识	46	88.6
B. 价值观人生观的引导	33	62.9
C. 丰富学生的情感体验	27	51.2

课程文本对于学生发展的价值可以从认知、情感和社会价值观等多个方面加以考量。对"在课堂教学中,您认为课程文本对学生的影响最主要体现在哪方面?"这一问题的回答中,88.6%的教师强调课程文本对学生认知发展的价值,62.9%的教师强调课程文本对于学生价值观的引导,51.2%的教师强调课程文本对学生情感态度的影响。应该说,大部分教师能够认识到,课程文本对于学生发展的价值不仅仅在于促进学生知识的掌握,还应当关注课程文本对于学生形成积极的人生观和价值观、获得丰富的情感体验的重要价值。

事实上,课程文本中所蕴含的社会价值能否有效地传递给学生,与教师的课程价值观密切相关。如果教师仅仅把课程文本看成是传授知识技能的工具,那么他可能会仅仅解读文本中关于知识技能的内容;而如果教师把课程看成是社会价值的载体,那么,他就会充分挖掘文本中所蕴含的价值内涵,并以此来促进学生社会价值观的生成。正是从这一意义上说,教师对于课程文本中的价值内涵的关注,是实现学生社会价值观生成的前提和保证。

表 18　对课堂主要交往方式的调查(可多选)(N=52)

	频　数	百分比
A. 教师与全班学生的交往	46	88.6
B. 教师与单个学生的交往	21	40.0
C. 小组之间的交往	4	8.6
D. 学生与学生的个体间交往(包括小组内和相邻同学间的交往)	30	57.1
E. 单个学生面向全部同学的交往	16	31.4

课堂场域中的人际交往,从互动主体的构成角度,可以划分为五种类别,

即：师生互动、师群互动、生生互动、个群互动和群群互动。① 而我们对课堂主要交往方式的调查正是以此作为参照的。通过调查结果的分析可以看出，教师认为，课堂场域最主要的交往方式是教师与全班学生的交往；其次是学生之间的个体交往、教师与单个学生的交往、单个学生面向全部同学的交往。而对于小组之间的交往，教师普遍反映在课堂场域中并不常见。这就进一步引发出一个问题：既然教师认为，学生之间的个体交往（包括小组交往）是较为常见的交往方式，而小组合作的一个基本特征就是组内合作与组间竞争，也就是说，学生在与组内同伴交往的同时也必然面临着组与组之间的交往。但老师们为什么认为这种交往方式在课堂场域中比较少见呢？由此可见，教师所认为的学生个体间交往很可能主要是同桌之间的交往而不是小组内的合作。这一点在与教师的访谈中也得到了进一步的证实。当教师在访谈中谈及"其实在课堂上孩子之间的交往挺少的，至多就是同位或邻座之间可能会有接触"，话语背后体现出当前课堂交往方式的单一，即主要是教师面向全体学生的交往，而这种课堂交往方式不仅可能造成学生对于教学内容的被动倾听与接受，更使得学生在课堂场域中成为"孤独的个体"。

表19　班级群体文化形成方式的调查（可多选）（N=52）

	频　　数	百分比
A. 制定班规班训	30	57.1
B. 组织班级活动	45	85.7
C. 班级板报及教室布置	28	54.3

班级的群体文化作为一种精神文化潜移默化地影响着学生在课堂场域中的社会性生成，使学生在班级群体中获得认同感与归属感。一种积极、向上的群体文化不是自然形成的，需要教师有意识地引导和营造。那么，在课堂场域中，教师是如何创设班级的群体文化的？笔者设计了"您是如何形成你们班的班级文化的"这一问题。通过调查问卷可以看出，班级活动是群体文化形成的最主要的方式。正如在教师访谈中所了解到的，学生在参与集体性的活动和竞赛中，为达成共同的目标而在合作交往中齐心协力，这一过程对于形成班级群

---

① 吴康宁.教育社会学[M].北京：人民教育出版社，1998，356.

体的向心力和凝聚力具有重要意义。同时，相当一部分教师也关注到了班规班训作为一种制度性文化所形成的规约作用以及板报和教师布置等班级的物质文化潜移默化的作用，对于学生社会性生成的影响。

表20 班级规章制度的制定方式（N=52）

	频 数	百分比
A. 教师制定	4	8.6
B. 学生制定	2	2.9
C. 师生共同制定	46	88.6

"您班级的规章制度是如何形成的"？对于这一问题，88.6%的教师会选择师生共同制定的方式。这说明，大部分教师意识到，制定班级规章制度应当听取学生的意见，使规章制度成为学生自我管理的途径，这也体现了一种民主的班级氛围。当然，也有少数8.6%的教师会选择由教师制定班级制度，这一方面可能是教师教育观念的体现；另一方面也可能与教师所处的教学年段有关。因为在访谈中，笔者也了解到，对于中高年级的学生，教师倾向于与学生共同制定班级的制度规范，听取学生的意见。而对于低年级学生，由于年龄特征的原因，通常是由教师来制定班级规范，当然，教师对于制度规范的制定也会考虑到本班学生的现状和特点。

表21 对教师课堂纪律观的调查（N=52）

	频 数	百分比
A. 规范学生行为，让学生懂规矩	9	17.1
B. 维护课堂秩序，使教学顺利进行	21	40.0
C. 培养自律意识，更好地承担社会公民的角色	22	42.9

"您认为课堂纪律的最大作用在于什么"？通过这一问题的调查可以看出，教师对于课堂纪律存在着不同的认识水平。42.9%的教师能够认识到课堂纪律对于培养学生的自律意识和承担社会角色的积极意义。当然，也有40.0%的教师仅仅把课堂纪律看作维护课堂秩序的工具。对于课堂纪律的不同认识水平决定了在课堂场域中教师将以何种方式运用课堂纪律：当教师把课堂纪律作为

促进学生社会性生成的重要方式时,会更加重视规范纪律的发展价值而强调学生的自觉遵守;反之,当教师把课堂纪律仅仅看作维护课堂秩序的工具时,则会更加强调规范纪律对于学生的管制和约束。事实上,在课堂场域中,规范纪律本身就存在着工具意义和发展意义不同层次水平的价值。一种以工具意义为底线而指向于发展意义的课堂纪律,应该是实现两者融合并促进学生社会性生成的理想状态。

(二) 课堂场域小学生社会性具体表征的质性分析

通过以上调查结果的统计与分析,使我们对课堂场域影响小学生社会性生成的关键要素及其作用机制有了一个量化的呈现和概括性的理解。在此基础上,笔者通过课堂观察、师生访谈和实例分析的方法,对课堂场域小学生所表现出来的社会性特征进行深入的描写和刻画,并在此基础上予以分析和反思。

1. 师生交往中的冲突与和谐

师生交往是课堂交往的主要形式。在课堂场域中,通过师生交往使学生掌握文化知识、习得社会规范、领悟人生价值,从而实现学生的社会性生成与个性的发展。师生交往不同于一般意义的交往,由于交往主体在交往资本(文化知识)和交往地位(主导与主体)上的差异,使得这种交往具有天然的不对称性。教师对于学生来说,一方面是平等的对话者;另一方面又是具有权威的影响者。而学生的社会性生成,正是在师生之间这种权威与平等关系的交织中,呈现出冲突与和谐的共生。

课堂场域中的师生交往的冲突,是指教师与学生之间互相对立、互相抗衡的行为表现。师生冲突表现在教师一方,就是想通过一种强制力来达到控制课堂、制约学生的目的;表现在学生一方,就是通过各种外显和内隐的对立行为来反抗教师的控制。以下是一位高年级学生关于师生冲突的典型案例:

我:能和我说说你对几位科任老师的印象吗?

生:我很喜欢吕老师(语文老师兼班主任),因为她对我们像妈妈一样。虽然有时候她也很严厉,但是我知道她是为了我们好。刘老师(英语老师)脾气比较好,上她的课比较轻松……

我:那高老师(数学老师)呢?好像很多女生都会比较喜欢男老师吧。

生:高老师我不喜欢!其实原来挺喜欢的……

我:为什么会有这种变化?能和我说说吗?

生：上个学期，有一次我们语文、数学都布置了很多作业，等我完成作业都快晚上9点了。我以为我已经把作业都做完了，就休息了。结果第二天到学校才想起来，还有数学练习册上的练习题没做。而且我发现，很多同学都没有做，早自习很多同学就忙着抄已经做完的同学的。我平时从来不抄作业的，我也知道抄作业是不对的。不过那天实在是时间来不及了，因为上午的数学课老师可能就要检查，所以我也拿了别的同学的作业赶快抄完了。结果，不知道是不是我们那天抄作业的同学太多了，还是被哪个同学告了密，反正老师知道了很多同学抄作业这件事。上午数学课，老师一进教室就很严肃地问我们：练习册上的作业，谁是抄别人的。

我：那你主动承认了吗？

生：当时班里很安静。我想我确实抄了，我应该勇于承认错误，老师可能就原谅我了。如果撒谎不承认，老师知道了反而更糟糕。再说班里那么多同学都抄了，估计老师也不能怎么样。我这么想的，所以我就站起来了。但是我看了下其他同学，班里只有五个同学站起来了，其他同学都在那里没有反应。

我：那老师是怎么处理的呢？

生：老师当时很生气，但没有直接批评我们，他让我们几个把练习册交上去，并要我们下课跟他去办公室。到了办公室，老师让我们讲为什么抄作业。有的同学没有说，我说我忘记写了。问完我们以后，老师说："你们既然不愿意做，抄多麻烦，干脆书都别要了，以后都不用做了！"说完，当着我们的面把我们几个的练习册给撕了。我当时心里可难受了。我一直挺喜欢高老师的，可是他这么做我真的觉得很过分。其实我那天是真的忘记了，不是不想完成。我从来都是按时完成作业的。而且，那么多同学都抄作业，他也根本不调查清楚。我们这些诚实的同学受到惩罚，那些抄了作业又沉默的同学反而没事。还有，就算批评、罚站、罚抄作业都行，可他把我的练习册给撕了，那我以后怎么做习题？看着老师撕我的练习册的时候，我当场就哭了。

我：那你有没有和老师辩解呢？讲清楚你的理由？

生：没有。

我：为什么不和老师讲清楚你的想法？老师问你们为什么抄作业的时候，你为什么不和老师讲清楚呢？

生：我说了我是忘记写了，不过我没有过多地强调理由，也没有说别的同学也抄了。因为我觉得,遇到问题要从自己身上找原因,不要强调客观理由。我确实抄别人的作业了,这是我不对。但是,我不满意老师这么对我们,可是我又不敢和老师顶撞。老师说让我们回去吧,我转头就走了,没有看老师一眼。从那以后,我对高老师没有以前喜欢了。甚至还有点恨他。

布罗菲和罗尔肯珀曾把造成课堂冲突的原因分成三种类型:第一类是属于教师的问题,如学生的行为使得教师的要求受挫,从而引起教师的不快;第二类是属于学生的问题,如由于意外事件或他人的干扰,学生的要求受到挫折;第三类是属于师生共同的问题,如师生彼此使对方的要求和目标受到相同程度的挫伤。通常看来,第三类的师生共同问题似乎是造成师生交往冲突的主要原因,即师生之间角色期待的不兼容而导致的心理矛盾和行为冲突。如在上面的案例中,之所以会发生这一冲突,是因为在教师的角色期待中,学生抄作业是不能容忍的行为,无论出于何种原因。而对于学生来说,希望教师能够关心体谅学生、公正理性地处理学生问题。于是,当面对学生的没有完成作业和进一步的抄作业行为,教师的处理方式造成了师生之间的矛盾冲突。

然而,如果进一步分析这则案例,就会发现,这种矛盾冲突还隐含着更深层次原因和意义。这位访谈的对象是一位六年级的学生干部,她的学业成绩一贯很不错,而且"从来不抄作业的"。从她的叙述中可以看出,这还是一个比较具有自律意识的学生。比如说,她自己意识到"抄作业是不对的",当老师调查的时候她会勇于承认自己的错误,并且"没有过多地强调理由",因为觉得"遇到问题要从自己身上找原因,不要强调客观理由"。可以说,她绝对是一个通常意义上教师眼中的"好学生"。而之所以没有完成作业,是因为确实作业太多,不小心忘记了。在这个学生眼中,与教师对立冲突的最根本原因不在于教师没有体谅学生抄作业的原因,而是因为教师没有公平理性地处理抄作业事件(只惩罚了以该生为代表的勇于承认错误的学生且方式粗暴)。事实上,如果教师采用更加温和的方式批评教育学生的过失,或者彻底调查清楚事实并对每一位抄作业的学生都给以公平的处理,学生可能会甘愿接受教师的惩罚而不会产生矛盾冲突。然而,对于这位教师而言,一方面,学生不完成作业并且抄作业是无法体谅的越轨行为;另一方面,一视同仁地严厉惩罚每一个抄作业的学生,则恰恰是他所认为的公正的处理方式。由此可以看出,师生冲突的真正根源在于:教师以一种自以为公正的方式粗暴而不公正地惩罚了学生的过失。换言之,在这一师生冲突的对抗中,真正的问题源自于教师。

　　这一案例给我们看待和分析师生冲突以进一步的启示:虽然从表面看来,大部分的师生冲突根源于师生之间共有的问题,即彼此之间角色期待的受挫。但事实上,导致课堂师生交往冲突的真正根源往往来自于教师。在课堂场域中,教师拥有社会赋予的特殊权力。所谓权力,是指个人或群体置对立于不顾,以终止有规律的共给报酬的形式或以进行惩罚性威慑,将其意志强加于他人之上的能力。① 也就是说,师生权力关系的不对称性促使教师拥有将自己单方面的想法和意愿强加于学生的特权。于是,在课堂交往中,教师常常将学生的无意过失或非期待行为解读为故意的越轨或者对教师的冒犯,并给以批评甚至惩罚,而将自己的过失或伤害行为给予合理化解释。

　　那么,面对教师的强制行为,学生通常会有怎样的表现呢?如果从权力理论的角度分析,尽管拥有权力的一方可以借助其权力采取某种强制性的行为,但过多或过度的使用强制性权力会引起积极的反抗。正如上面访谈案例中学生所表现出来的,当老师结束对他们的惩罚后,学生"转头就走了,没有看老师一眼",而且从此不再喜欢这位老师,甚至"还有点恨他"。

　　但就总体而言,在整个小学阶段,师生冲突的表现并不十分激烈和突出。即便是上面案例中,尽管教师的过激行为让学生很不满,学生仍然"不敢"当面与老师发生激烈的冲突。这一方面是因为在小学阶段,由于学生的年龄特征使得他们对于教师权威具有较高的依从和认可度,他们面对成人世界的反抗和抵制能力是比较微弱的;另一方面,传统师生关系中控制与服从的观念仍然在较大程度上影响着教师和学生的观念。如在课堂上,教师期望学生按照教案设想做出回答;而学生则扮演着迎合教师完成教案的角色。正是基于这样的原因,使得小学课堂上的师生冲突常常表现为一种内隐的存在,即学生以一种外显的服从来隐藏内心的疑惑、对立和反抗。正如下面的课堂案例中我们所看到的:

　　课堂上,由于是新教师,学生颇感新鲜,课堂上呈现出前所未有的安静。教师向学生宣布学习的内容为《动物怎样吃食物》。第一个内容即分析哺乳动物怎样吃东西。教师提问:"什么是哺乳动物呢?"学生迫不及待地回答:"胎生,吃母奶长大。"(一个十分恰当的回答)教师满意地笑了,正欲讲:"那它们长大了吃

---

① 谢立中.西方社会学名著提要[M].南昌:江西人民出版社,1998,79.

什么？"不料学生小手依然林立。教师不明白了："我还没提问，你们干嘛举手？""老师，我们有问题！"教师微皱眉，只得让一名学生来提问。"请问人是哺乳动物吗？"老师肯定了他的意见，可举手的同学有增无减。无奈只得再叫一名学生。"听说鸭嘴兽也是哺乳动物，它也是吃奶长大的吗？"教师的脸开始泛白："这节课不讨论这个。""可我们想知道——"，学生"不屈不挠"地问。教师原先安排的程序全被学生的提问所打扰。显然，最后老师是生气了："人坐在座位上是不会随便乱问的，只有小动物才会这样，现在我看谁变成小动物。"课堂一下子安静了下来……①

可以想象，尽管学生只能以无声的方式来应对教师的要求，但内心对于问题的疑惑和对老师强权方式的无奈却并不会因此而消失，并可能进一步激化为对教师的反感和冲突。

面对课堂场域的师生冲突，无论是一种外显的、强制的对立和反抗，还是一种内隐的、无奈的反感和服从，都会对学生的社会性生成产生影响。而这种影响，又常常是消极的和不利的，或者表现为价值观和行为趋向的偏离：如不再认为诚实是值得肯定的品质、与教师产生疏离甚至对立等；或者使学生学会了对权威的服从和奴性的滋长。

虽然师生交往的不对称性使得师生冲突现象时有发生。但在课堂场域中，师生交往并不仅仅是一种消极的冲突与对抗，教师对学生的关心、鼓励和支持以及学生对教师的信任、依赖和感激也常常会交织生成课堂场域的和谐音符。所谓和谐的师生交往是指师生之间基于彼此配合、互相信任基础上所建立的交往关系。在下面这个案例中，一位音乐老师用自己的教学故事向我们展现了这种和谐：

在一年级，发生过这样一件事情：李天益是个让人头疼又让人喜欢的孩子。让人头疼是因为他上课老管不住自己，老说话，影响旁边的同学，整天一副天不怕地不怕的样子，老闯祸。让人喜欢是因为他聪明大方，虎头虎脑的样子非常可爱。因为一件小事，李天益变了。

那天，我们进行期末考试，考试的内容是以小组为单位，选择一首喜欢的歌曲，分角色合作表演。李天益这组由他担任唱歌的角色。表演开始了，他自信

---

① 华长慧.创新教育百例、创新教育百忌[M].杭州:浙江人民出版社,2000,377.

地走上讲台,其他孩子在讲台下围成圈,"嗡巴巴,嗡巴巴,谁在唱歌?嗡巴巴,嗡巴巴,谁在唱歌……""李天益唱错了。"全班同学毫无顾忌地哄堂大笑,本组的孩子也在埋怨他。

李天益站在那里一动不动,虽然他背对着我,但我能感到他的自责和不好意思,他不唱了,紧紧闭着嘴站在那里。我真没想到一个那么调皮的孩子会有不好意思的时候,同学们的哄笑伤害了他的自尊心。座位上的同学们在催他,"李天益快唱啊。"他没有任何反应,低着头,很不服气的样子。"我们给李天益一些掌声吧,谁都会有出错的时候啊。"我站在他身后对全班同学说,"李天益,唱你的,老师支持你。"我的语气非常坚定,这时的感觉我就像是一个忠实的歌迷在支持自己喜欢的明星。他回过头来,看了看我,那眼神里全是感激。

"嗡巴巴,嗡巴巴,谁在唱歌?嗡巴巴,嗡巴巴,每天这样……"歌声又响起来了,教室里安静极了,我听到了歌声里的泪水,他哭着把歌唱完了。我的眼睛也湿润了,我为和他的心靠得近了而感动,仿佛他就是我自己的孩子,我为他今天表现而流泪,我能听得出那带着泪水的歌声里充满的感激,我能感到他已经把我当成自己人了。全班同学再次给了他热烈的掌声,评委一致给他评了优。

回到座位上,李天益坐得笔直,一动不动,仿佛要用行动告诉我什么,我那么一句简单的话会给他那么大的震动是我也没想到的,我知道,李天益要改变了,会更让人喜欢了。①

在这则案例中,我们看到了阮老师用自己的师爱与期待给学生营造了一种和谐的课堂氛围,使学生获得巨大的精神鼓励和触动。作为对教师支持的回报,学生在唱完歌之后,"回到座位上,坐得笔直,一动不动,仿佛要用行动告诉我什么"。可以想象,正是阮老师的一句鼓励的话语和一个支持的眼神很可能会给这位学生的成长带来重要的影响和动力。

在课堂场域不同的交往情境下,师生之间和谐关系的产生机制和表现形态是有所差异的。借用哈贝马斯对于交往理论的分析,我们可以将课堂场域的师生交往划分为两大类:即日常交往和非日常交往。所谓日常交往,是指在日常生活中维持个体再生产所进行的相互作用活动。而非日常交往则是指在非日

---

① 案例提供:成都市成华小学阮颀秋老师,参见《主体教育视野下课堂教学改革的深化研究》专题研究文集第五集——语文学科研讨会论文集(2):成都地区文集[C].2007.

常生活领域中维持社会再生产或类似再生产所进行的相互作用活动。① 在课堂场域中,师生之间的非日常交往是指基于共同的课堂文本作为中介的交往实践过程中,师生之间以文本的理解、知识的掌握和观念的形成为目的,并基于对文本理解的程度和自我的意义建构而展开互动的制度化的交往过程。在这种非对称性的理性交往中,达成师生和谐的机制在于对话与协商。而师生之间的日常交往,是师生之间基于师生关系建构为目的的人际交往过程。它虽然对于学生文本意义的理解、认知的发展不发生直接的作用,但却影响着学生在课堂学习中的精神状态、心理活动和生活方式,并因此而成为维持和实现课堂场域文化传承的必要条件。在这种平等的师生交往过程中,达至师生和谐的关键是教师的情感期待与学生的主动参与。在课堂场域中,正是这种对话与协商、期待与主动,使学生学会了如何遵守合理的社会规则;如何建立积极的社会关系;如何以一种主体的意识和主动的精神参与到社会活动中,而这恰恰正是当代社会对于公民社会品质的愿望与诉求。

2. 生生交往中的合作与竞争

如果说师生之间的交往主要表现为一种非对称性交往的话,那么生生之间的交往则主要表现为一种对称性的、平等的交往。正是由于这种交往关系的对称和平等性,使得学生之间的课堂交往主要表现为竞争与合作两种行为表现。

课堂交往中的竞争是指在课堂场域中,学生之间为了达到有利于自我的目的而展开的彼此疏离、相互较量的行为。有研究者从竞争主体的角度将课堂教学中的竞争区分为学生个体与学生个体之间的竞争、学生个体与学生群体之间的竞争、学生群体与学生群体之间的竞争。② 事实上,在课堂场域中最为常见的、最可能给学生的社会性发展带来消极影响的竞争是学生个体之间的竞争。而学生群体之间的竞争则常常是教育者所可以创设的、以实现群体内合作为目的的竞争。因此,本书中所涉及的生生交往的竞争主要是指学生个体交往中的竞争行为。

在课堂场域中,学生交往中的竞争表现出不同的形式,包括学生在课堂上的自我展现(如争先恐后的发言、希望与众不同的表达等)、贬抑他人(如对他人

---

① 王晓东.日常交往与非日常交往[M].北京:人民出版社,2005,56-57.
② 吴康宁.课堂教学社会学[M].南京:南京师范大学出版社,2001,182.

的课堂回答提出异议、批判揭发他人等)、保护自身利益(如不外借学习用品、对他人的求助不予回应)以及取悦老师(如揣摩教师的意愿回答问题、积极回应老师的要求)等。下面是笔者在小学听课时观察到的几个实录片段:

片段一

一节五年级的语文课上,老师教学《成吉思汗和鹰》。在学生充分阅读理解课文之后,老师提出一个问题:"这样一只训练有素、亲如手足的鹰,成吉思汗为什么把它射死了?"学生们思考片刻便纷纷举起手来,争先恐后地想要回答问题。有的学生甚至站了起来,嘴里还一个劲儿地喊着:"老师,我!我!"当老师请一位同学回答后,其他同学立刻像泄了气的皮球一样,嘴里喊着"唉……",表现出很不高兴的样子。

片段二

一节数学复习课上,老师给学生们讲试卷并纠正答案。讲完一题后,老师让做错的同学举手,想通过这种方式了解学生对问题的掌握情况。这时,坐在我旁边的两个学生的明显举动引起了我的注意。原来,学生 G 这道题做错了,但当老师问到的时候他却不愿举手。同桌小 H 发现了小 G 的错误,像监督者一样强烈要求小 G 举手,并做出一副随时要举手告发小 G 的动作。

片段三

二年级的语文复习课上,老师为学生们纠正试卷上出现的错误。在量词填空的题目中,当老师讲到"一棵大树"这一题时说:"有的同学把一棵大树的'棵'写成了颗粒的'颗'。"老师话音刚落,下面立刻冒出几个学生的声音。"啊?颗粒的颗?""啊???"好几个学生们都夸张地表现出很惊讶、难以置信的样子,似乎要充分向老师证明自己是绝对不会犯这种错误的,且对这种错误完全不能理解。

以上的几个片段真实地呈现出学生在课堂场域中的竞争心态。语文课上,学生们争先恐后地回答老师的问题,是要向老师表明自己已经很好地掌握老师提出的问题,并且希望在其他同学面前展示自己。当老师选择其他同学发言而不是自己时,就等于自己丧失了一次表现的机会而显得格外沮丧。至于其他同学的发言内容对自己是否会有启发和帮助,则显得毫不重要。数学课上,小 G 不愿向老师和同学坦白自己做错了习题,是因为不想让老师和同学认为自己的学习水平差。而作为同桌的小 H 在发现小 G 做错了试题后,考虑的不是如何帮助同伴改正和理解试卷中的错误,而是更关心同伴是否在老师和其他同学面前承认自己的差错,甚至还以"向老师告发"相威胁。而在片段三中,学生对其他同学的错误所做出的非常夸张的惊讶表现,主要并不是因为这种错误真的如此难以理解,而是为了在老师面前证明自己已经很好地掌握知识并绝对不会犯这样的错误,以此来维护和提高自己在老师心目中的形象。

通过以上几个课堂实录的片段可以看出,课堂场域中学生之间的竞争虽然基于不同的事件和原因,但竞争者却有一个共有的目的和动机,即提高或维护自己在教师心目中及班级群体中的"课堂地位"。按照布迪厄的观点,场域是共时和历时的交融,但也是一个竞争的空间,场域中各种位置的占据者利用种种策略来保证或改善他们在其中展开的竞争,竞争的焦点在于看谁能够将一种对自身拥有资源最为有利的等级化原则强加于这个场域中。① 因此,课堂场域中生生交往的竞争便"理所当然"地成为学生获得"课堂地位"的重要方式。

关于竞争对于学生发展社会性发展的影响,研究者见仁见智。赞成者认为,学生之间的竞争可以激发学生努力和胸有抱负的强烈动机,并与自力更生、不屈不挠、刻苦勤奋等个性品质密切关联。而反对者则认为,竞争在实质上是自私的,它促进了过度自尊而排除了他人的合法权利;竞争可能导致无端保密、贪婪、欺骗和仇恨等消极品质。② 事实上,课堂场域中学生交往的竞争所带来的学生积极参与课堂学习、努力争取优异成绩对于学生的更好地掌握知识、获得学业发展确实具有积极的价值。然而,就我国当前而言,优质教育资源不足所带来的人才选拔和教育评价方式的问题,进一步加剧了课堂场域学生的竞争。而这种长期、激烈的竞争所带来的学生自私、狭隘、冷漠、虚伪的社会品质对于学生的社会性发展是极为不利的。

正因为竞争对于学生社会性发展的消极影响,在课堂教学中,教师们往往会创设条件,促进学生之间的课堂合作学习。所谓课堂交往中的合作,是指在课堂场域中,学生之间为了达成某一共同目标而彼此配合,相互协助的一种联合行为。

---

① [法]皮埃尔·布迪厄,[美]华康德.实践与反思——反思社会学导论[M].北京:中央编译出版社,1998,139.

② Husen,T.,The International Encycolpedia of Education: Research and Studies,Vol.2,1985,300-303.

学生的"合作"并非先天具有的自然能力。正如有研究者所言,"'竞争'是学生的'天性',不管在何种情况下,竞争总是存在,只是表现程度的不同。而学生间的合作行为,却需要产生的条件,就课堂教学而言,需要有专门的课堂学习小群体,需要有专门的学生群体活动时间。从这个意义上说,合作是创造出来的,也是培养出来的。"[1]随着课堂教学改革的深化,教学理论研究者和实践工作者越来越认识到培养学生的合作意识和合作能力对于学生发展的重要价值,并为此而进行了大量的实验研究。自20世纪90年代开始,由裴娣娜教授牵头主持的主体教育就在河南安阳大道小学率先开展了合作学习实验探索,并在研究的深化过程中提升概括出"通过合作与交往促进学生社会性发展"的重要命题。在主体教育总课题组的辐射效应下,四川、北京海淀、天津等参研片区也都开展了卓有成效的合作学习实验研究。本书对于课堂场域学生合作交往的表征和实效的分析,正是源于课题研究过程中的收获和启发。

在一节《能被3整除的数的特征》的数学课上,老师先出示一组数据,让学生很快选出哪些数能被2、5整除,并说出理由。在学生顺利地回顾学习之后,老师提出问题:"请你们猜一猜,能被3整除的数的特征可能是什么?"请同学们在小组内把自己的猜想及理由说一说,并举例加以验证。以下是一位老师所记录下来的一个合作小组的精彩对话:

生1:唉呀,我知道,我先说。能被2整除的数的特征个位是双数,能被5整除的特征的个位数是5、0,能被3整除的数的特征个位肯定是3或0。你看:33、63、30⋯,(看得出,这是一个快嘴的学生,受到了原有学习经验的影响,还没经过深思熟虑就抢机会发言)

生2:不对,随便举一个例子,你的猜想就不成立了,比如,13、23、20⋯就不能被3整除。

短暂沉默后,一个孩子惊喜地说:"我知道了,你看:3、6、9、12、15、18、21⋯这些数都能被3整除,那能被3整除的数的特征个位就是3、6、9、2、5、8、1等数⋯话还没说完,声音却越来越小,自己仿佛又陷入了深思。

生3:照你那样说,只有个位数是4和7的数不能被3整除,那24、27能被3

---

[1] 吴康宁.课堂教学社会学[M].南京:南京师范大学出版社,2001,189.

整除数吗？显然不对，刚才那个声音越来越小的孩子喃喃地边想边说：我知道这样不对……

小组又陷入了深思，几个学生在本子上写着、画着……那个喃喃自语说自己不对的学生似自言自语，又似带着试探的口吻说：既然个位数是任一个数，都有可能被3整除，那说明，个位数根本不能作为判断能否被3整除的依据，能被3整除的数的特征肯定不在个位，一定有其他的方法。

那个喜欢举反例的学生2发言了：就是：你看12、15、27能被3整除，再举更多的例子，也是这样的，可能能够被3整除的数的特征就是：凡是能被3整除的数交换数位的位置后，还是都能被3整除呢！

生4：可是你还是没有说清楚被3整除的特征呀！你已经知道了这个数能被3整除，你的这个结论才成立，问题是，怎样才知道这个数能被3整除！

又是一阵沉默。

"哎呀，我发现了"，一个学生打破了沉默，其他学生立即抬起头看着他兴趣盎然的样子，听他迫不及待地说："你们看，刚才生2说：12、15、27交换个位数和十位数的位置，仍能被3整除，我又举了多个例子：18、24、33、36、39，同样符合这个规律，你们想，交换了个位与十位的位置，但这两个数字的和却没变，我想只要这两个数的和不变，就一定能被3整除。生2听完后稍一沉默反驳道：13和31的和也没变，它们就不能被3整除。那个发现"新大陆"的生3补充道：我说的这个数和不变必须有一个条件，那就是它们的和一定是3的倍数才行，不信你举例子反驳我！"问题是你刚才就没有说这个条件呀"？生2反问。生3连说"好、好、好，下次我再发表结论时，一定要说话严密，让你无缝可钻，无机可乘！"。他们还没争论完，生1发言了："那我们赶快总结一下，怎样来说自己的推断和理由……"

生1：我觉得要先说明个位数不能作为判断能否被3整除的标准，因为个位数从0—9都有可能被3整除。

生2：我认为还应说清楚我们通过举例子的方法，想出交换个位与十位数的位置和不变才想出能被3整除的特征的。

生3：一定要补充清楚条件，这个两位数的和一定是3的倍数才能被3整除，不然，别人就要抓出你的漏洞。

生4：我觉得只说两位数不行，万一人家给你出一道3位数的题反驳你，怎么办?

生1:哎呀! 就是,看一看三位数、四位数的是不是也符合这个规律。

孩子们又陷入了思考:123、261、384、3186……他们又举了很多个例子,生4一口气就举了7个例子都符合刚才的规律,他们一致认为自己的担心是多余的。

生2问:你怎么一下子就举了那么多例子,生4说:你根本不用把举出的例子去除以3,你只想你写出来的这个3、4位数各个数位数字之和是多少,看能不能被3整除就行了,你看,我写四位数时,前面任写3个数278,再算一算三个数字之和是16了,只差2个,于是,就在278后面加个2,就成了2782,它就是一个能被3整除的数,不信你试一试。生2听后赶紧埋头写了起来。过了一会儿,他举着一个数字3189对小组同学说:"我发现,如果老师出判断题,让我们说一说哪个数能被3整除,用这个方法最好!"

"快坐好举手,老师要让我们汇报了!"生1提醒到。[①]

之所以说这是一组精彩的合作片段,是因为在学生的合作过程中,我们分明看到了每一个学生的积极投入与参与、思维的冲突与碰撞。学生们在积极的相互影响和砥砺中,亲历着发现知识的过程,体验着合作探究的乐趣。在课堂场域中,学生间的合作对于学生具有重要的发展价值。一方面,合作可以促进学生知识的探究;更为重要的一方面是,它可以使学生在合作交往中获得社会性的发展。当然,课堂场域中学生社会性的发展不是孤立实现的,很大程度上是与学生知识的探究、认识的发展交织在一起的:学生在合作探究的过程中学会了合作,在认知发展的同时获得社会性的发展。以下就是学生课堂合作探究的一个片段记录:

在二年级的数学《辨认方向》课上,学生们围绕"东南西北4个方向究竟会不会随着我们的转动发生变化?"开展合作学习。合作开始了,我走到第3小组,只听第一个孩子说:"我们学过的前、后、左、右都会随着我们的转动发生相应的变化。所以,我认为东南西北也会随着我们的转动发生变化"。第二个孩子马上说:"我觉得你说的不对,东南西北是四个固定不变的方向,怎么可能发

---

① 案例提供:成都市双流实验小学课题组,参见《主体教育视野下课堂教学改革的深化研究》专题研究文集第五集——语文学科研讨会论文集(2):成都地区文集[C].2007.

生变化呢？"第三个孩子接着说："我同意你的意见，因为我还知道有句话是'太阳不可能从西边升起。'而且我们都知道太阳每天都是从东边升起来的，不可能今天从北边，明天从南边升起。所以，东南西北这4个方向一定是固定不变的。"听到这里，第一个孩子抓了抓自己的头，说："这样说的话，我觉得你们是对的，我说的是错误的。"①

在这个案例中，我们可以看出，学生问题的解决是建立在有效合作交流的基础上的。学生在表达自己观点之前，会首先就前一位发言同学的观点作出评价，诸如"我觉得你说的不对……"、"我同意你的意见……"，使得问题的探讨真正建立在共同的话语平台的基础之上。这也充分说明，学生在合作学习的过程中，逐渐形成了倾听的意识和合作的能力，促进了社会性的生成和发展。

课堂合作对于学生社会性发展的积极意义不仅表现在学生能够有效地倾听、积极的合作，它还表现在同伴之间的愿意相互帮助、共同进步。在互助合作的过程中体验到帮助他人的快乐。下面是以一位学生所描述的他们是如何通过合作交往的方式帮助同伴取得进步的。

"我的同桌是小严。记得一次数学课上，老师让我们讨论两位数乘以两位数的计算方法。那个时候小严正在玩他的金鱼橡皮，根本没有听老师的讲课，也不知道讨论什么。我们小组的其他同学发言时，他还是没有听进去。我们为了教育他，一致推选他来汇报。可是他什么都不知道，只有向我们请教。于是，我们一句一句地教他，他终于明白了怎样计算。老师发现了我们组的事情，于是让小严起来汇报。同学们听到小严正确的发言后，大家一阵鼓掌。我听到以后，心里像喝了蜜一样甜。在下课以后，小严也感谢了我。"

在这个学生的描述中，可以看出，学生之间真诚的合作与互助，督促小严获得了进步。而在这个互助的过程中，帮助别人的学生体验到了助人进步的喜悦，而小严也因为同伴和整个小组的帮助而充满了感激之情。可见，在帮助别人和被人帮助的过程中所收获的这些社会情感体验，是学生社会性发展的重要组成部分。

同时，由于课堂学习中的学生合作是对传统班级授课制下"师讲生听"方式的

---

① 案例提供：成都市双林小学张家明老师，参见全国主体教育理论与实践研究第八届年会资料：四川研究成果集[C].2005.

结构性变革,它使得每一位学生有了更多地参与课堂交流、实现自我表达的机会。这一点对于交流意愿和交往能力不足的学生具有尤其重要的发展价值。一位曾经不敢发言、不爱交流的学生,描述了他是如何通过合作学习发生变化的。

在我刚上学时,我的性格比较孤僻。下课了,不爱和别人玩耍;上课了,不爱举手发言。因为胆小,不爱与别人交流。

有一次,我们上公开课,老师让我当小组长。那时的我成绩不是很好,我不明白老师为什么要我当小组长。可为了当好这个小组长我做了很多课前准备,我去查询了许多资料。这次公开课的主题是"墙"。上课了,老师首先让我们画出一堵心中的公益墙。我们组拿起了笔开始合作画了起来。汇报时,全组的同学推选我汇报,我在大家的鼓励下比较流畅地回答了问题,得到了小组同学的夸奖。

后来,我渐渐地不再怕与人交谈,上课时爱举手发言了。而且,通过我和同学们交流,我有了许多好朋友。通过上次的公开课发言,我找回了自信,现在已经成为一名比较优秀的班干部。

通过以上课堂实录和学生访谈的分析,可以看出课堂场域学生之间的合作对于发展学生的合作意识和交往能力的重要价值。需要指出的是,虽然合作学习是促进学生交往合作的重要形式,但课堂场域学生交往中不仅仅是通过合作学习来实现的。在教师面对全班学生的课堂教学情境下,同样存在着学生之间的合作交往。

在学习五年级的语文《迟到》一课中,老师请学生阅读第2—12自然段,想一想"海英为什么会挨打?"学生纷纷表达自己的理解。在此基础上老师给以适时的引导,并让学生通过分角色朗读再次体会。三个孩子分角色朗读后,老师请其他孩子评价一下他们的朗读。以下是几个孩子的评价:

生1:×××,我觉得你读得快了,没有体现出爸爸的严厉。

生2:××,你读的语音挺好的,就是有个别字读错了。……

生3:×××,你读旁边的时候,心理状态读得特别好。

从学生对同伴评价的言语中可以看出,学生已经懂得:在与同学交往时,应当发现别人的优点并给予肯定;应当对别人的言行给予客观全面的评价。这堂课后,我们曾就学生的课堂表现与老师进一步交流:

"在课堂教学过程中,孩子社会性方面的发展主要就是通过老师平日的习惯养成训练和一些交往意识、交往能力的指导。就像今天这节课上,学生对其他同学的评价,能够先看到同学的优点,然后再说同学在朗读中的问题。其实孩子的这种评价别人的能力就是平时上课的过程中有意培养的。我平时就会告诉学生,应该怎样评价同学的发言,比如首先要肯定同学做得好的方面,不能只是看别人不好的方面。对于做得好的学生,会及时给予表扬,其实这也是对其他孩子的一种强化。久而久之,学生就会慢慢形成习惯了。"

这一课堂情境的分析使我们意识到,即使在班级授课的情况下,仍然存在着课堂交往中的学生合作,因为班级课堂本身就是学生相互作用、共同进步的学习共同体。在共同学习的过程中同伴之间所形成的相互欣赏、相互学习的观念,同样是学生社会性发展的重要品质。

3. 群体文化的认同感与归属感

在课堂场域中,社会关系不仅表现为学生与教师、同伴个体间的交往,还表现在与学生群体的交往。如果说,师生交往的冲突与和谐、生生交往的竞争与合作是学生个体间交往中的社会性表现,那么,群体文化影响下的学生的认同感与归属感的形成,则是学生在与群体的交往作用中所生成的社会性表征。

所谓群体是指人们以一定方式的共同活动为基础而结合起来的联合体。学生在课堂场域不是孤立的个体,他们在相互间交往中,形成各种群体:既有按照一定目的、计划组织起来的正式群体,如班级①、小组、团队等,也有同伴交往

---

① 对于班级的社会性质的认识,国内外研究者具有不同的观点:美国教育社会学家帕森斯将班级作为一种社会体系,在《作为一种社会体系的班级:它在美国社会中的某些功能》一文中,帕森斯专门对中小学班级的社会化和筛选功能进行详细分析。苏联教育家克鲁普斯卡娅、马卡连柯等将班级作为一种集体,认为班级集体是群体的高级形式,是一种有"共同价值、共同的活动目标与任务,并具有凝聚力的高度组织起来的群体"。日本当代教育社会学家片冈德雄则将班级作为一种"学习集体",认为班级是在课堂里进行学习的人的群体组织。在我国,研究者对于班级社会性质的认识也是见仁见智。比较有代表性的争论观点有两种:以鲁洁、吴康宁为代表的研究者认为,班级是一种特殊的社会组织,它具有各类社会组织所共同的诸如组织目标、角色结构等特点。而以谢维和为代表的研究者则将班级作为一种特殊的社会初级群体,认为在班级中的师生和生生互动不仅通过正式的规章制度维持,而且也要通过各种非正式的方式和手段来维护,并且这种非正式的情感特征往往具有更重要的意义。不同研究者观点的根本分歧在于分别侧重于从不同角度分析班级特征。班级作为社会组织凸显了其规章制度的"理性"特征,而班级作为社会群体则强调了人际互动中的"情感性"特征。本书无意于从两种观点中做出对"班级"认识的唯一性选择,而是试图从社会交往的视角审视课堂场域,将班级作为学生在相互交往中生成的具有共同的价值目标和行为取向的正式群体。班级作为正式群体,在课堂场域的交往互动中具有理性和情感性的双重特征。

过程中所形成的非正式群体,如同辈群体、小团体。由于非正式群体对于学生社会性生成的影响具有很强的自发性,并且这种影响远远超越了课堂场域范围而以场域外的交往为主。因此,本书关于群体文化对于学生社会性生成的影响及表征的现实考察,主要是以课堂场域中的正式群体,尤其是班级群体为对象来进行的。

那么,班级文化对于学生社会性的生成发挥着怎样的影响呢?以下两个案例带给我们深刻的启发:

案例一 班级文化特色——温馨一家人①

班级活动内容:

第一阶段:"我们是一家人"。一年级刚入学,首先将教室布置得温馨、干净、舒适,让学生感到学校就像自己的家,有一种亲切感。接着,通过班会,讲故事,帮助他们简单算一算一天在学校要待多长时间,一周呢?一个月一年呢?使他们感到同学之间就像兄弟姐妹,应该相互尊重,相互帮助。然后要落实到行动上,鼓励相互交朋友,更支持性格不同的孩子在一起玩儿,以达到各方面互补。

第二阶段:"我爱我家"。老师通过班会引导学生谈"怎样才是爱家的表现。"重点:

1. 家要干净。爱家的孩子要讲究卫生,看到教室、楼道里的废弃物要随手拾起,不往地上扔垃圾,每天安排一组值日生。

2. 家要分享。每人从家里带来课外书,放到书架上与大家一同分享。

3. 家要温暖。遇到生病的孩子返校上课,要主动问候。

4. 为家争光。积极参加学校、年级组织的各项活动,尽自己最大的努力。在交光盘换环保袋的活动中,共上缴了 400 余张,换取 21 个环保袋;在跳绳比赛中,获团体总分第三名;科技竞赛上,李梓贺获科学幻想画一等奖。并鼓励学器乐的孩子报名参加比赛。

5. 为家尽责。同学们轮换作值周班长,建立评比表和荣誉树。以小组为单位每天从纪律、卫生、作业、午饭等各方面进行加分评比。

---

① 北大附小一年级(14)班,班主任老师:曲红。

案例二　班级文化特色——绿色盎然①

班级活动内容：

为了营造一个优美、整洁、温馨的学习环境，老师率先买来了绿色植物，摆放在教室的窗台上，以装点美化教室。主题班会上，配合集体主义教育，鼓励孩子们自愿献花，很快，接二连三地，孩子们纷纷带来自己心爱的鲜花……

后来，教室的窗台上就摆满了大大小小的盆花。孩子们在老师和家长引导下，在自己的小花盆上贴上花名、养花小知识及自己的名字，并精心地护理。课间，经常看到几个孩子三五成群站在窗台前细细欣赏这些植物，抢着浇花，擦花叶，修剪干枯的枝叶；还在一起交流、观察花卉的生长，比谁的花生长得好，孩子们乐此不疲……

一盆盆的绿色在孩子们细致的呵护下更显得茏葱……

又是班会时间，老师引导孩子们讨论：教室的植物给我们带来了什么？

"这些植物美化了我们的教室。"

"鲜花让我们闻着很香，心情高兴！"

"绿叶可以吸收空气中的有害气体。"

"花盆上的介绍使我们增长了有关花的知识。"

……

一段时间后，老师再开班会，交流养花的收获。孩子们自豪地说："我们班最漂亮！""我们班最好，不仅花漂亮，其他方面也最好！"还有的孩子在日记中写道："我们班评上了绿色班级，我们大家都很高兴。暑假我把花带回家养，眼看快开花了，我盼着开学，好让大家都看见美丽的花。""下一次，我还要把我种的小西红柿带到班里，让大家尝尝，我都吃了好几回了呢。"还有的写："我家的花园里种的小彩椒成熟了！有红色的、绿色的、黄色的、紫色的……，好看极了！我还给班级带了一棵小彩椒呢！老师和同学们非常喜欢！"

孩子们拿来的花越来越多，以至窗台上都放不下了，有的孩子出主意，可以放在楼道的窗台上，让更多的同学感受到绿色带来的美，给大家带来无穷的快乐。孩子们更爱这个集体了，责任心加强了。生活在花园般的校园、生活在绿意浓浓的教室里的孩子们是幸福的！

---

① 北大附小二年级(10)班，班主任老师：秦瑞莹。

通过以上的两个案例可以看出：不同于课堂场域的其他要素，群体文化对于学生社会性生成的影响是潜在的、内隐的。学生一旦置身于班级集体的文化氛围之中，他们的思想观念就会受到潜移默化的影响，日积月累就会形成一种与班级文化相融合的价值观。当然，这种群体文化的形成很大程度上需要教师有意识的引导和创设。在案例一中，班主任根据一年级学生的特点，以养成教育为主，使学生们在团结互助的文化氛围中形成积极进取的群体目标。在案例二中，教师首先通过自己买来绿色植物，放到教室的窗台上，给学生以示范，同时配合集体主义教育，使学生在美化教室的过程中，更加热爱集体。在这两个案例中，班级的群体文化潜移默化地影响着学生的社会性生成，使学生在群体文化的熏陶和感染下，形成对班集体的归属感和责任感，以及团结互助、真诚待人的良好社会品质。

在社会学理论中，群体通常具有两种功能：即生产性功能和维持性功能。生产性功能是指为实现特定的组织目标，完成某项工作任务的功能。维持性功能是指群体的组织功能或凝聚功能。群体通过人与人之间的相互作用，密切成员之间的相互关系，组织大多数成员为实现共同目标而发挥群体作用。就课堂场域中的学生社会性发展而言，群体的生产性功能表现为通过群体文化的熏陶和感染，促进学生的社会性生成。学生在群体文化中社会性生成的一个突出体现就是学生对于群体的归属感，表现为学生希望成为群体中的一员并得到群体的关心与照顾的需要体验。而群体的维持性功能则主要表现为学生通过交往活动反作用于班级群体，进一步推动群体文化形成与发展。实现群体维持性功能的关键在于学生对群体文化的认同感，即学生与群体文化所倡导的价值目标和行为取向保持共同的看法和评价。这种对群体文化的认同，是促使学生积极投入到群体活动中实现群体文化建设的关键。当然，无论是学生对于群体文化的归属感还是认同感，都是在群体文化中生成、在群体文化中体验的。正如在上面的两则案例中所看到的，学生在班集体的文化氛围中培养了热爱集体、团结互助的良好社会品质，而这种社会品质又进一步推动了班级文化氛围的营造。

一种积极进取的班级文化，能在班级成员的心理上产生巨大的、内在的激励因素，增强学生对班集体的认同感和归属感。正因为如此，教师在教育教学中，常常有意识地创设和营造良好的班级文化。以下是一位老师所介绍的班级群体文化建设的经验：

"因为特殊原因,我曾经接过一个六年级的毕业班。由于六年级的学生即将毕业,学生表现出懒散、懈怠的倾向,加之这一年龄段学生自主意识逐渐增强,出现了集体意识弱化的现象。当时恰好我们学校一年一度的文化体育节快到了,我决定抓住这一契机,最大限度地调动学生的积极性,使学生在集体活动中强化集体意识、增强集体荣誉感。在活动的准备过程中,我让学生做真正的小主人,比如运动会的入场式形式的选择,我没有把我的想法直接告诉学生,而是让学生分成四个小组,以小组长为负责人展开讨论,提出可行性方案,提交班委会最后讨论确定。班委会最后综合了四个小组的方案,提出由学生先组成"HFS"的图形,代表奥运会的精神"Higher, Faster, Stronger（更高,更快,更强）";然后改变队形成为"NO.1",表明了我们班级的班号——六年级（1）班,同时表达了我们的运动健儿永争上游的积极态度。运动会入场式结束后,反响极好,我们班被评为入场式的第一名,学生们个个欢呼雀跃,有的女生甚至于拥抱在一起流下了激动的泪水。在整个运动会过程中,我精心组织拉拉队,每一个参加比赛的运动员,都会得到班级同学的呐喊助威,参赛完后,无论是否获得名次,都有学生上前搀扶、递水。细微之处见真情,实际效果也出乎我的意料,很多学生在周记里反映:当自己在赛场上已经筋疲力尽无力支撑时,是班级同学的呐喊声、助威声给了他们无穷的力量,他们为生活在六（1）班这个温暖的家庭里而感到骄傲、感到自豪。"

从这位教师的描述中我们看到,班级的群体文化的是在班级成员的共同活动中创造生成的。而这种群体文化所内在包含的积极的价值目标和行为取向则会激发成员对班级目标、准则的认同感和作为班级一员的自豪感、归属感、使命感,从而形成强烈的班级群体意识和向心力。这种群体意识和向心力会进一步促使学生在日常学习和生活中时刻清醒地意识到"这是我的班级,我是这个班级的学生",并积极地为班集体的发展和建设作贡献。

当然,群体文化对于学生社会性生成的影响,不仅表现在使学生在积极的群体参与中获得对群体的归属感和认同感,还表现在对漠视和伤害群体利益学生的疏离和排斥,从而使这样的学生失去对群体的认同感和归属感。一位老师在访谈中说道：

"班集体的文化氛围和班级的凝聚力主要是在学生的集体活动中形成的。

我们运动会跳绳比赛,运动员要积极锻炼,其他的同学要为他加油。这时候,同学们真是会同心协力,这也是学习不好的同学表现的机会,找到他在集体中的地位。很多孩子甚至还会要求和督促家长为班级尽可能作贡献。不过,也有一些学生会比较冷漠、自私一点,对班集体的活动不是很关注。我觉得这一点和家长的家庭教育有很大的关系。比如,有的学生跑得比较快,老师本来安排他当运动员,这时候,突然说自己有事情,比如家长给安排了旅游或者出国计划,就不参加了。这种情况对于孩子在班集体中的心理位置就会有影响,很多这样的事情积累起来,别的孩子可能就会不再认可他。所以在评选好学生的时候,他的各项成绩很优秀,但是威信受到影响。其实小孩都知道,是自私而只考虑自己,还是积极为集体作贡献,点点滴滴都反映在学生心目当中。"

虽然对于群体的疏离感会造成学生群体认同感和归属感的缺失,但群体文化对于学生社会性发展的影响并非仅仅是一种消极的排斥与抵制,群体的价值观和舆论导向还会给学生以积极的自我反思和行为改进。在下面的这则案例中,我们就看到了群体文化的这种积极影响。

在三(4)班孩子一再的强烈要求下,我决定对班里现有的学习小组进行调整,根据孩子们的意愿,由孩子们自由组合,组成五六人的学习小组。事情的起因是:戴伊的小组有一位叫王于的同学,每次在进行小组合作学习时故意不予合作,原因是他上音乐课老忘了带书,而我每节课都是把小组学习后的评价记录在他们的课本上,期末再统计记入成绩册。王于没书,成绩记录不了,所以就故意不让自己的组得分。经过几次后,组员的积极性都受到伤害。戴伊为这个事情找我谈了好几次,不欢迎王于在他们的小组。两天前,我给了戴伊一个建议,让他找王于好好谈一次,沟通一下,如果还是不能解决再由我出面。今天戴伊告诉了我他们谈的结果,王于还是坚持只要自己不带书就要影响大家,所以,今天我决定对小组进行调整。

孩子们兴奋地参与了调整,王于坐在座位上,抱着自己的脸,没有动静。我心里打着鼓,这件事要怎么收场,如果最后没有哪一个组愿意接受王于,那对他的伤害和刺激又太大了,他会更消极的,我的目的不是放弃他,是要给他也给其他孩子一次自己选择的机会,如果他选择到了自己喜欢的同学,也许会改变他的做法。要命的是,他既不主动去跟别人组合,也没有人找他组合。我一直关注着他动态。过一会儿,我看到他的头低得更深了,开始在悄悄地擦眼泪了。

我知道他被今天的场面触动了,现在他很需要有人给他一次机会。

我把戴伊叫过来,对她说:"王于哭了,他现在很想有同学邀请他加入,如果你现在去邀请他,我想他一定会很感动,他肯定会珍惜你给他的机会,一定会改的。"

戴伊真是很让我佩服,她连一秒的迟疑都没有,走到王于面前,真诚地邀请他加入了。王于的情绪由尴尬到不好意思,最后高兴地加入到小组的活动中去了。

在事情发生的整个过程中,每一位孩子的行为、变化我都是看在眼里的。王于的故意跟小组捣乱,组员对他的容忍和迁就,我一直没有去干涉他们,我想孩子们既然能容忍,这个时候我就不该介入,给孩子们一些空间,让他们自己试着解决问题,当孩子们解决不了向我求助时,我还是希望能再一次给王于机会,找他谈谈。当孩子们之间的谈判无果后,我觉得应该用一次活动刺激一下王于,让他体会到失去别人的信任、被集体遗忘是个什么滋味。孩子们真的是很善良的,当看到王于难过的眼泪,孩子们原谅了他,重新拉他回了集体。其实在整件事的过程中,孩子们都是在用自己的方式解决问题,我只是在关键时刻给了孩子们一些暗示,我的出发点是尽量不放弃每一位学生,尽量不伤害每一位学生,多给孩子选择的空间,同时也让孩子感到个人可以对小组造成影响,而小组对个人的影响和依赖也是相互的。①

在这则案例的解读中,王于因为自己对小组的破坏行为而感受到了被群体抛弃的疏离感;同时,也因为同伴的善良和群体的宽容使他重新获得群体的归属感。事实上,正是经历了被抛弃的疏离感才使王于产生更加强烈的群体归属需要,也因此而获得了对群体文化的深刻认同。

通过以上的现实分析可以看出,课堂场域中的群体文化对于学生的社会性发展发挥着不可替代的作用。它为学生的课堂交往活动提供了一个心理"安全场",使学生在课堂场域中建构起"有机团结"。正是在这种群体文化的影响下,学生在共同的情感体验强化下,建立起高度互赖的社会关系和共有的价值目标与行为取向,从而为学生将来参与社会活动储备基本能量。学生在课堂场域的

---

① 案例提供:成都市成华小学阮顿秋老师,参见《主体教育视野下课堂教学改革的深化研究》专题研究文集第五集——语文学科研讨会论文集(2):成都地区文集[C].2007.

群体文化中学习、生活,通过群体文化中的交往互动实现个体的社会性生成,也实现着群体文化的再生。

4. 课程学习中的价值观生成

课程文本作为一种文化载体,包含两方面的含义:一方面课程体现一定的社会群体的文化;另一方面课程本身便具有鲜明的文化特征。课程是一种特定的文化形式,因为课程是文化传统和文化积淀的产物,是人类文化的精华;同时,课程文本又有着区别于其他文化材料的特征:它总是体现着一定社会或社会群体的主流文化,并将社会主流文化转化为适合学生接受的方式,使学生在课堂学习及与教师的日常交往中有意无意地习得这些文化,并最终内化生成学生的社会价值观。正是从这一意义上,课程具有了促进学生社会性生成的价值意义。

那么,在课堂场域中,课程文本如何体现一定社会群体的主流价值观?而这种社会主流文化又是如何在课堂学习和师生交往中内化为学生的价值观?以下是小学二年级《圆圆的沙粒》一课的课堂实录,让我们首先来看看课堂上学生是如何学习和领悟课程文本的价值内涵的:

师:我们先来看课文的第一部分,从第一部分你明白了什么?

生:我知道了一颗沙粒很想变成珍珠,我知道了它的同伴不理解它,我知道了它的一些同伴还嘲笑它,我还知道了它的决心并没有动摇……

师:沙粒很有决心地要变成一颗珍珠,成为有用之才,但是它的同伴有的嘲笑它,有的替它惋惜,还有的为它的未来生活感到担忧,它们的态度这样不同,请你们自己练读这一部分,体会它们不同的心情,读出不同的语气,也可以找同学齐读,还可以几个同学分角色朗读。

生:自由练读。

师:谁愿意读给大家听听?

生:展示,学生评议。

师:同学们刚才读出了不同的语气,读出了沙粒的决心、同伴们的嘲笑以及惋惜的语气,那么我们带着不同的语气读第一部分。

生:齐读第一部分。

师:这颗沙粒的决心从来没有动摇过,毅然钻进蚌壳里度过了几十年,我们来看看它这几十年是怎么度过的?

四个大组一组读一段。分大组分别读第10—13自然段。

生：第13段怎么读啊？它怎么只有省略号,没有文字呢？

师：是啊？这是怎么回事呢？这个省略号省略了什么？

生1：省略了沙粒在蚌壳中度过的长久时间。

生2：省略了这几十年来它在蚌壳中想了什么,做了什么。

生3：省略了这几十年来它遇到的困难,它是怎么坚持的？当同伴们在享受阳光,看海景,想到自己却在牢狱一样的蚌壳里,它动摇过吗？

师：是啊,这颗沙粒坚持了下来,经历了困难重重的几十年,它终于实现了梦想变成了珍珠。这时它的心情怎样？我们一起读读第三部分。

生：齐读第三部分。

师：这时它心情怎样？

生：非常高兴,想到自己这几十年的苦没有白受……

师：你们想想为什么这颗圆圆的沙粒可以变成珍珠？

生1：因为它有自己的理想。

生2：因为它不但有理想,还有决心去实现它。

生3：因为它在遇到困难时决心也没有动摇……

师：当它的同伴看见它变成了珍珠会怎么想？会对它说些什么？

生1：会对它说:"你真有毅力"。

生2："祝贺你,你的梦想终于实现了"。

生3："当初我和你一起钻进蚌壳就好了"。

生4："我真不该嘲笑你"……

师：那么,孩子们,请你们记住这颗圆圆的沙粒,像它那样为理想不断努力,相信你们能像它那样成为有用之才。

《圆圆的沙粒》这篇课文的讲的是一颗沙粒不甘平庸,很想变成一粒珍珠。为此,它承受着同伴的嘲笑和不理解,经历了重重困难的几十年,终于实现了自己的梦想,变成了美丽的珍珠。应该说,这是一篇典型的励志课文。通过这一故事,课文想要传递给学生这样一种价值观:只要为着理想不懈努力,就能够实现自己的梦想,成为有用之才。那么,这种文化内涵是如何在课堂教学中传达给学生的？在这堂课上,我们看到,教师先是问学生,面对同伴的嘲笑,"这颗沙粒的决心从来没有动摇过,毅然钻进蚌壳里度过了几十年,我们来看看它这几十年是怎么度过的"?再让学生体会"这颗沙粒坚持了下来,经历了困难重重的几十年,它终于实现了梦想变成了珍珠。这时它的心情怎样"?又让学生思考"为什么这颗圆圆的沙粒可以变成珍珠"?最后让学生感悟"当它的同伴看见它变成了珍珠会怎么想?会对它说些什么"?正是这样一环紧扣一环的问题,将学生的思维逐渐引向深入。而文本中所蕴含的价值内涵也在这个过程中逐渐感染和影响着学生,使学生感悟到:圆圆的沙粒之所以能够变成珍珠,是因为"它有自己的理想","不但有理想,还有决心去实现它",即使"在它遇到困难时决心也没有动摇……"。因此,只要像沙粒那样不断努力,自己也能够变成有用之才。

通过以上课堂实录可以看出,学生对于课程文本的内容的理解和价值观的感悟,是在与教师的对话交往过程中逐步生成的。正是通过教师的启发和引导,学生才能更加深入地理解文本的内涵,并实现价值观的生成。当然,在课堂场域中,根据不同的文本特点,教师可能运用不同的启发引导方式。

课堂实录一:《永生的眼睛》

师:(音乐起)

对于琳达来说,她亲眼目睹了自己的母亲、父亲、女儿(边说边板书)三位亲人离去,这是多么大的打击呀!然而,她却勇敢地面对着这一切!

还好,来自奥列根勇敢者角膜捐献银行的一封信给了她心灵上的安慰。

请你深情地把这封信读给大家听吧!

生:有感情地朗读。

师:读了这封信,琳达泪流满面,她仿佛看到:

出示课件:金发温迪手中的画笔依旧不停地挥动着,她的碧眼仍然闪烁着骄傲的光芒。孩子们,温迪的那双碧眼将是我一生的思念呀!

在收到那封信的晚上,我做了一个美丽的梦。在梦里,我梦见了我亲爱的温迪。我们像以前一样,亲切地交谈着。

温迪!妈妈已经遵从你的遗愿,把你的眼角膜捐献给需要光明的人了。你后悔吗?

生1:不后悔。虽然我死了,但我的眼睛还在别人身上永生。

生2:我的眼睛仍然在别人身上发挥着作用,我真的很快乐!

生3:虽然我死了,但我的捐献又会影响到其他的人,这样就会有更多的人捐献眼角膜了。

……

师:孩子,妈妈不难过,妈妈为你骄傲、为你自豪。因为,我看见了你帮助过的人重见光明,我就等于看到了你呀!

音乐停。

课堂实录二:《丰碑》

生:我想问,在课文第七段的最后一句话,说破旧的衣服紧紧地贴在身上,为什么要用"贴"而不是"穿"?

师:为什么不说"穿"而说"贴"? 谁知道?

生:这是因为他身上只有这件单薄的衣服,再没有其他的衣服了,所以会紧紧地贴在他的身上。

师(叫一男生上前):他外面穿着一件运动衣,里面还有一件衬衣,我说他的运动衣紧紧地贴在身上行吗?

生(齐):不行。

师:把他里面的衣服脱掉,光着膀子只穿这件运动衣,我说贴在身上行吗?

生(齐):行。

师:好好想象,只穿外衣,是贴在身上吗?

生(齐):不是。

师:那么能贴在身上的衣服一定怎么样?

生(齐):单薄。

师:也许非常窄小,已被雪打湿了,就贴在身上,对不对?

生(齐):对。

很显然,在以上的两个教学实录片段中,教师的讲解都包含着价值引导的意义。但根据文本内容的不同特点,教师运用了完全不同的引导方式。在《永生的眼睛》一课中,教师利用婉约优美的音乐来渲染情境。师生在凄美的音乐声中进行着朗读与对话,使学生在情境中感受永生的眼睛的真正含义:不仅仅是因为它能够带给别人永远的光明。永生的还是一种乐于奉献的精神。由此可见,学生是在情感渲染的氛围中理解与体验到这种乐于奉献的精神。而在《丰碑》中,教师则通过环环相扣的问题引发学生思考,通过和"穿"比较,说明"贴"的独特之处,让学生在看、思、说中领悟及揣摩文句中蕴含的意思,结合当时情景,步步深入,由文悟情,让学生茅塞顿开,从侧面懂得军需处长穿得单薄是因为把棉衣让给别人,从而感受到军需处长心中只有他人,忠于革命事业的真情实感。可以看出,同样是一种利他和奉献精神的感悟,前一篇课文,教师运用了情感渲染的方式让学生体验;后一篇课文,教师却通过理性分析的方式使学生领会。虽然引导的方式不同,却同样地达到了引导学生获得价值感悟的良好效果。

虽然语文学科所具有的人文性特征以及文本编制者精心选择的每一篇课文,其蕴含的明确的价值意义可能更加容易使学生受到启发和感悟。但课程文本对于学生价值观的引导绝不仅仅限于语文学科。正如我们在上面已经分析提及的,教师有意识地引导和启发,对于学生的价值观生成具有重要的意义。而这种引导和启发在各门学科中都能够体现。

周四的英语课,碰巧是西方的传统节日——感恩节。课堂上,老师借助图片向孩子们讲授了感恩节的由来。当故事讲到清教徒经过艰苦的努力终于获得了丰收,并召开盛大的宴会来感谢帮助他们渡过难关的印第安朋友、感谢所有支持他们的亲人们时,孩子们的脸上露出了轻松的笑容。老师随即说道:"一个人活在世上,需要很多人的帮助,我们应当学会感谢,学会用行动去帮助更多的人,我们甚至应当感谢身边的一草一木,因为它们带给了我们幸福、多彩的生活。那么,同学们,你们现在最想感谢的是什么呢?"孩子们的答案丰富多彩,从铅笔橡皮到飞机轮船,从父母亲人到不知姓名的陌生人,孩子们突然发现,我们的世界原来是如此的温暖、美好!接下来,孩子们按照老师的要求把左手按在淡绿色的纸上,用右手精心勾画出左手的轮廓,再用剪刀剪下来,最后用彩笔慎重地写下心中的感谢。"I thank my father and mother。"(我感谢我的父母。)"I thank my teacher。"(我感谢我的老师。)"I thank the sun, the air and the water。"(我感谢太阳、空气和水。)……,简单而稚嫩的感恩之情写满了小手形状的"叶子"上。随着一件件作品被贴到已准备好的树干和树枝上,一棵满载着感谢与祝福的"大树"就这样形成了。①

可以看出,这堂英语课充分体现了外语学习是一种异文化学习的学科特点。教师利用西方的传统节日感恩节的文化意义,引导学生学会感恩,并通过

---

① 案例提供:北京海淀区中关村一小课题组。

学生自己参与的活动,表达自己的感恩之情。在这种理解感恩—表达感恩的过程中,培养学生的感恩之情,这正是课程文本在教师的引导下所赋予学生的社会性发展意义。

同样,在数学、社会等学科中,教师在知识的传授过程中也渗透着价值观的引导。以下是笔者分别与一位数学老师和一位社会课老师访谈的记录:

"在我的数学课上,我会注意给学生一些情感、态度和价值观的引导。比如,数学中学方位时会涉及对孩子的爱国、爱家、爱校教育,学习时间单元时,会培养他们节约时间、有效利用时间的意识。计算会涉及对孩子认真、耐心的教育。但这主要是潜移默化的,一般不会把它明显地提出来。"

"在课堂学习的时候,我常常会给学生一些很容易能够产生观点的例子,学生顺理成章地下结论,然后我再进行引导。比如,我在上《秦始皇》时,让他们对他做出评价。孩子们会说他又是好人又是坏人,其实他们说得很对,但是评价的方式有问题。我就进一步问:为什么好?好在哪里?为什么坏?坏在哪里?孩子们回答之后,我就叫他们自己说怎样来评价一个历史人物。他们就说应该根据史实。然后我会进一步发散:对待周围的同学也应该这样,要全面地根据事实来评价一个同学。"

通过不同学科的课堂观察与教师访谈,可以看出,课程文本对于学生价值观的影响普遍地存在于各门学科中,不同学科的文化特征会给予学生不同角度的价值观引领。在课堂场域中,教师大多能够认识到课程文本对于学生社会价值观生成的重要价值,并适时地启发和引导。而学科特征和教师的个人特质的差异,也使得教师的引导启发呈现出不同的方式方法。于是,课程文本所给予学生的社会价值观便在这种理性与情感的碰撞中生成。

虽然课程文本本身所具有的社会价值意蕴,以及教师有意识的启发引导对于课堂场域学生社会性的生成发挥着重要的作用。但学生的社会价值观的生成并不是对文本价值、对教师引导的即时的、直接的、完全的接受。从一定意义上说,课程文本提供的只是一个理想的价值取向,教师的价值引导是否能够被学生接受,还取决于学生个体化的理解和解释。而这种理解和解释很大程度上取决于学生的个体经验。下面这段课堂实录,或许会引发我们的一些思考:

学习完《儿子们》的重点段落之后,还有几分钟时间,老师让学生说一说:你喜欢哪个儿子?(这是一篇教育学生理解、体谅妈妈,培养学生关爱妈妈的课文。在课文中,有三个儿子,但只有一个儿子帮助妈妈提水,其他两个儿子一个唱歌,一个翻跟头。教师希望通过课堂的教授和引导,让学生理所当然地选择帮助妈妈提水的儿子。)但是有的学生却提出不同的意见:"老师,我认为唱歌的孩子也很棒!课文中说一桶水可重了!三个妈妈走走停停,手都痛了,腰也累得直不起来了。那么重的水一个小孩子提得动吗?这个孩子没那么大的力气。所以,他用自己黄莺一样的歌声为妈妈加油,妈妈听了一定会很开心!"

很显然,这个孩子的回答出乎了老师的意料,也背离了文本本身所意图传达给学生的价值观。老师希望通过这篇课文教育孩子体谅和关爱妈妈,但有的孩子却认为给妈妈提水太重了,自己提不动。可以给妈妈唱歌,让妈妈开心。从儿童的生活经验去审视这一回答,我们很难说这种回答就不具有一定的合理性,只能说这种回答不同于课程文本的编制者的意图和教师的教育目的而已。课程文本所蕴含的社会价值观的有效传递,最终的成果表现在学生身上。但课程文本蕴含的价值不过是一个静态的文本,学生能不能接受、愿不愿意接受、在何等程度上接受这些价值观,这是一个问题。诚如威尔逊所说:"教科书各种主题出现的频率,有时并不能正确反映儿童们一般所持有的价值观念,出现频率高表示是成人认为重要的价值观念,但就儿童们受教育的成果来说,频率统计表不过是儿童接触这种价值观念的统计次数而已。价值观念教育的启示,则唯有检视儿童生活的各个层次后,始能得知。"[①]这一认识在我们对教师的访谈中也得到了进一步的证实。

"现在的教材,编的比较好,每一单元都有一个主题,比如"诚实",整个单元的内容都是围绕这个主题给学生一种正向、积极的引导。但对学生而言,这实际上是一个积累的过程。比如,《上天的蚂蚁》这篇课文,讲的是蚂蚁虽然身体小,但它非常的自信,它要爬上通天树。老爷爷先告诉巨人,巨人说它不行,小蚂蚁说它行,结尾也没有说小蚂蚁是不是爬上去了,教育孩子要像小蚂蚁一样,虽然身体小,但是它充满了自信,而且它能够朝着自己的目标不断地努力。孩子们通过朗读,老师的启发,他们之间小组的讨论,最后都能总结升华出来这个道理,愿意做充满自信、不断努力的小蚂蚁。但是,你说通过这么一节课,就一定能够培养出孩子的自信心吗?所以说,课堂教学中通过教学内容给学生的教

---

① 朱云汉,丁庭宇.中国儿童眼中的政治[M].台北:桂冠图书公司,1981,127.

育,还要结合生活,反复地教育。"

在与这位老师的交流中,教师谈到了课程文本的价值观引导中两个极为重要的问题。一个是课程文本所蕴含的社会价值观的形成是一个长期积累的、潜移默化的生成过程,因此需要教师反复教育。再有,学生对于课程文本所蕴含的价值意蕴的理解、选择与接受是与学生的个体经验相关的,因此,应当与学生的生活实践相结合。事实上,在现实的课堂场域中,通过与学生生活经验的相关联,可以使学生更好地理解课程文本的价值内涵,从而帮助学生形成积极、正向的社会价值观。

感恩——在"护蛋"活动中演绎①

2007年的"母亲节"前夕,我在品德课上设计了这样一个话题:让孩子们夸夸自己的妈妈。出人意料地是主动举手发言的人居然很少,有的孩子即使站起来"夸",也不过是说妈妈做饭、搞卫生、盖被子非常辛苦等。甚至有少数学生还觉得妈妈平时对自己的种种付出都是理所当然的。我不禁有些疑惑了:究竟是学生不肯夸,还是不会夸?仔细询问了几个学生后,我终于明白了:孩子们缺少的不是语言,而是一颗感恩之心。

思品课虽然结束了,但学生的表现却引起了我更多的思考:最近为什么越来越多的家长反映孩子自私冷漠,很多孩子只懂索取,不懂奉献?确实,独生子女教育是个问题,我们的父母在付出、奉献爱的同时,是否想到向孩子索取爱?孩子在得到爱的同时,是否想到回报爱?是否心存感激?试问:一个没有爱心、没有同情心和感恩的心的孩子,长大后在社会上如何生存?如何为社会作贡献?"感恩"是一种生活态度,是一种品德,如果人与人之间缺乏感恩之心,必然会导致人际关系的冷淡,所以,每个人都应该学会"感恩",这对于现在的孩子来说尤其重要。

在感叹的同时,我很焦虑。怎么办呢?我知道空洞的一通通大道理的轮番"轰炸",肯定很难打动这群家境不错,处处以自我为中心的"小公主"、"小皇帝"的心,惟有让他们设身处地地去体验,才能唤醒他们沉睡的爱心。于是,我决定在班上开展一次"感恩"体验活动。

还有一个星期就是"母亲节"了,我们的感恩活动——"护蛋行动"拉开了帷

---

① 案例提供:成都师范附属小学刘玲老师。

幕。在"护蛋活动"中,孩子们不仅要担当起爸爸妈妈的责任,还要用他们稚嫩的笔头记录下护蛋的过程,我想,整个过程是辛苦的,也是幸福的,因为他们将继续学会感恩。

4月30日,我用了语文课的时间,举行了一个"启动仪式"——

"同学们,你们想不想有自己的小宝宝?"

下面学生一阵大笑,嘀咕道:我们这么小,怎么会有自己的小宝宝?

"'五一'长假期间你们每人都要领养一个宝宝了!"我又故作神秘地一笑。

啊?学生面面相觑。"不过咱们要养的是——蛋宝宝!你们每人在家里选领一个生鸡蛋当宝宝,你们就是蛋爸爸、蛋妈妈了!从明天起,除了睡觉,每人要"蛋不离身"地精心"护蛋"一星期,体验一下保管一只小小鸡蛋的滋味,从而更好地体会父母把自己一点一点养大的艰辛。如果一周内鸡蛋完好无损,将会得到一份特别的礼物。

细心的小海提出了自己的想法:用什么方法才能保护好自己的蛋宝宝呢?孩子们一听,议论纷纷:有的说在蛋宝宝外包几张柔软的餐巾纸;有的说用塑料袋将蛋宝宝包起来;有的说将蛋宝宝放在抽屉里……听着孩子们七嘴八舌的讨论声,看着他们张张的笑脸,我也暗暗地祝福他们能成功,面对孩子们的答案,我决定让他们自己去体验和感受。因为爱是体验到的,不是认识到的。光有认识,没有体验,不可能产生真爱。大多数孩子缺乏关爱他人的实践和体验,只知道被爱,不知道回报,而针对蛋宝宝可爱而娇嫩,稍有不慎便会摔破的这一情况,让孩子们在家长的帮助下选择了自己喜欢的保护方式。

就这样,毫不起眼的鸡蛋在我们班顿时身价倍增,孩子们都亲切地称之为"蛋BABY"。

活动的第二天早上,我刚跨进教室,一位学生就迫不及待地告诉我:"老师,小正的蛋宝宝牺牲了!""啊?想不到他的蛋宝宝生命如此短暂!"我的话音刚落,四周就想起了学生们的声音:"唉,真是个马大哈!""另外的同学可要小心护蛋哦!""看来,真得小心才是啊!"……这时,小正红着脸走到我的跟前,懊恼地说:"唉,没想到保护蛋宝宝会那么不容易!真累呀!"我知道小正是个马大哈,平时总喜欢蹦蹦跳跳、推推搡搡的,难怪会失败。"起初,我也以为这个活动并没有什么难处,不就是在袋袋里放一个鸡蛋吗,挺好玩的,因此,一大早我就向妈妈夸下了海口。谁知,当正式护蛋开始的时候,我就知道我的想法错了。"胖胖的小天也凑过来发表自己的感受了,"由于袋子里多了一位小宝宝,活动时就得处处小心,跳跃运动时不敢跳得太高,腹背运动时不敢蹲的太低,玩耍时,我都是那么的小心翼翼。上下楼梯时由于人多又挤的,我只好一手紧紧地握着蛋,另一只手前后护着身体,脚步踩得实实的,生怕别人来撞我,生怕自己不小心而摔倒,真是步步为营啊!护蛋难啊!"

我笑着摸了摸小正的头,对全班同学说道:"你看你才守一天就守不住了,假如妈妈像你一样,每天蹦蹦跳跳,你一生出来就会这边青一块,那边紫一块。一只鸡蛋,你们仅仅保护一天,就觉得累了,爸爸妈妈保护你们长大成人,所付出的精力和耐心就可想而知了。"教室里顿时安静下来,看着大家若有所思的样子,心里真是倍感欣慰。

在以后的几天中,孩子们小心翼翼地呵护着"蛋宝宝"。他们每天都会利用早会课交流自己护蛋的感受。活泼大方的可昕感慨地说:"别看鸡蛋小,却也是有生命的,我们一定要细细呵护它,保护它,它才能完好无损,就如当初妈妈保护肚中的胎儿一样,否则我们怎么会健康快乐地成长呢。"内向细心的小宇表示赞同:"有喜有忧,有笑有泪,这就是护蛋的乐趣,它更让我懂得了要学会爱,学会珍惜,学会感激。"……听到孩子们发自内心的感言,作为老师的我不由得激动起来,适时引导孩子:"是呀,从一个小生命诞生那天起,父亲更加奔波忙碌,母亲更加无私奉献,爱,早已融入我们的生命,可我们常常感觉不到,更别说心怀感激。体验了一回做母亲的感受,我们才发现,这一份份不张扬的爱,是那么深厚,那么刻骨铭心,也许我们未来的路还很长,也许它充满了荆棘和坎坷,可是总会有个人给我们引路,给我们扶持,那便是母亲!"

的确,孩子们真的长大了许多。以后的日子里,不少家长向我反映,"孩子在家时会主动做一些力所能及的事了"、"孩子勤快多了"、"开始和我们愉快地聊天了"、"不再嫌我烦人了"……

一周后,孩子们交上来的"护蛋经历"让我又真切地感受到了一颗颗细腻而纯洁的心。我从孩子们的眼中读出感恩,读出了责任。

学生日记:

"这几天,可真够难熬的,既不敢踢毽子,更不敢跳牛皮筋,连弯下腰系鞋带、捡东西都得小心翼翼,真没想到呵护一个蛋竟如此艰难……"(霞珂)

"我很想当好蛋妈妈,对这个鸡蛋BABY爱护有加。中午去小卖部时,我再也不敢像以前那样跑步前进了,生怕鸡蛋从口袋里蹦出来碎了,我慢行到商店,排队付钱时还有意和前面的人保持距离,并把手伸进口袋保护鸡蛋,不让别人有机会'侵犯'到我的孩子。"(月月)

"早上,我高高兴兴带着鸡蛋来到学校。突然,'嘎'的一声,我连忙掏出鸡蛋,左看右看,幸好没破,吓死我了。我又小心地把鸡蛋轻轻放在衣服里面的口袋里……"(小宇)

下午两点,我带着"蛋宝宝"到体育馆学打羽毛球……一场练习下来,我累得气喘吁吁,一屁股坐到了椅子上。咦?屁股上怎么黏糊糊的?糟了,我的宝贝!……"啊! 我的小宝贝,你怎么死了?!"在场的人捧腹大笑,只有我一个人哭泣着……(典典)

"今天是保管鸡蛋的第三天。中午,我和一个同学玩得得意忘形,全然忘记了身上还有一个鸡蛋,随着我一个大幅度的转身,只见鸡蛋如一颗石头,飞速而下,直冲地面,随着'啪'的一声,鸡蛋顿时'粉身碎骨',看着'血肉模糊'的鸡蛋BABY,我内疚后悔极了。事后想想,父母把我从小拉扯大真不容易,如果他们像我一样不小心,我非像这个鸡蛋不可。"(明曦)

"终于挨过了四天,看着那小巧而又光滑的小鸡蛋,我不由偷偷一乐,'咔嚓',啊,好熟悉的声音呀! 扭头一看,原来是坐在我旁边的男生的鸡蛋不幸碎了。'啊,我的小鸡蛋,我可怜的小鸡蛋,好不容易坚持了四天,今天却……'那男生既懊恼又伤心,急得都快掉眼泪了。"(柳儿)

"鸡蛋,放在口袋里都会碎,更别说父母将我们带大是多么不容易。他们把我们从一个幼小的生命慢慢地抱啊抱、抱成了一个十三四岁的小大人,这其中的艰辛,他们自己扛着,给我们的总是最美好的。"(月阳)

……

在这则教育案例中,教师结合思想品德课关于感恩为主题的教学中所暴露出的学生不懂得感恩的问题,通过组织学生开展"护蛋行动",让学生体验父母的辛劳和不易,从而学会感恩。活动之后,学生记录下了他们的活动感言。在学生的表达中,分明可以读出学生的成长和进步。

此外,在调查与访谈的过程中,我们还了解到一个体现于课程学习但根源于更广泛的社会和教育原因的学生社会性发展问题:作为专门的、系统的关注学生社会性发展的学科,虽然社会课、品德课是学生社会性生成的重要途径,但在现实的课堂中却常常被边缘化。这种现象竟然普遍地存在于不同地区、不同水平的学校中。以下是与教师访谈中的记录：

"说起社会课,我知道像这种副科,基本上很多学校都不会正儿八经地去上的。像我们学校,品德课,一学期能上两三节课？我们那些孩子连品德课讲了些什么都不知道。这种课没有专任的老师来讲,都是高年级担任单科的老师来教。这种情况非常的普遍。所以,我有时候都和我们领导讲,给我们孩子好好地讲讲,别整天看碟、出去玩,总是糊弄,结果把孩子都耽误了。孩子整天就知道语文、数学,其他的什么也不懂。"

"如果有一个负责的品德课老师或者社会课老师的话,孩子应该能够学到很多很多东西。但现在专职老师很少。像那些市规范化学校可能会有专职老师,像我们这些普通学校,很少。"

在两位高年级学生的语言表述中,我们听到了孩子同样的心声：

"应该多组织些课余的活动,不应该把只有学习,只有分数的概念深埋于我们的脑海中。虽然现在是考分决定一切,但是长大以后工作了可不只是凭分的,所以应该注重全面发展,比如：社交、爱心、诚实、守信等,都是我们应该从小锻炼的！"

"我觉得,思想品德课要贴近生活,思想品德课在我印象中几乎没上过几节。而且,思想品德课在我心中的意思是语文课。我真希望我们的主科老师不要总占用其他课！比如思想品德课,我们大多数就是上语文课,这学期只上过两三节。虽然老师占课是为我们好,但是学生应该全面发展！"

以上师生所反映出的这一问题或许远远超出了课程文本学习的意义,它是一个有待解决的教育问题甚至社会问题。但是,从学校角度,给学生的社会课和思想品德课的学习占一定的空间,让学生获得更加专门、系统的学习和思考；从课堂教学的角度,让这种社会性品质的系统的学习更加贴近学生生活,使学生在社会生活中去体验和感悟,这或许是我们的学校、我们的教师所能够做到的。

5. 课堂纪律的强制规约与自主协商

为了维持课堂秩序,协调学生的行为,以实现课堂教学目标的顺利实现,必然要求学生共同遵守课堂规范与制度。而事实上,好的课堂的规范与制度绝不仅仅是对课堂秩序的维持,它更是培养学生自律精神、实现学生社会性生成的重要条件。在课堂场域中,规范与制度对于学生社会性生成的影响表现在两个方面:一是通过课堂纪律中一系列"法"的体系约束学生,使学生通过课堂纪律的规约逐渐形成遵守社会规范的意识;二是通过师生与生生之间良好的互动与协商,使学生在自主建构和执行课堂制度的过程中促进自律精神的生成。如果说前者是通过课堂场域中成文与不成文的硬性规则与规范对学生的规训与管理,那么,后者则是师生与生生之间在平等交往与自主协商的过程中的自我管理和社会主体的自主生成。

规约与自主,仿若课堂场域制度规范的两极,学生社会性的生成正是在这两者的交织互动、协调统一中实现的。那么,在实际的课堂中,这种规约与自主是如何呈现的呢?以下是发生在课堂上的两个镜头:

镜头一

期末的语文复习课,老师给学生纠正完了上节课的试卷习题后,随即布置了当天的作业。剩下20分钟左右的时间,留给学生完成刚刚发下去的练习卷,而老师则坐在前面批改作业。刚开始教室里很安静,学生忙着做老师发给的试卷。大约过了十多分钟,有些孩子开始坐不住了,同桌或前后位开始有小声说话的现象。这种现象逐渐扩散,班里蠢蠢欲动的孩子、小声嘀咕的孩子越来越多,整个教室乱哄哄的,还偶尔会听到某个孩子冒出的刺耳的声音。这时,老师抬起头,对着全班同学讲:"说什么呢!做卷子要用嘴吗?"哄乱的声音停顿了一两分钟又开始恢复。老师温和的态度仿佛并没有给学生带来足够的警示。学生的声音如故。老师又批改了一会作业,忽然站了起来:"我看谁在那里说话?愿意说出去说!"语调明显比前次提高了很多,表情也一脸的严肃。很明显,老师是真的生气了。刚才乱哄哄的教室气氛忽然凝固住了,课堂立刻安静了下来。学生们低下头,赶快忙自己的事情了。

镜头二

上课铃响起,教师因为有事还没有到教室。学生们左顾右盼,开始坐不住了。有的学生前后左右凑堆儿聊起了天;有的学生干脆站了起来,和同伴打闹做鬼脸;还有的学生则拿出上节课的作业本,抓紧时间做作业。一会儿,老师来到教室,看到一幅乱哄哄的场面,非常生气,"你们一点自觉性都没有,老师没来,不会自己先看书吗?哪些人违反纪律的,站起来!"那些调皮的学生在同伴的指点中灰溜溜地站了起来,接着,便是老师的一顿训斥……

这或许是小学课堂我们并不陌生的两个场景。在"镜头一"中,面对学生的私语和哄吵,教师先用温和的方式加以制止。但学生似乎习惯了教师的严厉管制和训斥,对于教师的温和管束并不能引起学生的反思与自律,继续自己的违规行为。而教师面对温和管束的失败,则拿出身份的"先赋权威",给学生以严厉的训斥。我们看到,这种权威式的训斥确实达到了预期的效果,"课堂立刻安静了下来。学生们低下头,赶快忙自己的事情了。""镜头二"中的情景也是如出一辙,课堂上,面对教师的缺场,一些学生仿佛获得了放任自己的机会,纷纷说笑打闹起来,完全没有考虑到课堂的规范和纪律。学生心目中的课堂纪律似乎与教师直接相关。也即是说,教师即代表着规范与纪律,教师不在,规范纪律也就不存在。所以,当教师回到教室,课堂便回复了安静,而那些违纪的学生,则"灰溜溜地站起来",接受"老师的一顿训斥"。在这两个镜头中,学生的自律意识的缺失和教师严厉的规训控制使得课堂完全呈现出一种被动管束、压制的氛围。学生与教师仿佛在控制与反控制博弈中的两极,只是这种对抗与冲突并非指向于学生的发展,而仅仅成为以规训学生的方式维持课堂秩序的途径。

事实上,在小学课堂,尤其是低年级的课堂教学中,学生的违反纪律往往并非一种主观的故意行为,而是由年龄特征造成的自控能力较低的原因。老师的要求与学生的自控能力之间有着明显的差距。以"端坐"为例,老师的要求是"坐如钟",双臂互抱,端放胸前,不要东倒西歪,最好能坚持 40 分钟。而对于一年级的学生来说,大多数孩子只能保持这种标准坐姿 5 分钟左右,只要老师稍稍放松控制,课堂上的坐姿便开始千姿百态。老师的不断提醒和奖励措施可以使他们有所收敛,但往往是短时效应,几分钟后一切重演。在与一位老师的访谈中,我们也听到了同样的观点:

"我们的规范比较灵活,不会很死地要求,但是最终指向是不能影响整个课堂教学。因为小孩子本来就是管不住自己。其实孩子们对纪律基本上是认同的,他们都知道自己应该遵守纪律。不遵守不是因为不认同,和孩子的年龄特征有关。小孩子好动、兴奋、注意力持续时间短,所以本来就不可能很好地自始至终管住自己。"

与这位教师的访谈不仅佐证了我们所观察到的新生自控能力较低所带来的课堂违规问题。更重要的是,在这位教师的陈述中,透露出教师对于课堂规范的理解和定位。在这位教师看来,课堂规范的"最终指向是不能影响整个课堂教学"。在访谈与问卷调查中,我们也发现,许多教师更为看重课堂规范对于维持课堂教学的作用,而对于学生社会性发展,特别是作为社会主体的自主参与、自我管理能力发展的价值,却相对忽视了。正是在这种观念的驱动下,课堂规范便仅仅成为防止学生越轨的工具,于是规范更多地赋予了约束、限制的意义。英国学者阿伊扎·巴林将自由分为"消极的自由"和"积极的自由"两种。① 他认为,"消极的自由关系到的是一个不受他人干涉,自己想干什么就干什么的范围;而积极的自由关系到的则是对别人干这干那进行命令、干涉的根据"。日本教育社会学家片冈德雄认为,在学校和课堂中,学生的"消极自由"往往被剥夺。学生紧紧地为纪律所束缚,形成了一种"纪律即约束"的状况。而这种过度的外部约束与控制,很可能带来学生社会性发展的问题:或者在规约下丧失自我的主体性,沦为权威的奴役;或者对校规和学习纪律发生反感,成为群体中的掉队者和越轨者。

当然,并非所有的规范都仅仅是对学生的规约与束缚。随着学生年级的增高,教师会有意识地让学生参与到课堂制度规范的制定中,使学生获得一定的自主权限。

"如果新接的是一个中高年级的班级,我通常会根据经验对班级的发展有所期待,制定制度,试行一学期,然后根据孩子的具体情况与他们一起进行不断调整。我会让学生参与制度的修改,听取学生的意见。如果学生有修改意见要提出,我会要求他首先要说出理由,然后需要大多数同学的认同。当然,是否真正修改最终决定权还是由我来决定。因为作为老师,我毕竟是引导者。"

从这位教师的访谈中可以看出,课堂的制度与规范并不是教师主观的决定,往往会听取学生的合理意见,与学生共同商定。当然,这种共同商定最终决定权则是由教师来决定。应该说,教师赋予学生自主权的有限性也是符合学生的心理特点和年龄特征的。事实上,这种学生自主参与制定的制度和规范,既充分尊重了学生的自主权,也充分发掘了学生自我管理的潜质,往往会收获更好的课堂效果。

---

① 巴林是英国现代著名的政治哲学家。1958年发表了《自由的二种概念》一文,主张要超越"消极的自由",即抗拒别人把意志强加给自己的自由。他提出一方面要尊重个性和人的认识、世界观方面的多元价值,另一方面要强调选择的责任,在当时引起了很大的反响。参见片冈德雄.班级社会学[M].北京:北京教育出版社,1993,203.

爱护图书你我他①

自从升入三年级以来,孩子们的书籍阅读量有了很大的增加,以前我班图书角的藏书量已经不能满足孩子们的需要。于是,我和家委会商量后,试用班费和家委会的家长自愿赞助经费,为孩子们添购了大量书籍充实图书角。对此,孩子们很是喜欢,每天课余时间图书角前总是挤满找书看书的孩子们。

但是,随着时间的推移,新的问题出现了:没过多久,我在一次清点图书角藏书时,发现部分新添购不久的图书,已经残破不堪。在三年级以前,这种情况尚可勉强接受,毕竟孩子年龄还小。但是,现在孩子们已经升入三年级了,已经有了初步的思考能力和行为能力,但上述现象不但没有减缓,反而愈发严重,因此,有必要认真对待此事了。

首先,我需要找准病根,这样才能对症下药,以期达到既治标,又治本的办法。为此,我专门用了一周的课余休息时间,在班级教室的门外的走廊上,悄悄暗中观察图书角的情况,结果发现了图书是这样损坏的:

1. 很多孩子在翻阅图书时,因多人同时想看一本书,导致发生争抢,把书撕破了,造成大量图书损坏:以一次课间休息期间为例,三位同学为争先阅读一本新书,面红耳赤地吵闹争抢,其他同学要么袖手旁观,要么劝也没人听。在教室外观察的我,甚至清楚地听到了他们争吵的声音,看他们争得太厉害,我不得不现身制止,建议他们三人在此后每次课间休息时间轮流阅读,这才暂时平息了风波。而这本书经过这场争抢,封面当即就被撕破了——在我一周的观察中,大量的图书就在这样的争抢中被损坏。

2. 而对于残破的图书,则是根本无人关心,任其随着借阅人数增多,破损情况越来越严重。

根据我观察到的现象分析出造成上述问题背后的原因如下:

1. 刚升入三年级不久的孩子,处在公共道德和社会责任意识形成的最初萌芽阶段,孩子们还不懂得"公共资源,需要与他人分享"道理,这种分享公共资源的意识,某种程度上是其成人后形成良好社会责任感和公共道德的雏型阶段。孩子们看到喜欢的书,无意识地只顾自己阅读,几乎不考虑其他同学的需要,充分说明他们现在完全没有任何"分享意识",因此启发孩子们的"分享意识"是解

---

① 案例提供:成都师范附属小学孙琳老师。

决问题的根源。但矛盾在于,一方面,孩子们尚在三年级,靠说教还不可能懂得上述道理,但如果因此放弃对孩子们"分享意识"的培养,对这种现象放任不管,那么孩子长大后,很容易变成一个自私自利的人。因此,在这种分享意识模糊形成的阶段,需要探求一种孩子们能够理解、并乐于接受的启发方式,这是解决问题的内因。

2. 图书角缺乏一套有效的管理制度,这套制度的目标是约束孩子爱护图书、按时归还图书,这是解决问题的外因。

综上所述,我考虑从内、外两个方面入手解决班上的现有问题。

地震过后,很多灾区的孩子失去了家园,失去了学校。孩子们很关心他们的情况,于是我开展了"为灾区小朋友送温暖"的活动,学生纷纷捐出自己的图书和文具等,并在周末由家长带领把这些捐赠的东西送到了灾区小朋友的手里。后来专门用了一节班会课让孩子们讲述了在灾区的感受。一个孩子说他在灾区看到了临时的学校,心里很不是滋味,想用自己的力量帮助那些同学,可是自己的力量很有限,所以很难过。还有个孩子说在灾区捐赠书时,拿到书的孩子眼睛露出了久违的笑容,他和那个同学一起读了他最爱的书,他很快乐。还有一个孩子深情地道:"在我拿出图书和文具那一刻,我有些不舍,这些都是我最喜欢的东西,但是当我看到他们比我更需要它们的时候,我毫不犹豫地送给了他们。看到他们激动的泪水,我懂得了分享的重要和快乐。"在活动中孩子们体会到了分享,特别是在别人有需要的时候愿意主动地把自己的东西与人分享,这点在活动中学生体会尤深。借此机会我提出了一个问题,你愿意和灾区那些不认识的小朋友分享你喜欢的东西,为什么不能和班级的同学分享一本图书?孩子们沉默,随后我打开书柜让学生自己仔细观察他们下课时最喜欢的角落的样子。告诉他们,我们班的书籍成现在这个样子,不是你们不喜欢,而是你们不懂得分享,导致书本残缺。然后让他们通过一两句写写自己的想法。有的孩子承认自己有扯破书的事情,觉得自己不该不和同学分享,有的孩子反映应该有人管理图书,有的孩子觉得书应该重新装订摆放整齐等等,孩子的情绪高涨,好像一下子意识到了自己是班级的主人,应该尽主人的义务。于是在讨论声中,学生懂得了爱看书是好事,但是能和人分享才能体会读书的乐趣。他们意识到了自己的行为后,决定制定自己班级图书管理的制度来保护图书角的书本。在小干部的带领下,学生们自己详细地罗列了管理细则,小干部们再把相同的细则归纳总结,制定了班级的图书管理条例。最后还决定每周由一个组的孩子做借书监管。

第二天一进教室,我发现书柜的外面已经贴上了一张制作精美的借书规则,并且发现很多孩子自己制作了一张借书卡片。最让人吃惊的是,几个小干部还在图书柜里设立了一个篮子,篮子外面贴着几个字"图书美容院"。他们把撕破的书放在里面,等待借书的孩子在借阅的同时拿一本书去修补,让他们从修补中懂得爱护书籍。这一制度一实行,图书角立刻变得井然有序,书的价值在这里得到了真正的体现。

在这则案例中,班级图书的损坏,一方面是由于学生的自私争抢,缺乏分享意识;另一方面则是由于缺少一套班级图书的管理规则。教师在深入分析问题根源的基础上,抓住班级活动的契机进行适时引导。首先从观念上使学生懂得与人分享的快乐与价值。在此基础上,教师又将思想教育延伸到行为习惯和班级规范的教育,通过激发学生保护图书的意愿,使学生自发地制定图书阅读制度,让每个学生都参与到班级规范的管理中来,通过自己制定的制度规范和约束自我。这则案例也给我们理解课堂制度和规范以重要的启示。事实上,学生的自主管理能力并非天然的表现出来的,他需要教师创设条件并适时的引导。而这种自主规约的能力一旦被激发,无论对于学生社会性的发展,还是对于课堂良好秩序的营造都将是持续有益的。

既然课堂场域中的制度与规范对学生社会性生成的影响是通过外部规约与自主管理相交织的方式实现的,那么,课堂教学中,教师又是如何通过这种规约与自主的相统一,促进学生社会性的发展的?在现实考察的过程中,我们发现,小学阶段由于学生年龄特征的明显差异,在课堂秩序方面面临的问题在方式和程度上会有所区别。教师美国学者布罗费和艾弗森将学生在课堂管理方面的特点和问题依照年级高低划分为四个阶段。① 其中,前三个阶段分别体现的是小学低、中、高年级学生的特点。具体表现特征如下:

低年级:小学生刚入学,开始学习学生角色的基本技能。他们大都把成人视为权威,愿意听大人的话,从取悦老师中获得满足,得不到老师注意或喜欢就

---

① Brophy J, Evertson C. Context variables in teaching[J]. Educational Psychologist, 1978(12):310-316.

闷闷不乐。他们需要老师的指示、鼓励、安抚、协助和注意。虽然课堂教学秩序不易维持,但严重的问题行为尚不多见。

中年级:这个阶段的儿童已经学会学生角色,但大多数仍停留在成人取向,颇为听话,他们已经习惯学校的纪律和例行事物,因此,课堂秩序比低年级容易维持,而严重的行为也还少见,教师已经不需要像低年级一样耗费许多时间去维持课堂秩序,可以将注意力集中于教学过程中。

高年级:这一阶段,越来越多的学生从取悦老师转向取悦同学。他们开始讨厌权威式的老师,有少数学生的行为问题严重,越来越难以管教。课堂管理再度成为教师一项吃力的工作。与第一阶段相比,教师的主要问题在于如何激发学生做出他们早已了解的良好行为,而不是像低年级一样,告诉学生该如何去做。

正是由于学生年龄特征所带来的社会性发展水平和表现方式的差异,教师在课堂场域中运用课堂规范对学生社会规约与自律意识的引导也表现出明显的年段差异。在与一位低年级老师的访谈中,老师如是和我说:

"低段孩子的社会性更多地是通过老师的训练和学校生活的不同来形成的,慢慢遵守学校常规的要求。你比如说,一年级的孩子刚入学什么都不会,老师就要告诉他,上课的时候你应该怎么样做;上课时间你的脚应该怎么样放;上自习的时候你应该怎么样;老师没来的时候你应该怎么样;回家之后你要先干什么再干什么;到了学校见到老师应该怎样做;在走廊上应该走哪边,不应该走哪边;都是这样,一点儿一点儿地教。到了一年级下学期这些规范就会少很多了。你经过一个学期之后再看孩子,就明显地守规矩多了。孩子自己就已经知道该怎样做了。"

从教师的交谈中可以了解到,小学生刚刚入学时处于对课堂规范的无知阶段,教师促进学生社会性生成的首要一环就是明确地告知学生各项规范,形成学生的角色意识,使学生明确地知道应该如何去遵守规范。而一个学期之后便会看到明显的收效——学生守规矩了。而学生守规矩的一个根本原因在于,经过一个阶段教师的教育和引导,学生知道该如何去做了。

那么,在学生经历了一个学期正面、直接的规范教导并基本懂得了课堂规范之后,课堂场域又会呈现为怎样的引导方式呢?以下是我们在二年级课堂观察的几个片段:

片段一

数学课上,老师组织学生小组合作后,示意大家坐好,老师进行讲解和总结。许多学生似乎意犹未尽,根本没有理会老师的要求,仍然你一言我一语地讨论着,有的学生则是聊起了闲话。"×××小组已经坐好了!"老师表扬一组已经讨论完成并不再说话的小组。"××小组的表现也很好!"老师继续寻找着班级纪律的榜样并予以肯定。老师的表扬引起了其他学生的注意,不一会儿,班级安静下来。

片段二

生:老师!我卷子找不到了……

师:×××,你又找不到东西了!……没有办法,这个你只能自己解决!我们的试卷、练习都是每人一份的。你总是今天丢这个我补给你了,明天丢那个我补给你了,这对于其他同学来说是不公平的,对于你自己来说也不是一件好事情。你总是不能养成好习惯。所以今天这件事情你要自己解决。知道了吗?

生:(生点点头)

片段三

(这是12月24日,即圣诞节前一日课堂的一个片段,上午第一节的语文复习课,老师在上课初与学生的对话)

师:咱们今天来一个约定,如果你能够在今天放学以前,把我们在课上要求完成的任务都完成,要求改的试卷的错误都改完的话,那么,这样的同学,今天晚上王老师不留作业。

生:耶!(学生们一阵欢腾,表现出极为兴奋的样子)

师:因为今天晚上有的同学要和爸爸妈妈参加活动或者晚会,为了照顾大家快乐的心情,咱们今天不留作业。但是我刚才说的是有前提的,对不对?

生:对!

师:在什么情况下啊?

生:今天的任务都完成了,该改的错误都改完了!(学生们七嘴八舌,纷纷积极地回答)

师:对!所以今天晚上是否快乐,取决于今天一天自己的表现,这是需要自己去争取的。相信很多同学,老师也希望最好每一位同学都能争取到这样的机会。

以上三个片段体现了低年级教师运用课堂规范和制度培养学生的社会性品质时,常用的几种方法。在片段一中,教师对遵守规范的学生予以及时的表扬,通过同伴的榜样示范,引导学生遵守课堂规则和纪律。教师这样做有两方面的好处:一方面强化了被表扬学生的正确行为;另一方面给其他学生以示范的榜样。这种做法的实施正是基于低年级学生把教师视为权威,渴望得到教师的注意与表扬的心理。在片段二中,教师采用了自然惩罚的方式,对于这位找不到试卷,且常常丢三落四的孩子,教师并没有严厉的惩罚,也没有给他一份试卷重新来做,而是让学生自己想办法。实际上就是让学生自己去体会自己不合理行为的后果。从而在今后的行为中给自己以警示和提醒。从教师对这种教学方式的使用中可以看出,教师已经试图让学生从自我体验和自我反思中获得自我管理的意识和能力。在片段三中,因为平安夜很多学生可能会有聚会活动,所以教师与学生订立口头契约,如果学生在放学前完成课堂的学习任务,教师将不布置家庭作业,让学生平安夜可以玩得痛快。教师通过这样一种方式督促学生完成课堂的学习任务,而同时也强化了学生要为自己行为负责的意识。因为是否可以享受这种"待遇"取决于学生自己的表现,需要学生通过自己的课堂学习的努力来争取。

以上几个片段是对小学低段学生课堂规范和规则意识形成的实录与分析。基于低年级学生的年龄特征,课堂的制度和规范还主要处于由教师主宰的方式。而部分教师有意识地使学生获得对课堂规范制度的自我反思和自主体验,这对于学生未来自我管理意识和能力的形成具有重要的意义。

中年级,随着学生角色意识的形成,学生基本习惯了课堂的规范和纪律。这时教师又会怎样引导学生的规范意识和能力?以下是我们与一位中年级教师的访谈记录:

我:您能说说,学生在课堂上的规范意识是怎样逐渐形成的?

师:现在小学一般都提倡养成教育。很注重孩子日常行为习惯的养成。学校、家长都很重视。

我:那学生这种规范意识的养成是通过老师告诉学生?示范?还是其他什么方式呢?

师:一般都是老师告诉学生应该怎样做才是对的。

我:这样学生会接受吗?难道没有自己的想法吗?特别是五六年级的

孩子。

师：当然不能，他们会不断地违反各种规范，所以难免有一些惩罚啊。

我：也就是说，规范制度所起的作用主要还是一种监督、约束的作用。

师：是啊，孩子的自觉性比较差，监督、约束是必需的。

我：可我觉得，这只是一种制度的消极作用，这是必需的，但这是全部的吗？制度规范是否还有一种积极的作用，就是使学生形成自主规约的能力。

师：可能对成人可以，对孩子来说比较难。当然，老师会有很多激励措施来鼓励、表扬那些遵守规范的孩子。

我：哦，看来还是以对学生的引导鼓励和惩罚为主，是吗？

师：嗯，对大多数孩子是这样。

我：比如班级规范制度，他们会提出自己的意见吗？这些规范制度是老师制定的，还是师生共同制定的呢？

师：一般是班主任根据中小学生行为规范，结合自己班级情况制定的。高年级的学生有自己的看法，班级规范制度的制定会提出自己的意见了。不过一般也是班干部提。

我：通过学生对不合理的制度的质疑，自主地制定合理的制度，培养自主选择、批判能力。这也是社会性的一个重要的方面，积极的方面。

师：嗯，如果非常不合理的，中年级的孩子也会提了。

我：如果孩子提出质疑，老师会接受吗？

师：会的，现在我觉得大家都民主了很多。因为学生也在监督老师啊，他们可以通过家长把老师的不合理行为投诉到教育局等部门。当然，学生提出的意见要合理才行。事实上，现在的小孩子很会争取自己的权利的，不像我们那时只是一味地接受。比如，老师分配清洁任务时，我们班有一个女孩子觉得自己个子不高，擦黑板高的地方不太容易，就会主动跟老师提出能不能换成其他的任务。

中年级学生随着学生角色的逐渐形成，对于课堂规范已经不再需要更多的直接告知。而且，随着学生自主意识的增强，也逐渐具有了参与课堂规范制定的意识和能力。通过与这位中年级教师的访谈，使我们更多地了解中年级的课堂上，班级规范的实施情况。首先，教师将学生规范意识的形成看成是养成教育的结果。需要肯定的是，养成教育本身包含了对观念和行为的内化，这使得学生对规范的遵守成为一种习惯化的行为而不需要长期的外部规约和强化。这也说明随着学生年段的增高,教师对于规范制度的引导方式已经在发生着由外而内的转化和深入。其次,对于班级的规范和制度的制定,教师已经开始听取学生的意见。虽然主要是以班干部为主,并最终还是要以教师的制定为主。但是学生参与制定规范的转变,已经说明学生民主参与意识和能力的增强。再次,就学生的社会性发展水平来说,中年级学生已经具有了一定的自主意识,对于不合理的要求,学生会提出自己的意见,并争取自己的权利。

当然,访谈中所体现的教师对于课堂规范的观点和认识,也引发了我们进一步的反思。作为中年级的学生,教师仅仅把对于学生规范意识的培养定位于养成教育,在强调潜移默化、习惯成自然的同时,却遮蔽了制度规范所具有的更深层次的理性协商和自主建构的意义。正因为如此,教师将规范等同于对遵守规范的学生的鼓励和表扬,对自觉性差的学生的批评和惩罚。归根结底,制度还是成为外在的约束和监督学生的工具。这使得教师对于中年级学生的规范引导并没有从根本上超越低年级学生的规范意识和规范能力的生成特征。教师认为制度规范所具有的自主规约的价值对"成人可能可以,但对孩子来说比较难",但在笔者看来,制度的这种自主规约的价值之所以在现实的课堂实施中"比较难",并非源于学生不具备这种能力,而是因为大多数教师不具备这种意识。教师仍然习惯性地把学生看作被管制、被约束的对象,没有充分信任地发掘学生自我管理的潜能。在上述的教育案例中,三年级学生对于图书的自我管理正是来源于教师对于学生自我管理潜质的认可与激发。从某种意义上说,或许真正"比较难"的是从根本上改变教师的监督和控制意识。

高年级学生随着自我意识的增强,教师的权威地位逐渐弱化。于是便出现了老师们常说的"越来越难管教"的现象。那么,在高年级的课堂上,教师又是如何形成学生的规范意识的呢?以下的一个课堂实录片段和一个教育故事,或许会让我们更好地理解和体会。

案例一

上午两节课后,孩子们正在教室内外欢快地嬉闹着,在班级教室门口的地上躺着一张用过的餐巾纸。孩子们此时正玩得高兴,并没有一个人看到它。这时,班主任老师抱着一摞作业本走进教室,她走到这张纸的旁边,叫了一下就在旁边的一个学生,示意他把纸捡起来,可这个孩子却退后了一步并怯怯地说:

"不是我扔的!"旁边的孩子也都说:"不是我扔的!""不是我扔的!"……笑容顿时僵在了老师的脸上,停了片刻,只见老师走到窗台前把作业本放下,再转过身回到那张废纸边捡起废纸扔进垃圾筒,并微笑着对刚才的几个孩子说:"好了,捡起就干净了!"看着老师捡起了地上的纸,孩子也难为情地涨红了小脸。①

案例二

"小霸王"转变记②

记得一年前在五年级×班的新学期第一节科学课上,我们需要进行各组任务角色的分工——各组通过共同讨论、协商确定出组长、记录员、计时员、音量控制员和组员的角色。合作讨论任务一交代清楚,各组都有条不紊地全面行动起来。这时我欣赏到很多小组相当地自觉、可爱:他们有的小组通过举手表决来分配各种任务角色;有的小组由每个参与者自荐,先表态介绍自己想要负责什么角色;有的组织、协调能力强的孩子在这个过程中自然凸显出来,开始自然而然地给每个组员安排任务角色,尽量争取每个参与者的认同……小组合作讨论逐渐接近尾声,几乎全班都以静息的姿势在暗示我:他们已准备好介绍他们的角色分工情况,此时窗边角落还有一个小组,他们有的人背对我还在争论着。我便问道:"你们商量到什么程度了?"一个学生为难地说:"张××非要当组长不可,我们都不同意!"另一个学生说:"如果我们不让他当组长,他说他就要故意捣乱!?"张××不服气道:"我懂很多科学知识,他们都没有我懂得多,凭什么不选我当组长嘛?!""又不是知识多就能当组长呢!"又一个不服气的声音。我感觉到这个"小霸王"给大家带来的不快,于是做了个"安静"的手势,说:"这样吧,下课我们一起商量你们小组的角色分工吧!"下课后,我先请这个小组的其他成员了解张××的平时表现,并说服他们同意让张××试当组长一个月,如果我们发现他的确不团结同学,又不负责任的话,咱们再说服他多向别人学习如何当组长,大家表示能理解老师的意图,都同意帮助张××,把组长的角色让给张××锻炼。于是我再找张××单独谈话,了解他的想法和他的情绪变化,最终我们达成共识:咱们一起签一个"军令状"——试当一个月科学合作学习组长,做到团结小组的每一个同学,想办法通过共同努力完成老师或同学们布置

---

① 案例提供:北京海淀区中关村一小课题组。
② 案例提供:成都师范附属小学金娟老师。

的合作学习任务,尽一切力量为小组合作学习的顺利开展服务,为每个组员服好务,并给予别人力所能及的帮助等。张××的态度很坚决,签好"军令状"后,他扔下一句话走了,他是这样说的:"金老师,您看着吧!我会做得很好的。"果然,这学期整个一学期张××有了很大的改变,他们小组合作学习的效率也不错,他们小组的每一个孩子都是快快乐乐地参与着科学探究活动。这让我们领悟到小组内,师生间形成制度,每个人明确自己的责任,能有效地确保合作学习的顺利开展,并形成主体间的友好相处。更重要的是建立一套适合学生合作学习的可操作的制度。在具体、简明的制度面前才能真正实现主体之间的平等、互助,为真正的主体合作学习的发生奠定基础。

在第一个课堂片段的实录中,教师通过自己的示范作用给学生以感染和影响,与其说是一种行为示范,不如说是一种人格示范。对于高年级的学生,由于自我意识的增强,对于教师的说教和命令,往往会起到适得其反的效果。而在这个课堂片段中,面对学生公德意识和责任感的缺失,教师并没有强制学生捡起纸花,而是以自己的行为示范让学生感悟到行为的错误。这时,教师的身先示范与人格力量给予学生的自我反思和感悟,比说教的言语具有更好的效果。在第二个教育故事中,五年级的学生对于合作学习的分组各自具有自己的主张并发生了分歧。在这种情况下,教师并没有武断地加以裁决,而是与学生共同协商制定合作学习制度与约定。师生之间互相监督又彼此信任,学生在与教师、同伴制度规则的过程中强化了自我的主体性和责任感。

通过对课堂场域不同年段学生社会规范意识生成的现实考察,更好地把握了学生在课堂场域中的社会性生成。然而,需要指出的是,对于不同年段课堂学生社会规范意识的生成的分析,只是为了突出体现年龄段的典型特征。在现实的课堂场域中,不同年龄段教师所采用的教育方法并不是截然不同的。例如低年级教师所采用的师生制定契约的方式,在高年级的课堂上教师仍会运用。通过表扬和惩罚所实现的行为强化,在中高年级的课堂上也是时有呈现。同时,课堂教育管理方式方法的运用,与教师自身的教育理念和教育水平也有着很大的相关。但无论如何,有一点是可以达成共识的:随着学生自我意识的逐渐成熟,在良好的课堂管理机制的驱使下,学生就有可能形成自律的品性和自制的能力。而这种自律的品性与自制的能力,无疑是课堂教学促进学生发展的重要目标。

第三章

课堂场域学生社会性生成的理论分析

对课堂场域学生社会性生成的历史的溯源与跨学科的分析,为研究奠定了深厚的历史根基,并打开了广阔的学术视野。而实证考察与现状分析,又使得研究具有了丰富而鲜活的现实依据。在历史溯源和现实考察的基础上,本章将对课堂场域学生的社会性生成加以理论分析。通过对课堂场域学生社会性的表现形态、内在结构、生成机制和影响要素的分析,揭示在课堂场域中,如何通过课堂交往实现学生的社会性生成。

一、课堂场域学生社会性的表现形态

既然学生的交往是在课堂场域中实现的,那么,对学生社会性表现形态的分析就需要置于具体的课堂场域结构中加以把握。

(一) 课堂场域的"三重结构"

所谓课堂场域,是指在课堂学习和生活中,通过师生、生生之间以课程文本为中介、以课堂规范为保障、以群体文化为场境的课堂交往,从而实现以社会文化和社会关系的再生产为工具目的、以社会主体的生成和发展为终极目的的关系网络。[①] 通过这一概念的阐释和进一步分析,可以让我们更加清晰、准确地把握"课堂场域"内涵:首先,课堂场域是课堂学习和课堂生活的集合。这就使得对于课堂的理解打破了传统意义上的课堂教学这种非日常交往领域的局限,而是拓展至学生的课堂生活这一日常交往领域中。正是在这一意义上,课堂场域

---

① 关于"课堂场域"的内涵界定和要素特征分析,在本书的导言部分核心概念界定中已做详细论证,在此不做赘述。

成为一种"生活世界"。① 这种对课堂场域内涵的扩充,体现了对学生生命意义的关照。而学生社会性则是在课堂教学与课堂学习的交织互涉中的生成。其次,课堂场域是通过课堂交往实现社会再生产的关系共同体。因此,课堂交往是理解和审视课堂场域意义的根本视角。第三,课堂场域是由作为交往主体的师生、交往中介的课程文本、交往保障的课堂规范和交往情境的群体文化等要素构成。正是这些要素的相互交织,构成了课堂场域中的交往,并实现了学生的社会性生成。第四,场域是实现社会再生产的重要场所。课堂场域的社会再生产包括工具意义上的社会文化和社会关系的再生产,以及目的意义上的社会主体的生成和发展。

课堂场域并非单一结构的存在,而是多重关系并存并相互联结的结构网络。同时,在课堂场域的每一重关系中,都运行着自身的逻辑。布迪厄在对场域概念予以分析的过程中,就专门区分了场域与系统的不同特征。他认为,场域不同于系统,就在于它不是部分与整体的关系,而是场域与子场域的关系,因为"每一个子场域都具有自身的逻辑、规则和常规。"②那么,在课堂场域中,存在着怎样的子场域结构?一种交往视角的分析,又将给我们带来怎样的启示?在这里,德国哲学、社会学家哈贝马斯的交往行为理论,以及日本学者佐藤学对课堂学习关系的建构,分别从哲学、社会学和教学论视域,为课堂场域的结构划分提供了分析视角和理论依据。

哈贝马斯认为,交往行为是一个通过对话协商达成相互理解的过程。真理是人们在没有压力和制约的理想情境中进行交往沟通所达成的共识。人们在交往的过程中会追求一种平等而真诚的人际关系,而意义的理解则是对言语行为中包含的有效性要求的主体间认可。哈贝马斯认为,成功的交往都存在着下列三重关系:(1)与作为现存物的总体性的"外在世界"的关系;(2)与作为所有被规范化调整了的人际关系之总体性的"我们的社会世界"的关系;(3)与作为言说者意向经验之总体性的"特殊的内在世界"的关系。③ 与三重世界相对应,哈贝马斯基于普通语用学的分析,提出制约交往的三种"有效性要求"。第一个

---

① 参见导论部分"课堂场域"的概念分析。
② [法]皮埃尔·布迪厄,[美]华康德.实践与反思——反思社会学导引[M].李猛等译.北京:中央编译出版社,2004,142.
③ [德]哈贝马斯.交往与社会进化[M].张博树译.重庆:重庆出版社,1989,69.

是真实性要求,在认知式的交往过程中,用客观性态度反映关于外在自然的"那个"世界,并通过认知言语达成"事实之呈示"。第二个是正确性要求,在相互作用式的交往中,用遵从性态度反映关于社会的"我们的"世界,实现合法人际关系的建立。第三个是真诚性要求,在表达式的交往中,用表达性态度反映关于内在自然的"我的"世界,揭示言说者的主体性。①

为了实现交往行为向社会理论的过度,哈贝马斯提出了"生活世界"的概念。他认为,"生活世界"是促使"文化再生产"的场所和重要条件,包括三种不同的解释范式:(1)关于文化或符号系统方面的解释范式,"文化"指的是"知识储存",行动者内在的拥有和共享有关文化传统、价值、信仰、语言结构及其在互动过程中如何运用的知识库。它能够起到在生活世界传播、保存和更新文化知识的作用;(2)关于社会或社会制度方面的解释范式,"社会"指的是"合法秩序",它使行动者知道如何通过协调互动来满足社会整合与群体团结的需要;(3)关于个性人格或自我及其存在方面的解释范式,"个性"指的是"使一个主体在语言能力和行动能力方面具有权限"②,它是"生活世界"通过交往行动的社会化形成个人认同来满足个性成长的需求所必需的。即行动者理解人是什么,他应该如何行动。这三种解释范式满足了社会整合的三种需要:(1)通过交往理性所达成的理解服务于传播、保存和更新文化知识的功能;(2)交往行为协调了互动并且满足了社会整合和群体团结的需要;(3)交往行为还使得行为者社会化,满足了人格形成的需要。③

哈贝马斯关于三个世界——客观世界、社会世界和主观内在世界的划分,以及建立在此基础上的交往行为有效性的分析,特别是通过"生活世界"的概念将交往行为引入社会理论的意义阐释,对于我们理解课堂场域的学生交往提供了重要的分析视角和理论启示。作为"生活世界"的课堂场域,学生的课堂交往,同样面临着与客观世界、社会世界和主观内在世界的三种关系。正是在这三重关系的处理中,实现着社会文化和社会关系的再生产以及社会主体的生成。

如果说,哈贝马斯对于交往行为的分析,还只是一种基于社会问题的分析,

---

① [德]哈贝马斯.交往与社会进化[M].张博树译.重庆:重庆出版社,1989,70.
② [德]哈贝马斯.作为"意识形态"的技术与科学[M].李黎等译.上海:学林出版社,1999,189.
③ 同上,205-240.

那么日本学者佐藤学从三个维度对于课堂学习关系的重建,则是从教育学视角,为课堂场域的结构划分带来直接的佐证。佐藤学认为,学生的课堂学习存在着与客体、与他人和与自身的三种对话实践领域,并据此建立起三种实践模式:对客体关系与意义的认知性、文化性实践;构建课堂中人际关系的社会性、政治性实践,构建自身内部关系的伦理性、存在性实践。"[①]

哈贝马斯的交往理论和佐藤学关于课堂学习三维关系的建构为我们理解课堂场域的关系结构提供了重要启示。将这样一种视角引入课堂场域交往关系的分析,有利于我们更好地厘清课堂场域的多重结构关系。如前所述,本书从学生社会性生成的角度将课堂场域的结构要素归纳为:教师和学生、课程文本、课堂规范以及群体文化。基于这些要素所建立起来的不同形式的课堂交往,构筑起课堂场域多重结构关系,并在这些关系中实现着学生社会性的生成。作为课堂交往主体的学生,在以课程文本的对象性关系为基础的交往实践中,构筑起"课堂文化场";在以群体文化为交往场境的人际交往中,建构起"课堂社会场";在以课堂规范为交往保障的反思性交往中,构筑起"课堂伦理场"。正是在课堂场域这三重关系的交织互涉中,支撑起课堂场域内在的关系结构;使课堂场域在实现社会文化再生产、社会关系建构的同时,实现着学生作为社会主体的生成。

需要说明的是,课堂场域的三重结构关系的划分,是基于不同层面的课堂场域交往关系的理解。因此,在课堂场域中,这三重关系所构筑的课堂文化场、课堂社会场和课堂伦理场不是截然分开、互不相关的不同场域,而是基于同一场域内的不同关系所建立起来的相互关联的子场域。它们虽然各自具有内在的逻辑规则,但又交织在一起,共同构筑起课堂场域的关系结构,实现着课堂场域的再生产职能。

1. 课堂场域是以课程文本的对象性关系为基础的文化场域

知识传授和文化传承是课堂场域的基本功能。围绕这一功能,师生(包括生生)之间所展开的以课程文本为中介的课堂交往,构建起实现社会文化传承与学生价值观生成的课堂文化场。

在课堂文化场中,课程文本是实现场域功能的核心要素,课堂交往是一种"主—客—主"的交往实践活动。这种交往实践构成了课堂文化场中的两重关

[①] [日]佐藤学著.课程与教师[M].钟启泉译.北京:教育科学出版社,2003,328.

系：一是作为主体的学生或教师与课程文本的对象性关系；二是师生或生生为了理解课程文本而建构起来的主体间交往关系。师生、生生之间的交往是为了更好地理解和感悟课程文本，从而实现社会文化之于学生的传承与创新。因此，无论是课堂交往方式的选择还是课堂教学内容的安排，都是以课程文本的感悟和理解为目的而展开的。

课程文本是指由教材、教师和学生等因素共同构成的教学内容。它是社会主导价值观在课堂场域的文化载体。"一项知识无论对社会发展有何价值，无论在现存知识总体中处于何种地位，无论是否符合受教育者身心发展的需要，都要经过社会主导价值观的'过滤'，才能进入学校课程。当社会主导价值观适应发展趋势、知晓知识价值并理解受教育者身心发展需要时，进入学校课程的知识自然也就具备了相应的社会特征。"① 以往研究对于课程文本的社会功能探寻，大都强调课程所暗含的权力分配和社会控制功能，而文本中所蕴含的文化价值却在很大程度上没有得到充分的关注。对此，制度主义取向的课程研究，为我们回归课程的文本价值提供了新的分析视角和意义理解。制度主义课程理论认为，"在更为根本的社会变迁中公共教育如何发挥作用的问题，也就是如何把富有参与性的、平等的人类个体塑造成为基本的社会单位的问题"②，是当代教育的重要价值追求。正因为如此，课程文本内容的社会价值内涵便具有了特殊重要的发展意义，并理应予以关注。现代教育制度"及其设想中的目标建立在一个大文化的基础之上，它既创造了，同时又强调了共同的知识和共享的价值观念。教育为此提供了一个场所。教育除了它的社会分层功能之外，重心是在建立共通的文化认同"。③ 正是基于这种认识，课程便具有了使所有人都能够成为现代社会的参与者和公民的价值内涵。而且，这种课程作为现代公共教育体系的重要组成部分，"本质上是要塑造每一个个体，使其在理解自己的同时，也把他人当作既有自身利益又能够理性地对待自己的人。"④

从制度主义视角理解课堂文化场中的课程文本，可以赋予其更为积极的个

---

① 吴康宁.教育社会学[M].北京：人民教育出版社，1998，313.
② [美]莫林·T·哈里楠.教育社会学手册[M].傅松涛等译.上海：华东师范大学出版社，2004，248.
③ 同上，253.
④ 同上，254.

体和社会发展价值。课程文本作为一种社会文化的载体,体现着丰富而深刻的价值意蕴。这种价值意义蕴含于不同学科的文本内容中。语文学科对于工具性与人文性的统一的追求;数学学科强调生活经验中的社会价值感悟;思想品德课对于良好道德品质的倡导,都是课程文本价值意义的体现。2001年7月,在教育部制定颁布的《语文课程标准(实验稿)》中,一至六年级的语文课程总目标的前两条是:"(1)在语文学习过程中,培养爱国主义感情、社会主义道德品质,逐步形成积极的人生观和正确的价值观,提高文化品位和审美情趣。(2)认识中华文化的丰厚博大,吸收民族文化智慧。关心当代文化生活,尊重多样文化,吸取人类优秀文化的营养。"有研究者进一步就语文课程文本中所蕴含的价值取向做统计分析,提出我国小学语文课程文本中所蕴含的价值取向大体可以分为四大类:(1)个人的价值标准。包括诚实善良、聪明智慧、勤劳刻苦、专注认真、坚毅勇敢、立志敬业、自立自强、俭朴节约等;(2)个体与他人的价值标准。包括尊老敬幼、团结互助、亲孝友爱、合作分享、谦虚宽容等;(3)个体与国家、世界的价值标准。包括热爱祖国(爱家乡)、热爱中国共产党、无私奉献、民族团结、遵纪守法、国际理解等;(4)个体认知过程的价值标准。包括热爱科学(科学精神、科学态度、科学方法等)、客观辩证地看问题、实事求是的科学方法、辨别真伪、追求真理、尊重自然规律等。① 由此可以看出,小学语文课程文本所蕴含的价值取向正是一种积极的社会价值观的体现。如果说,语文学科本身的人文性特点决定了语文课程文本价值引导的必然性,那么数学学科则通过从数学学科文化的渗透来实现对学生价值引导的职能。裴娣娜教授将数学课程文化的内涵概括为三方面:审美体验、理性思考和实践创造。② 而学生的价值观正是在这种体验、思考和创造中实现的。重庆师范大学的黄翔教授关注数学活动经验,认为学生在数学课程的学习中,不仅是一种理性思维训练的过程;学生在经历、感受、体验、探索中,将数学问题转变为综合复杂的生活问题,从而获得对社会问题复杂性、多样性和变化性的认识。③ 香港大学数学教育专家梁贯成教授认为,从一种动态数学观的视角审视课堂教学中学生的数学学习,是一种基于

---

① 傅建明.我国小学语文教科书价值取向研究[D].上海:华东师范大学,2002.
② 裴娣娜.2007"海峡两岸数学课程与教学第三届学术研讨会"会议总结PPT,2007,5.
③ 黄翔.2007"海峡两岸数学课程与教学第三届学术研讨会"会议报告PPT,2007,5.

文化的建构过程。将数学视为人类历史文化中的一种创造性活动,那么,数学课程便不再仅仅是一门严谨的系统科学,而成为一门活生生的文化科学。① 文化的核心是一种价值观的彰显,因此,学生在对数学学科文化的感悟中必然会获得一种价值观的体验和引导,从而影响着学生价值观的生成和内化。在研究的现实考察中,数学老师也谈到,"在学方位时会涉及对孩子的爱国、爱家、爱校教育,学习时间单元时,会培养他们节约时间、有效利用时间的意识。计算会涉及对孩子认真、耐心的教育。"由此可见,尽管不同学科具有各不相同的文化特征,但都在学科的文化内涵中体现着一种价值观的引导。事实上,当课程文本成为社会文化的载体时,其中所蕴含的价值意蕴及其对学生的引导价值,便已经成为课程文本的题中应有之意。

如果说,课程文本以一种文化载体的方式为学生提供了一种价值引导,那么,师生和生生以课程文本作为中介的交往实践,则使这种价值引导转化为学生内在的价值观念。课堂文化场中的交往实践首先体现为学生与课程文本的对象性关系。课程文本作为一种价值载体,通过将社会主流文化和价值观转化为适合学生接受的方式,使学生在课堂文化场中通过教师的引导和自主感悟而习得这些文化。学生作为学习的主体与课程文本发生对象化作用,将课程文本所蕴含的文化价值主体化于学生的观念结构中。当然,学生对课程文本的价值内涵的内化,并不是简单的文化复制和价值灌输,更为重要的是学生会运用自己已有的价值判断对课程文本的内涵和意义做出自主解读、感悟和评价,形成个体独特的文本体验。学生与文本的对话本质是学生的价值观与文本价值的碰撞。在这样的碰撞过程中,学生对人生、社会加深理解和体验,有所感悟和思考,受到情感熏陶,获得思想启迪,享受审美乐趣,从而提高自身素养。事实上,当我们将课程作为一种文本加以解读时,正是突出强调了课程本身所蕴含的这种价值引导性和意义建构性。

同时,课堂文化场中的交往实践还包含着师生与生生主体间的交往关系。为了实现学生对于课程文本的理解和感悟,在课堂文化场中,围绕着学生与课程文本的对象性活动,便建立起师生和生生之间的交往关系。在这里,师生与生生的交往关系是以社会文化的传承和学生价值观的生成为目的的,正因为如

---

① 梁贯成.2007"海峡两岸数学课程与教学第三届学术研讨会"会议报告PPT,2007,5.

此,课堂文化场域中的交往不同于课堂社会场的人际交往,更多地体现为一种非日常交往状态下的师生和生生交往关系。师生交往主要表现为教师的启发引导和学生的自主体验。教师作为法定知识的代言人,在课堂文化场中享有不对称交往关系的合法性。通过对知识的选择、情境的创设、课堂的组织和学习的评价,将社会文化知识更好地传递给学生,并激发学生自主的感悟和理解。而生生交往则是一种协作关系,通过合作学习与同伴指导实现学生对于课程文本价值的经验分享和意义生成。总之,在课堂文化场中,师生(生生)间以课程文本的对象性关系为基础的交往实践,是以学生价值观的生成和内化为目的的交往活动。正是在师生与课程文本的交往实践关系中,实现了社会文化的传承和学生社会价值观的生成。

2. 课堂场域是以群体文化为交往场境的社会场域

如果说,以课程文本为交往中介的课堂文化场实现了社会文化的传承与创新。那么,在群体文化的交往场境下建立起来的课堂社会场,则促进了师生与生生间情感的维系和社会关系的建构。在课堂社会场中,学生在群体文化的场境下与师生发生着人际交往,因此,群体文化是实现课堂社会场运作的关键要素。在课堂社会场中,群体文化既是一种手段,也成为一种目的。围绕着群体文化所建立起来的人际交往是一种更为纯粹意义的交往,它构成了课堂社会场的最基本样态。

对于学生的课堂交往,存在着多种分类方法。本书从群体文化的背景下理解课堂社会场,揭示作为主体的学生如何通过社会场的交往促进个体社会性的生成和发展。从这一目的出发,根据交往主体的数量特征,可以将课堂社会场的交往方式划分为两种类型:个群间的交往和个体间的交往。个群交往是指学生与班级同辈群体的交往,这既包括学生与同辈群体在课堂场域中的非正式交往,也包括学生与整个班级群体的交往。学生与群体的交往是群体文化作用于学生,并接受学生对文化再生的反作用的过程。本书对于群体文化的分析主要是指班级群体文化,同时兼顾同辈交往中的非正式群体文化。通过群体文化与学生相互作用的过程,营造了班级的凝聚力和良好的交往氛围,也使学生获得对群体文化的认同和归属感。个体间交往是包括学生与教师的交往、学生与同伴的交往两种类型。个体间交往存在于课堂场域的正式与非正式交往中,通过师生交往中的和谐与冲突、生生交往中的合作与竞争,实现学生课堂人际关系的建构。

群体文化是课堂社会场发生作用的关键要素,是实现个群交往和个体间交往的重要场境。所谓班级群体文化,是作为社会群体的班级所有或部分成员共有的信念、价值观、态度的复合体。班级成员的言行倾向、班级人际环境、班级风气等为其主体标识,班级的墙报、黑板报、活动角及教室内外环境布置等则为物化反映。"[1]广义的群体文化主要包括三个层面,即物质层、制度层和精神层。狭义的群体文化则主要指精神层面的文化。精神文化是班级群体文化的核心层面,它是班级文化观念和群体氛围的集合,包括群体的思想意识和观念价值等,对于群体成员的思想和言行有着直接而深刻的影响。在本书中,作为课堂社会场交往场境的群体文化,主要是一种精神层面的文化,强调其作为一种班级文化氛围和价值观念对于学生课堂交往和社会关系建构的影响。

在课堂社会场中,作为交往场境的群体文化,无论是班级群体文化还是同辈非正式群体文化,都对于学生的社会性生成发挥着重要作用。学生在与群体的交往中,获得积极的社会情感体验,并发展个体的社会交往能力。班级群体文化是师生双方在共同的交往过程中形成的。它是群体成员价值观念与行为方式在课堂社会场中相互作用的物化体现,是群体成员主体性的凝聚。班级群体文化一旦形成,就会形成一种强大的情感氛围和凝聚力,从而对群体成员发挥着潜移默化的持续影响:群体文化中共同的价值观念给学生以行为的准则和约束,而群体文化的向心力和凝聚力则会给学生以认同和归属的社会情感体验。而学生同辈群体所形成的群体文化,则对学生发挥着"保护"和"发展"的功能。同辈群体文化的保护功能是指同辈群体可以使学生个体少受或免受成人世界的伤害,为同辈群体提供了一种平等互助的社会环境。[2] 学生在与群体成员的交往过程中,这种平等互助的社会环境使学生获得一种情感上的归属感。正如美国教育社会学家帕森斯所言,"同辈群体被认为是儿童摆脱成人控制、行使自主权的领域",它的一个重要功能就是"给孩子们提供了一个非成人赞同和认可的源泉"。"一方面,同辈群体是一个学习和表现各种各样'才干'的地方";

---

[1] 顾明远.教育大辞典[Z].上海:上海教育出版社,1998,51.
[2] 马和民.从仁到人——社会化的危机及其出路[M].北京:北京师范大学出版社,2006,236.

"另一方面,这又是一个从有吸引力的伙伴们那儿得到认可,以便'归属'于这个群体的问题"。① 同辈群体文化的发展功能则是指同辈群体对学生社会能力的发展具有促进作用。② 通过群体文化内成员之间的人际交往活动,可以发展学生表达自我的能力、相互沟通的能力。在学生个体社会交往能力发展的同时,建构起课堂场域和谐融洽的社会关系。

在课堂社会场中,学生不仅与群体进行着交往,而且在群体文化的场境下发生着个体间的交往。根据交往主体身份的不同,可以将个体间的交往区分为师生交往和生生交往。在课堂场域中,师生、生生之间的交往至少具有两方面的功能。一方面,围绕着课程文本展开的师生与生生的交往和相互作用,可以使学生更好地理解和掌握人类文化知识,促进学生社会价值观的形成和社会文化的传承;另一方面,在文化学习的同时,学生与教师、同伴之间的交往还会产生一种人际的、情感的关系。在这个过程中,学生学会认识和处理各种社会关系,并形成与人交往的能力和相应的社会观念。在课堂场域中,师生与生生个体间交往的两个方面并非是截然分开的,而只是体现了个体间交往的两种功能。由于课堂社会场主要关注社会关系的再生产,因此,课堂社会场中个体间的交往,主要是从促进个体人际和情感关系层面来理解的。

师生交往是课堂场域中最为常见的交往形式之一。由于教师与学生在课堂场域中文化资本占有量的差异,使得师生之间的交往形成了一种"天然"的不对称性。教师作为社会的法定代言人,使得在课堂场域中对学生的"控制"具有了一种制度上的合法性。而要建立一种和谐的交往关系,首先,需要教师确立一种理性的主体间的、平等的师生关系理念。将学生作为课堂学习和交往的主体,可以充分发掘学生的独立性和主体意识,主动积极地参与到课堂学习和师生交往中。其次,师生关系不仅需要一种理性的基础,更需要一种情感的维系。学生作为有着活力和灵性,有着丰富的情感世界的个体,教师对学生的情感期待与爱,可以使学生获得心灵深处的情感体验和情感共鸣,从而产生对教师的亲近、信赖和依恋感。美国学者安德森(Anderson H. H.)将教师的课堂行为分

---

① 张人杰.国外教育社会学基本文选(修订版)[M].上海:华东师范大学出版社,2009,426.

② 马和民.从仁到人——社会化的危机及其出路[M].北京:北京师范大学出版社,2006,236.

为两类：一是"控制型"行为，主要包括命令、威胁、提醒和责罚；二是"统合型"行为，主要包括同意、赞赏、接受和有效协助。安德森的研究发现，当教师的课堂行为倾向于"控制型"时，学生对于学习内容存在较多的困惑，而对于教师的领导，则较为顺从，但有时反抗也比较激烈。当教师的课堂行为倾向于"统合型"时，学生则表现出较能自发地解决问题，而且也乐意为群体贡献力量。① 由此可见，教师将学生视为平等的学习主体，给学生以充分的理解、尊重与爱，必然会建立其和谐的师生关系，相反，如果仅仅将学生视为控制的对象，则会带来师生交往中的冲突。无论是学生基于对权威的服从，还是对专制的反抗，都不利于良好师生关系的建立和学生的社会性的发展。

在课堂场域中，学生除了与教师的交往外，还与同学发生着相互作用。这其中，既有相邻座位同学之间的交往，也有小组内同学之间的个体交往，还包括全班范围内学生在教师组织下的个体间相互影响。相对于师生交往的不对称性特征，课堂社会场中，生生之间的交往则主要是一种对称而平等的个体间交往关系。正是由于学生之间这种平等关系的特征，使得学生的交往，从行为的性质上主要表现出竞争与合作的关系。美国学者帕森斯从班级的要素特征的角度分析了课堂竞争产生的必然。他认为，班级体系之所以会产生学生间的竞争，是因为"第一，根据年龄和'家庭背景'决定的'竞争者'起点地位的平等。第二，布置学生完成的普通作用同其他大多数领域内的任务相比较，真是惊人的相同，在这一方面，学校里的情形比其他绝大多数角色表现的场合来看更像场竞赛。第三，在作为成人并代表成人世界的唯一的教师与处于起点平等的学生之间存在这明显的两极性。第四，有一个对学生表现进行评价的相对系统的过程。"② 在帕森斯看来，班级中学生间地位、任务、角色和评价的平等性特征是构成学生同辈群体之间竞争的主要原因，而这种竞争将带来学生独立性的发展。

事实上，帕森斯对于课堂竞争作用的分析只是呈现了竞争对于学生发展的积极作用。在课堂场域中，作为一种必然存在的课堂竞争，由于其产生根源、表现方式和竞争目的的不同，可以分为合理竞争和不合理竞争。积极合理竞争，

---

① Anderson, H. H., Domination and Socially Integration Behavior, In Barker, R. G., er al(ed.), Child Behaviour and Development, 1943, 459-483.

② 张人杰.国外教育社会学基本文选（修订版）[M].上海：华东师范大学出版社，2009，423.

是通过相互学习、扬长避短、自我改正提高，从而在竞争中使自己处于优势。不合理的消极竞争，是以不正当手段使对方处于劣势而达到自己取胜的目的，其结果只会导致助长自我中心的不良心态，人际间的冷漠、敌视，人际关系的紧张。① 需要看到的是，虽然学生之间的合理竞争可以激发学生的学习动机，发展学生的独立性。但长期以来由于优质教育资源不足和教育评价机制的竞争性特征，使得课堂场域学生之间的竞争很大程度上体现为一种不合理的竞争。学生为了达成自己的学习优势为目的，造成了生生交往中的自私、冷漠甚至敌视，很大程度上影响了学生社会性的发展。正是在这一意义上，研究者倡导建立一种合作的交往方式，通过学生之间合作互助，创设积极而和谐的课堂交往关系。美国明尼苏达大学的约翰逊兄弟在对大量已有的合作学习研究的实证性分析的基础上，对竞争与合作对学生发展的效应值进行了数据统计分析，得出了如下结果：

表 22　合作与竞争对学生诸因素影响的平均效应值

条　件	学业成绩	人际吸引	社会支持	自　尊
所有的研究 合作对竞争	0.67	0.67	0.62	0.58
高质量的研究 合作对竞争	0.88	0.82	0.83	0.67

(资料来源：[美]David W. Johnson, Roger T. Johnson.合作学习（第五版）[M].伍新春等译.北京：北京师范大学出版社，2004.216.注：笔者引用时有所删减)

通过以上分析可以看出，在课堂场域中，学生之间的合作交往，无论对于学生认知的发展还是社会关系的建构都有着更为积极的影响。也正是基于此，国内外许多研究者都在积极地关注促进学生合作的课堂条件和机制。约翰逊兄弟认为，有效的合作学习应当具备五个要素：(1)高水平的积极互赖。成员为自己和其他人的学习负责，关注的焦点是共同的表现。(2)同时具有小组和个人

---

① 裴娣娜.合作学习的教学策略——发展性教学实验室研究报告之二[J].学科教育，2000(2).

责任。成员互相督促,以保证自己和他人为高质量的工作负责。(3)面对面的交互作用。成员之间真正的共同工作,并且帮助和支持其他人努力学习。(4)强调小组工作技能。教给成员社交技能,并期望他们使用。(5)集体自加工。对工作质量以及小组的工作效能,都要进行小组反思。① 我国合作学习研究者也基于我国的教育现状进行了大量本土化的合作学习研究,力图通过合作学习,更好地促进主体性和社会性的生成与发展。

以上我们从个体交往和个群交往两个层面展现了群体文化背景下,课堂社会场中的学生交往。需要指出的是,群体文化作为一种交往场境,不仅对个群之间的交往具有直接的影响,而且对个体之间的交往也潜隐地发生着影响。在师生交往中,一种强控制文化下的师生交往,往往表现为交往的冲突多于交往的和谐。这种冲突可能是表现为直接对抗的外显冲突,也可能是外显为服从的内隐冲突。而一种弱控制文化下的师生交往,学生拥有更多的个体自由,教师也给学生以更多的情感投入,而不仅仅是制度权威下的理性交往,在这种氛围下,更容易形成师生交往的和谐氛围。就生生交往而言,在具有较强的归属感和凝聚力的班级群体文化下,学生之间更多地表现为基于共同的班级目标下的人际和谐,因此,课堂交往也就更容易形成一种合作的关系,从而促进学生社会性的发展。而如果班级没有形成一种积极的群体文化和内聚力,学生缺少对群体的归属感。在这种情况下,学生之间的人际交往也会比较冷淡,学生更倾向于建立一种竞争性的交往关系,很大程度上会影响学生社会性的生成。

3. 课堂场域是以课堂规范为交往保障的伦理场域

在课堂场域中,为了保证教学活动的和谐有序进行,必然需要一个共同的规范、制度的维护和保障。正是从这个意义上说,课堂规范成为实现课堂场域师生与生生交往的保障。但是,需要指出的是,作为课堂交往保障的课堂规范是以维护课堂场域中每位学生的共同利益和自我发展为出发点的,而不仅仅是为了维护课堂秩序和教学效率的强制规约与控制。正如涂尔干所认为的,"一种规范对人性构成了破坏,无论它多么强大,都不可能持续,因为它不可能扎根

---

① [美]David W. Johnson Roger T. Johnson.合作学习(第五版)[M].伍新春等译.北京:北京师范大学出版社,2004,83.

于人的良知的深处。"①

长期以来,学校中的课堂被看作对学生实施"规训"的场所,而精细严密的课堂规范和纪律则成为实现"规训"目的的工具。在课堂教学中,这样一种"规训"首先是从肉体的控制开始的。正如福柯所描述的,学生应该总是"保持笔直的身体,稍稍向左自然的前倾,肘部放在桌子上,不要遮住视线,可以用右手支着下颌。在桌下,左腿比右腿稍微靠前。身体与桌子之间应有一指宽的距离。这不仅是为了书写更灵活,而且没有比养成腹部压着桌子的习惯更有害健康了。左臂肘部以下应放在桌子上。右臂应与身体保持三指宽的距离,与桌子保持五指左右的距离,放在桌子上时动作要轻。教师应安排好学生写字时的姿态,使之保持不变,当学生改变姿势时,应用信号或其他方法予以纠正。"②在福柯看来,之所以如此强调身体的控制和行为的规约,是因为"一个被规训的肉体是一种有效率的姿势的前提条件。"③正是在这种精细的规则和秩序下,课堂按一定的流程按部就班地生产着一批又一批的"被驯服的肉体"。也正因为如此,学生的行为在不同的规范场境下表现出截然的差异:"主科"的课堂纪律明显好于"副科";班主任老师的课堂纪律好于非班主任老师的课;自习课上老师在与不在变现出完全不同的秩序景象;课堂上老老实实的学生,走出了校门,便旁若无人地打闹喧嚣……这些现象可以看出,学生对于规范纪律的"遵守"很大程度上受外在情境的影响和外力的即时控制,课堂的规范和制度仅仅是一种外在的控制,而并没有成为学生的内在自我约束。学生只是对外部规范纪律的服从,缺少一种自律的道德和精神!

事实上,当规范仅仅被看作是课堂教学顺利进行的保证时,课堂规范所实现的就仅仅是对人的束缚、限制。于是,对规范制度的追求就会成为对外显行为的追求,惩罚、规训也就成了维持课堂秩序的主要,甚至是唯一手段。压制、顺从虽然使教室里获得了可见的秩序,而学生的自主意识和自律精神却在这种贬低人性尊严、剥夺个体自由的规范制度中被湮没。

涂尔干曾将教育的目的概括为"使年轻一代社会化"。在他看来,要实现这

---

① [法]埃米尔·涂尔干.道德教育[M].陈光金等译.上海:上海人民出版社,2006,39.
② [法]米歇尔·福柯.规训与惩罚[M].刘北成,杨远婴译.北京:生活、读书、新知三联书店,2007,172.
③ 同上.

样的目的,初等教育应当围绕三个方面展开:"首先,是纪律精神。学校纪律是儿童能够感受到自身有限性的第一种限制,同时也可以培养儿童处于具体社会生活条件中的规范感,所以,纪律精神是社会对未来的职业伦理和公民道德的准备。其次,是自制精神。自制精神的基础是儿童对群体生活的依恋,只有当儿童超出自身的狭隘范围,感受和意识到群体生活所提供的可能性和团结感,才能为未来生活构建一种公共精神。最后,是知性精神。知性的运用是儿童获得自主和自决精神的过程,具有启蒙的意蕴,这种启蒙绝没有要求教师为儿童灌输一种总体知识和普遍规范,而是使儿童在特定的界限内自由的运用理性,逐步形成一种内化的社会态度。"①在涂尔干看来,这三个方面构成了"社会化"观念的基本要义。

涂尔干关于道德教育的分析,对于我们理解课堂规范对学生社会化的影响具有重要的启发意义。事实上,一个具有自主精神的自我的生成,是一种外在规约与内在自律相统一的过程。一方面,"要合乎道德的行动,光靠遵守纪律和效忠群体是不够的,不再是足够的了。""这种自觉意识为我们的行为赋予了自主性,从此时起,公共良知要求所有真正的、完整的道德存在都具备这种自主性。"②另一方面,"'自由自在'与'无法无天'这两个词放在一起是相互冲突的,因为自由是规定的结果。通过道德规范的实践,我们养成了一种能够支配和规定我们自身的能力,这才是自由的全部实在。"③因此,可以说,这样一种从"外在纪律的限制"到"群体文化的规约"再到"个体的自主自决"的过程,正是道德规范由外而内的个体形成过程,并最终生成具有社会规约意识的自主的人。

正是基于这样一种意义下,以课堂规范为保障的课堂交往建构起实现自我发展的课堂伦理场。所谓伦理,是指在处理人与人、人与社会相互关系时所应遵循的道德准则。有学者将其看作"人际行为事实如何的规律及其应当如何的规范。"④福柯认为,伦理是一种自我技术,其目的是建立个人同自身的关系,达

---

① [法]埃米尔·涂尔干.道德教育[M].陈光金等译.上海:上海人民出版社,2006,2.
② 同上,89.
③ 同上,43.
④ 邓悦生,王海明.新伦理学原理[M].北京:中国广播电视出版社,1992,47.

到对自我的看管,只有在自我治理的基础上,才能治理社会生活的其他方面。① 从这一意义上来说,"自我照看本身就是伦理",②是建立在交往行为基础上的自我伦理关系。一方面,自我的伦理关系是在交往互动中实现的。因为"自我是在与他人的遭遇中成长的","与他者共在意味着道德是一种交互的关系"。③ 正是在这种交互关系中,实现了道德自我的生成:道德自我在追求善中为他人的幸福负责,为公共生活负责。在课堂场域中,学生基于课堂规范的交往便蕴含着这样一种伦理意义:学生对于规范制度的自觉遵守,是对共同的学习生活环境的维护,这既是对自我的负责,更是对他人的负责。每一个学生都不是单子式的孤立的自我,而是承担对他者的责任中的独立自我。另一方面,自我伦理关系的实现还需要自我的诘问和反思。在课堂伦理场中,学生主体在与他人交往互动的同时,还与自我进行内在的互动,参照一定的交往规则和课堂规范,进行着积极的自我反思。在自我的内心世界里,学生通过道德规范对自己的行为、思想进行自我的管理和监督、奖励和惩罚。通过自我的选择和安排,为自我的存在与发展提供一个安全的道德空间。可以说,课堂场域中学生的自我伦理关系的实现不仅是自我"合道德性"的行为表现的主观条件,更是自我发展、自我创新的内生变量。④ 正是在对课堂场域交往关系的自我伦理反思中,实现了学生作为道德自我的生成。

在课堂场域中,学生作为道德自我的伦理反思是在与同伴、教师以及班级群体的交往中,以课堂规范为保障而实现的。这种基于班级共同生活的课堂规范,不仅是课堂交往有效实现的保障,更是学生社会性生成的重要内容。作为一种伦理的、价值的选择,课堂规范是否为每个学生独特自我的成长创造可能的空间,是否尊重学生道德自我的自主发展,都会影响学生自我意识和自律精神的生成。正是在这一理解下,课堂规范对于学生的社会性生成具有了双重伦理意义:一方面,课堂的规范与制度给学生以外在的约束。师生在协商建构这些课堂规范的过程中,建立起公认的课堂价

---

① 福柯.自我照看的伦理是一种自由实践.转引自贺照田.后发展国家的现代性问题(学术思想评论第8辑)[M].长春:吉林人民出版社,2002,417-418.
② 同上.
③ 金生鈜.规训与教化[M].北京:教育科学出版社,2004,319-320.
④ 李永生.和谐班级的建设——班级中的交往互动[M].广州:广东教育出版社,2007,47.

值理念和行为规则。尽管这种伦理参照具有"外铄性",但却因为学生的自主协商而赋予了伦理意义,成为学生自主规约的保障;另一方面,伦理还表现为自己对自己的内心"立法",建立起自我内心的伦理标尺,实现着学生的自我管理。从自主协商的"课堂规范"到学生的自我"立法",彰显着课堂规范深刻的伦理意蕴。正是这种具有伦理意义的课堂规范,指引着学生课堂学习和生活中的交往,并内化为学生自主的行为。学生在内求性的伦理反思中,实现着自我生命意义的彰显。

(二) 课堂场域学生社会性的表现形态

在课堂场域中,学生的社会性是在多重场域的交往关系中实现的。因此,要了解课堂场域学生社会性的表现形态,便需要我们走入课堂场域的多重关系中,观察学生在不同场域的交往关系中表现出的社会性特征。课堂文化场中,学生在基于课程文本的交往实践中,发生着课程文本价值观的内化。课堂社会场中,学生在与班级群体的交往中,产生对群体文化的归属感与疏离感;学生与师生的个体间交往,建构起课堂场域的社会关系,呈现出师生关系的和谐与冲突、生生关系的合作与竞争,并在这种社会关系中促进学生合作意识和交往能力的发展。在课堂伦理场中,学生在基于课堂规范的交往中,呈现出对课堂规范的服从与自律。正是学生在三重场域的交往关系中所呈现出的不同样貌,勾画出课堂场域学生社会性生成中多样化的表现形态。

1. 师生关系的和谐与冲突

在课堂场域中,师生关系形成和体现于两个层面的交往过程中。一方面,在以课程文本为中介的交往实践过程中,师生之间以社会文化的传承和学生价值观的生成为目的建立起非日常的交往关系;另一方面,在课堂社会场中,师生之间以关系建构为目的建立起日常的人际交往关系。师生之间的人际交往虽然并不担负着课堂场域文化知识再生产的直接职能,但影响着学生在课堂学习中的精神状态和心理活动、师生交往的人际氛围和人际关系,并因此成为维持和实现课堂场域文化传承的必要条件。以文化传承为目的的交往实践主要体现于课堂文化场的师生交往中,师生交往的和谐与冲突,其背后更深层的意义是课程文本的价值引导与学生个体的生活经验之间的冲突与对立、和谐与创生。因此,对于这一层面师生交往的理解,我们将置于课堂文化场学生社会价值观生成的视域下在后文予以分析。在这一部分中,师生关系的"和谐"与"冲突"主要是就师生之间基于师生关系建构为目的的人际交往过程的分析。

就交往的特点来看,课堂场域的师生交往具有非对称性与平等性的双重特征。一方面,教师作为社会的代言人,其身份具有制度上的合法性。而学生作为认知能力和心理发展相对不成熟的一方,教师的教育和引导对于学生的发展具有重要的影响;但另一方面,学生作为具有自主性和主动性的个体,在师生交往中,又并不仅仅是接受教师的指导和要求。学生会基于自己的理性分析和情感意愿对教师的期待与要求做出选择性反馈。正是在这样一种复杂的交往关系中,形成了师生关系和谐与冲突的交织。

在这里,对于如何界定课堂场域师生关系的"和谐"与"冲突",首先需要做一个辨明。因为对于师生"和谐"与"冲突"的不同角度的理解,会形成迥异的解释框架。如果是以师生交往是否具有观点上的分歧和行为上的一致性作为评价标准,那么,师生关系的"和谐"就表现为师生之间没有观点的分歧,学生按照教师的期待和要求,表现出行为上的一致性。而师生冲突则表现为学生具有不同于教师的想法和观点,并没有按照教师的要求产生期待的行为表现。很显然,这样一种评价标准是一种基于外显行为的评价。而且,这种评价标准完全是以教师作为课堂控制者角度的分析,单方面的强调学生对于教师的服从。如果以此标准考察课堂场域中的师生交往,那么,学生对于教师指导的主动质疑和积极反思,就成为一种师生冲突的表现;而学生对教师不加思考的完全顺从,反倒成为一种和谐师生关系的体现。但事实上,这样一种判断师生关系的标准,显然是与课堂场域实现学生作为社会主体生成的旨趣相悖离的。因此,在本书中,我们试图对课堂场域师生交往的"和谐"与"冲突"赋予一种新的意义解释。所谓师生关系的"和谐",是指师生之间通过课堂交往所建立起来的一种积极的、主动的、建设性的相互关系。这种师生关系,有利于课堂场域社会关系的再生产和社会文化创生,并最终有利于学生作为社会主体的生成。与之相对应,师生关系的"冲突"则是指师生通过课堂交往所建立的一种消极的、被动的、破坏性的相互关系。这样一种师生关系不利于课堂场域社会关系的再生产和社会文化的创生,更会影响学生作为社会主体的生成。在这样一种解释框架下,课堂场域中师生关系的诸多表现,便赋予了新的解释意义:学生对教师讲授内容的积极反思与主动追问、对自身合理需求的主动表达以及对教师不甚合理的教育行为的质疑与协商,都是一种"和谐"的师生关系的体现。相对而言,学生对于教师教学内容的被动接受,以及在教师的强控制下所表现出的学生对教师要求的完全顺从,虽然制造了一种表面上的"和谐"景象,却不利于学生作为社会主体的真正发展,因此,从根本上说,也是一种消极、被动的冲突性关系。

在这样一种意义框架下,我们来进一步从师生关系的和谐与冲突中去理解课堂场域学生社会性生成的具体表征。在课堂社会场中,师生之间的人际关系很大程度上取决于彼此之间的角色期待和行为表现。奥瑟(Oeser O. A.)将和谐的课堂师生关系归因为四个方面:(1)教师对学生有某些行为方面的期望。(2)学生对教师也有某些行为方面的期望。(3)教师对适当的教师行为有积极的看法。(4)学生对适当的学生行为有积极的看法。他认为,如果这四项要件都能互相配合而没有矛盾,那么课堂活动中的学习情绪和动机就可维持。师生也就能够在和谐愉快的气氛下,共同努力于教学活动的有效进行。[1] 奥瑟对于课堂和谐交往的分析是基于教师和学生双向的角色期待而谈的。他向我们阐释:良好师生关系的建立取决于师生角色期待的和谐统一。正如我们在现实考察的访谈对话中所呈现的,教师与学生对自我和对方的角色期待的不一致,很有可能破坏和谐的师生关系,造成师生关系的紧张与冲突。

尽管课堂场域良好师生关系的建立是师生双方角色期待的统一,但由于本书以考察学生社会性的表现形态为目的,因此,我们将更多的关注点投注于学生的视角。学生作为课堂学习和交往的主体,在自我的角色履行和与教师的人际关系处理中的不同行为表现,使得和谐或冲突的师生关系成为可能。因此,能否建立一种和谐的师生交往关系,一定程度上体现了课堂场域学生社会性的发展水平。正因为如此,从师生关系的和谐与冲突角度考察课堂场域学生社会性的表现形态,既是可能也是必需的。

就学生角度而言,课堂场域的师生关系取决于两方面的因素:一方面是学生对自我角色的认知和行为。学生对于自己的学生角色的明确认知与行为,例如上课认真听讲、积极思考并主动回答问题、按时完成作业、尊敬老师等,是避免师生冲突、建构师生和谐关系的前提;另一方面是学生对教师角色的期待与交往方式。学生对教师的角色期待与交往方式,使得师生和谐与冲突关系的建

---

[1] Oeser,O.A.,Teacher,Pupil and Tasjm.1955,8.转引自吴康宁.课堂教学社会学[M].南京:南京师范大学出版社,2001.175-176.

立得以实现。而这样一种师生交往关系的建立,也很大程度上体现了学生的交往能力和社会性发展水平。

在现实考察过程中,通过问卷调查,显示出学生在师生关系的处理方面社会性特征的明显差异。以其中一个问题为例,从师生交往的角度分析学生社会性的表征。当问及小学高年级学生"如果你对老师的做法有意见,你会怎样做",有37.6%的学生表示会"直接对老师说",有35.8%的学生认为会"给老师传纸条或以其他方式告知",还有26.6%的学生认为"决不会说出来"。由此可以看出,70.0%以上的学生在师生关系中倾向于主动表达自己的意见和观点。将近三分之一(26.6%)的学生则会选择一种沉默或顺从的方式处理对教师的不满和冲突。对于以一种沉默或顺从的方式处理师生矛盾的学生,事实上并不完全意味着师生矛盾的消除和师生关系的和谐,甚至可能只是一种表面和谐下的内隐冲突关系。当然,对于主动表达自己观点的学生来说,也可以看出,学生会选择不同的方式去处理与教师的矛盾和冲突。其中一半的学生会选择一种直接的方式表达自己的意见和不满,希望以此来解决问题。这样一种方式下的师生关系,会基于学生的意见是否合理而出现两种情况:如果学生是一种合理意见的表达,那么,即使可能造成表面或暂时的师生冲突,但最终可以达成一种结果上的师生和谐。但如果学生的观点并不合理,甚至是一种消极的或破坏性的想法,则很可能会带来师生关系的紧张和冲突。还有将近一半的学生会选择一种相对含蓄、温和的方式与老师沟通,表明这些学生已经能够考虑到教师的感受和表达方式,并以此来达成一种和谐的师生关系。

基于以上分析,我们可以从师生关系角度,将课堂场域学生社会性的具体表现概括为四类特征:

(1) 积极的和谐关系。在这样一种师生交往中,呈现出积极、和谐的师生关系。学生具有恰当的自我角色认知和行为,同时,能够对教师建立合理的角色期待和交往关系。这种角色期待的一致性使得师生关系呈现出融洽而和谐的状态。当然,师生之间这种积极的和谐关系并不意味着师生观念和行为的完全同质性。当学生对教师的观念认识和行为方式产生分歧时,会选择一种相对含蓄、温和的方式与老师沟通,并能够充分顾及教师的感受。在这样一种师生交往中,不仅有利于形成积极和谐的师生关系,而且促进了学生沟通和交往能力的发展。

（2）消极的冲突关系。在这样一种师生关系中,师生冲突表现为学生对教师的消极对抗:师生冲突不是源于观点分歧,也不是为了问题的解决,而是学生对教师个人的不满与否定。这种师生冲突一方面可能源于教师行为方式和教育方法的不当,如,教师以较为专制的方式处理与学生的关系,忽略学生的个体感受;但另一方面也体现出学生不能够很好地处理师生交往中的矛盾与分歧,还没有形成较好的交往和沟通能力。而这种师生冲突关系本身又可能进一步对学生人际交往能力的发展带来消极影响。

（3）外显冲突下的和谐关系。在这种师生关系下,尽管师生之间存在着矛盾和冲突,但能够以一种积极的态度和方式对待交往中的矛盾与冲突。师生交往中的矛盾和冲突不是源于学生对教师个人的消极对抗,而是基于学生对教师教学内容或者行为方式的观点性分歧。学生以一种积极的、主动的方式与教师沟通,表达自己的观点。虽然可能呈现出暂时的师生冲突表象,但如果教师以一种积极的方式解决问题和处理冲突,最终可以达成在一种结果上的师生和谐。在这样一种师生交往关系中,充分体现出学生的自主性和主动性,对于形成学生作为社会交往主体的角色意识和交往能力具有积极作用。

（4）表面顺从下的冲突关系。这种师生关系从表面看来是没有冲突的,但这种表面的一致是建立在学生对教师的顺从基础上的。因此,尽管师生之间似乎没有矛盾冲突,但并不代表师生之间建立了一种和谐关系。学生只是惧于教师的"角色权威"而以一种沉默或者顺从的方式将师生关系中的冲突隐藏起来而已。事实上,这种表面顺从下的内隐冲突,无论对于师生之间和谐的交往关系的建立,还是学生社会交往能力的发展,都是非常不利的。长此以往,学生会在社会交往中习惯于对外在权威的服从,从而使社会性的发展沦为一种缺少主体意识的被动顺从性。

2. 生生关系的合作与竞争

在课堂场域中,学生之间围绕着共同的学习和生活目标展开交往活动,建立起平等的交往关系,从而促进学生社会性的生成与发展。学生之间的人际关系从其性质上划分,主要表现为合作与竞争两种特征。

生生关系的竞争行为,是指在课堂场域的学习和生活过程中,学生之间为了达成某种目的而展开的一种较量。① 这样一种竞争关系的形成有三个条件：(1)双方都想达成同一目标；(2)一方达到目标，就会排斥另一方去达到；(3)因为双方都知道其中的一方必然被淘汰，所以双方都为达成目标而竭尽全力。② 因此，在竞争中，双方都会努力争取获得优势地位，即针对目标获得比对方更优越的地位。如前所述，竞争可以分为合理竞争和不合理竞争。合理竞争可以激发学生的学习动机，促进学生独立性的发展；但不合理竞争则具有排他性和孤立性，会增加竞争双方的对抗情绪和敌意感，从而对个体社会性的生成产生消极影响。

事实上，竞争本身具有超文化传统、超教育制度、超时代背景的普遍性特征，人类社会的发展和进步本身就是一个"物竞天择、适者生存"的过程。而就课堂场域来说，学生的竞争也不仅仅表现为一种消极的、不合理的竞争，它还表现为学生在竞争中所形成的自我反思和自我督促，从而更好地激发学生的学习动机和独立性。但就我国当前的课堂教学来说，优质教育资源稀缺所造成的现有的评价机制，使得学生之间的竞争成为一种对稀缺资源的争夺、独享过程，这在很大程度上助长了学生之间不合理竞争。教师对学生学业情况的评定，往往不是依照客观标准，而是通过将之与其他同学的比较来进行的。事实上，当对学生的学业评价关注于个体在群体中的位置，而不是着眼于每个学生的学业进步时，学生之间的竞争便在所难免了。虽然在教育改革的推动下，学校提出了一系列的评价改革措施，比如，不公开学生在班级中的成绩名字。但在学生和教师心目中，判断成功的标准在很大程度上仍然取决于成绩是否名列前茅。正是在这样一种状态下，班级课堂呈现出"你追我赶"的学习氛围。为了取得更好的学业成绩和更高的班级地位，学生不得不尽最大的努力，期望压倒其他学生而名列前茅。于是，基于稀缺资源争夺下的生生之间的不合理竞争在课堂场域

---

① 有研究者从竞争主体的角度将课堂教学中的竞争区分为学生个体与学生个体之间的竞争、学生个体与学生群体之间的竞争、学生群体与学生群体之间的竞争。由于学生群体之间的竞争则常常教育者可以创设、以实现群体内合作为目的的竞争。就群体内部而言，这是一种合作关系的体现。因此，在本书中，生生交往的竞争主要是指学生个体交往中的竞争行为。

② Husen, T., The International Encycolpedia of Education: Research and Studies, Vol 2, 1985, 300-303.

中表现出不同的形式。有研究者将其归纳为以下几种表现：自我展现，如争先恐后地发言、希望与众不同地表达等；贬抑他人，如对他人的课堂回答提出异议、批判揭发他人等；保护自身利益，如不外借学习用品、对他人的求助不予回应等；取悦老师；如揣摩老师的意愿回答问题、积极回应老师的要求等。① 正是课堂学习生活中大量存在的这种排他性竞争，把道德上尚未成熟的青少年过早地抛入个人主义的境地。虽然这种竞争行为可能带来少数学生的学业进步，但却造成了生生之间人际关系的紧张，不利于学生在课堂场域中的社会性生成。正如杜威所述，"只要纯个人主义的方法进入他的工作中，社会精神会因不用而萎缩"，②团结协作的社会精神也就得不到培养。

不同于消极的不合理竞争，生生之间的课堂合作则是一种积极的社会关系的体现，对于学生社会性的生成和发展发挥着有效的促进作用。所谓生生关系的合作行为，是指在课堂场域中，学生之间为了达成某一共同目标而彼此配合、相互协助的一种联合行为。在课堂场域中，学生之间的合作行为的建立需要具备以下条件：(1)目标的一致性；(2)合作的意愿和情感；(3)合作的技能；(4)个体的责任。正是基于以上条件，使得学生之间建立其合作关系，并在合作的过程中进一步促进学生社会关系的完善和交往能力的发展，简言之，即"在合作中学会合作"。

在课堂场域中，学生之间的合作可以分为三类：一是同伴指导，即一个儿童为另一个儿童提供帮助和指导；二是合作学习，指所有成员为了一个共同目标而相互鼓励与支持，这时的成功依赖于他们共同的努力；三是同伴合作，即在没有教师参与的任务中，所有儿童地位对称平等，建立在共同的兴趣和信任的基础上，同伴之间积极讨论、交流看法、共享彼此不成熟的观点，最终在分析彼此想法的基础上找到一个最好的办法。③ 这三种合作分别体现出学生之间不同的影响方式；第一类合作强调同伴之间的互相帮助；第二类合作强调生生之间的

---

① 吴康宁.课堂教学社会学[M].南京：南京师范大学出版社，2001，183.

② [美]约翰·杜威.学校与社会·明日之学校[M].赵祥麟等译.北京：人民教育出版社，1994，150.

③ Damon, W. and Phelps, E. Strategic uses of peer learning in children's education. In T.J. Berndt and GW. Ladd (Eds.), Peer Relations in Children Development: New York, Wiley, 1989.转引自张文新.儿童社会性发展[M].北京：北京师范大学出版社，1999，177.

相互砥砺;第三类合作则强调同伴之间的合作探究。但无论是何种形式的合作,就其根本来说,都是在实现共同目标的同时发生着学生之间人对人的"加工"。正是在这种学生之间相互作用、相互影响的过程中,学生建构着个体间和谐的人际关系,体验着情感互动,学习着交往技能,并最终实现社会性的生成与发展。

3. 群体文化的归属感与疏离感

在课堂场域中,学生不仅和教师、同伴发生个体间的交往,还与所属群体形成个群间的交往关系。作为课堂场域交往主体的学生,不是孤立的个体存在,而是在与同伴及班级群体的交往关系中确证着自我的存在意义。因此,对群体的归属需要,成为学生社会性存在的必然表征。随着学生自我意识的逐渐增强和社会性的不断发展,他们开始建立起比较稳定的同伴关系并在此基础上形成同伴群体。学生在群体中的地位、是否被同伴群体所接纳,都会影响学生的社会心理的发展并进一步影响学生社会性的生成。

社会心理学认为,群体的本质特征主要体现在以下几方面:(1)在一定规则基础上进行相互交往;(2)限制其成员的归属感;(3)具有明确或暗含的行为标准;(4)发展了使成员朝向完成共同目标而一起工作的组织。① 在课堂场域中,群体的特征体现为,通过特定群体文化下的同伴交往实现学生的群体归属感。

课堂场域中的同伴群体一般可以分为两大类:有组织的集体和自发的团体。② 自发的团体,也就是同辈群体。它是指处于同等社会地位的同代学生组成的小群体,主要指学生的非正式群体。相对于和成人的交往,学生的同辈群体生活更明显地表现出民主、平等、自由的特征。正是因为这种特征,使得同辈群体对于学生的社会性生成发挥着不可替代的特殊作用。一方面,通过提供一个平等互助的社会环境,使得学生可以少受或免受成人世界的控制和支配,并为其成员提供一种相互支持的"社会基础";另一方面,群体中的同伴交往,可以满足学生的情感归属需要,并在这种平等的人际交往中,促进学生社会能力的发展。

---

① 林崇德.发展心理学[M].杭州:浙江教育出版社,2002,347.
② 同上,347.

同辈群体作为学生的自发群体,对于学生社会性的影响并不仅仅体现于课堂场域。从某种程度上说,同辈群体对于学生社会性发展的课堂场域外的影响甚至超过了场域内的作用。相比较而言,作为课堂场域独有的班级群体,对于课堂场域学生的社会性生成发挥着更为显著的影响。尤其是在我国的社会文化背景下,长期以来强调教育教学对于学生集体主义观念的培养,这使得"班集体"在我国的课堂语境中,对于学生的社会性发展的作用更为凸显。

在课堂场域中,班级群体是逐渐形成的。学生刚入学时,班集体还只是人为编凑的、松散的集合。在教师有意识地引导和创设下,通过学生之间的交往活动逐渐建立起班集体的群体关系和群体文化。在群体文化的影响下,学生逐渐意识到自己是班集体中的一名成员,形成明确的班级群体意识。当学生能够把班级群体的要求转变为自己的要求,把群体的荣誉当作自己的荣誉时,学生便产生了对班级群体的认同感和归属感。

学生的群体归属感是学生自觉地归属于班级群体的一种情感。学生的这种积极的社会情感体验,可以满足学生的群体归属需要,也是课堂场域中学生和谐社会关系的体现。在这种情感的驱动下,学生会以群体为准则,进行自己的活动,认知和评价,自觉地维护这个群体的利益,并与群体内的其他成员在情感上发生共鸣,表现出相同的情感和一致的行为。班级群体文化所内在包含的积极的价值目标和行为取向则会激发成员对班级目标、准则的认同感和作为班级一员的自豪感、归属感、使命感,从而形成强烈的班级群体意识和向心力。这种群体意识和向心力会进一步促使学生在日常学习和生活中时刻清醒地意识到"这是我的班级,我是这个班级的学生",并积极地为班集体的发展和建设作贡献。这样一种积极的情感体验和社会关系的形成,对于学生社会性的生成和发展具有积极的作用。

当然,班级群体文化下的学生社会性生成并不是一种同质性的生成。群体内部的成员分化,使得学生在群体内的社会性发展表现出不同的特征。根据班级群体中学生的社会地位,可以将班级群体中的学生划分为三类:活跃的受欢迎者、顺从的追随者和不受欢迎者。根据心理学研究表明,学生获得群体支配地位的主要因素是他要具有符合群体标准和满足群体目标的社会能力。[①] 在班

---

① 张文新.儿童社会性发展[M].北京:北京师范大学出版社,1999,172.

级群体中,少部分各方面能力较强的儿童开始崭露头角,成为班级各项活动的积极分子,逐渐成为集体的重要支柱和教师的得力助手;大部分能力和各方面表现并不突出的学生为了找到群体的归属感和被群体接纳的安全感,则会心甘情愿地担当起顺从的追随者的角色;还有少部分学生,因为学业、性格或身体的某一方面的缺陷而无法融入班级群体中,成为班级群体的不受欢迎者。

学生在群体中的这种社会地位的差异会进一步影响学生的社会性生成。具有较高社会地位的受欢迎的学生在群体交往中常常承担起社会问题的处理者、有效的协调者和对他人的支持者的角色。在这种积极的角色体验中,他们能够更好地获得群体的认可和归属感。这种积极的情感体验会激发这部分学生更加主动地投入到群体建设中,积极地维护群体利益,为群体的发展作贡献。而这种主动的参与意识和积极的情感态度,有利于学生作为社会主体的生成和发展。大部分作为群体追随者的学生在群体交往中主要表现为对群体决策的顺从性参与。这种顺从性的参与可以满足学生的情感需要,使学生获得被群体接纳的安全感和归属感。同时,这种顺从性的群体参与也使得学生更多的是对群体要求的被动服从,这很容易形成学生被支配者的角色意识。在群体中,还有少部分的不受欢迎学生,由于被群体的忽视甚至排斥,无法体验到积极的群体归属感。他们以对群体疏离甚至对立的方式生存于群体之外,表现出对群体利益的漠不关心甚至刻意破坏。在这种情感体验的驱动下,造成学生消极的情感体验和不健康的社会心理,从而影响学生社会性的生成与发展。

4. 课程文本的价值观内化

学生的价值观生成主要基于两条途径:一是来源于社会生活,在生活体验中形成。二是来源于课堂教学,通过对课程文本的阅读与体悟中生成。在课堂场域中,学生通过课程文本的解读和体验,将文本中蕴含的价值意义内化为自我的价值观,形成学生对社会生活真、善、美的意义理解,并指导着个体的社会生活与未来发展。正是从这一意义上,基于课程文本的价值观生成,是课堂场域学生社会性生成的重要表征。

课程文本作为一种文化和价值的载体,既承载着学科知识本身所具有的价值内涵,也反映着课程编织者基于社会取向的一种价值赋予。在课堂场域中,正是这种文化内涵与价值赋予的内化过程,潜移默化地影响着学生的思想意识和价值观念,实现着学生的社会价值观的内化。

对于学生而言,课程价值观的内化并不是一种被动的灌输和接受,而是基于学生个体经验进行理解、选择与接受的过程。事实上,课程文本提供的只是一个理想的价值取向。因此,价值引导是否能够被学生接受,还取决于学生基于个体经验的理解和解释。对每个学生来说,课程文本中的知识内容都具有重要而独特的意义。每个学生都是"意义的塑造者",能将资料纳入"他自己所拥有的事物基础之内,并与早已具有的独特经验结合,而建造属于自己的世界。"①蕴含在课程文本中的价值观,只有通过学生个人的解释与整合,才能构筑成一个与自己原有的生活观相容的个别化的价值体系。

当然,在具体的课堂文化场中,课程文本的价值引导和学生的社会价值观生成并不是一种自为的作用过程。一方面,学生由于家庭背景、生活经验的不同,对于同一文本内容很可能产生完全不同的个体化解读;另一方面,当前社会多元价值观的并存与混乱,一定程度上带来了社会价值观的失范,并进一步造成课堂场域学生价值观生成的偏离。正如在现实调查中我们所看到的,思想品德课上,教师给学生讲"节俭",对于在"金钱至上"的社会价值体系下成长起来的衣食无忧的学生来说,这种价值观很难予以认同,更谈不上接受和内化。学生甚至认为节约是傻子,对教师投以鄙夷的目光。这种价值观的偏离,以及由之所带来的学生社会价值观生成困境是当前中小学课堂场域学生社会性生成的真实问题反映。

当课程文本的价值引导与学生的个体经验和现实社会的价值体系不相一致时,学生便可能产生价值冲突。作为思维和认识发展相对不成熟的学生,这样一种价值冲突很难通过个体的分析加以体认,形成自觉意识的社会价值观。例如,在讲《落花生》一课时,一位老师让学生谈一谈为什么要做花生一样的人。教师的目的是想让学生歌颂具有花生这种品格的人,但是有位学生站起来就疑惑地问:"老师,为什么非要做花生这样的人?我想做像苹果这样的人不是更好吗?"又如,在讲毛泽东的诗词《七律·长征》时,教师讲到"大渡桥横铁索寒"一句,体现了红军飞夺泸定桥的艰难险阻、损失惨重,从而体现了红军战士英勇无畏的精神,一位学生向老师提问"老师,在红军强渡泸定桥的时候,敌人为什么

---

① N. Postman & C. Weingarter. Teaching as a Subervisive Activity, New York: Delacort Press,1969,94 - 95.

不用火烧了泸定桥或者直接炸了桥?"在这种情况下,教师的启发引导方式可能会直接影响着学生对于文本价值内涵的理解和社会价值观的生成。在《落花生》一课中,这位教师面对学生提出的问题在课堂上花了大量的时间说服这位有想法的学生,引导他认同还是应该做花生这样的人。学生虽然最终坐下了,但脸上始终带着不解的疑惑。对于这位学生而言,这篇课文的学习,并没有达成预期的价值目标,也没有在"应当如何做人和处世"的价值观念上获得真正的启发。而在《七律·长征》的课堂上,面对学生的提问,教师采用了截然不同的启发和引导方式,"一旦这个桥被炸之后,红军过不去了,可敌人也需要过,他们怎么过呢。老师还有个建议,请同学回去查一查这桥当初是怎样建造的? 建得非常艰难。所以,'敌人'也是中国人,他也不敢、不愿轻易地把桥炸掉。明白了吗?"在这样的一种引导中,学生不仅解决了自己的疑问,在理解了泸定桥本身重要性的过程中深化了对红军战士英勇无畏强渡大渡桥的感悟。更为重要的是,在解决问题的过程中生发了新的价值意义:无论是红军还是"敌人",即使在敌我矛盾激烈,要拼个你死我活的情况下,仍然有着同为"中国人"的共同的"根"。这种民族意识对于每一位中国人,都是不可改变的。因此,面对艰难建造的泸定桥,即使是敌军不想让红军渡过,也绝不愿轻易地把桥炸掉的。在这里,教师打破了阶级对立的视角,升华为一种民族意识的引导。而这样一种民族意识,也恰恰是当代中国社会所需要的重要价值观念。

5. 课堂规范的服从与自律

"课堂其实是一个极其拥挤的地方,更像地铁或公共汽车,而不像是学习场所。事实上,除了监狱,再也很难想出还有哪些地方会有这么一大群个体被聚集在一处达如此之长的时间。"①在这样一个拥挤的环境中,要实现有效的课堂交往,必然需要规范制度的规约与限制。事实上,课堂交往的过程也就是规范制度的形成过程。在课堂场域中,学生正是通过对课堂规范的了解、认同和内化,实现着个体的社会性生成。

课堂规范具有两种不同层次的定位。一种理解认为,课堂规范是培养学生自律精神的中介;另一种理解认为,课堂规范是维护课堂秩序的工具。前者体

---

① [美]卡罗尔·西蒙·温斯坦等.小学课堂管理(第三版)[M].梁钫,戴艳萍译.上海:华东师范大学出版社.2006,1.

现了规范指向于人的积极的价值旨趣,而后者则表现出规范的社会控制职能。不同的定位和理解决定了规范制度在课堂中的不同实施方式,并将进一步决定学生社会性发展的不同结果。

在现实的课堂场域中,规范制度对学生社会性生成的影响是在课堂规范与学生的相互作用中实现的。这种相互作用表现为课堂规范对于学生的影响和学生对于课堂规范的态度两个方面。学生在对不同性质的课堂规范的反抗、顺从或认同过程中,呈现出社会性生成的不同样貌。

(1) 对课堂控制反抗型

学生对课堂规范态度的极端消极体现就是对规范制度的反抗。在课堂场域中,体现为学生完全放任自己的本性不做约束,甚至刻意破坏课堂秩序。典型的表现就是"没事就捣蛋,总爱对着干"。

这种状况主要体现与课堂规范的强控制和学生的强自我意识相遇的情况下。一方面,教师为了维护"整齐划一"的课堂及其权威,把学生概化为一个个毫无生命意义的"符号",对学生实施一种强制性的管理;另一方面,学生面对自己无法理解规范制度和专制化的控制规约束,受到强烈的压抑和束缚感。在这种情况下,具有较强的自我意识的学生,便会对此形成一种对抗的心态,总是寻求机会去突破这种约束。于是,在这种控制与反抗中,师生关系变得异常紧张和对立。

在强控制的课堂规训下所形成的学生对于课堂规范的反抗,对于学生的社会性发展是非常不利的。它很可能使学生对于社会规范形成极端化的消极理解,并进一步造成学生反社会性行为的产生。

(2) 对教师规约顺从型

就我国当前的课堂教学来说,大多数的学生都是处于一种"规训化"的课堂控制之下的。教师通过提出明确的、硬性的要求来约束学生,以达到控制课堂的目的;通过外在压力来刺激学生,以维持课堂秩序的整齐划一。只是,面对教师的规训,大多数学生则会选择顺从、听话的方式,遵守课堂秩序,接受制度的规约。在这种情况下,规范制度对于学生的规约其实是通过教师来实现的。教师作为社会的代言人、知识的化身,对课堂具有绝对的控制权。学生对于规范的服从,从本质上来说,其实是对教师权威的服从。就此而言,学生对规范的服从也就必然是一种被动的、强制性的服从。

正是因为规范制度的这种强制规约的性质，使得这类学生并没有形成对规范的认同和内化，而只是一种外在的顺从。在课堂场域中，这类学生对于规范制度的态度是因为情境的不同会表现出完全不同的行为。教师在场时课堂纪律就好，教师不在场时课堂纪律就差；"主科"老师的课堂认真听讲，"副科"老师的课堂可以违纪……凡此种种，表明学生只是将课堂的规范和纪律看作一种外在的约束，根本没有形成内在的自我约束和自我控制的意识和能力。这样一种对教师规约的服从只能形成学生缺乏主体意识的社会顺从，并不是一种真正意义的社会主体的生成。

（3）对自我良知遵从型

这类学生具有较强的自主和自律性，懂得自己需要什么和应该做什么。他们具有自己内在的行为准则，能够理性地按照自己的准则学习和生活。他们不会为了迎合教师而表现出绝对的顺从，甚至有时候也会违背教师意愿。但这种违背并不是出于反抗和破坏的目的，而是一种对自我的理性和良知的遵从。对于这类学生而言，课堂规范和纪律已经不是一种外在的约束工具。因为规范与制度在很大程度上已经内化为学生的行为准则，成为一种自律的行为。

就当前的课堂教学来说，这类学生是比较少的。这一方面是由于学生年龄特征决定了从他律到自律需要一个发展的过程和阶段；另一方面，课堂规范的外在强制规约很大程度上压抑了学生自主意识和自律精神的唤起。在长期的规训与控制下，教师的要求替代了学生自己的意愿，使得学生的主体意识和自主性逐渐丧失。正是在这一意义上，彰显课堂规范对人的发展的积极价值，使学生成为具有自律精神的社会主体，是课堂场域学生社会性生成的重要内容。

在现实的课堂场域中，学生通过自主参与课堂规范的制定达成自我规约。在对制度的协商、质疑过程中达成对规范的真正理解和认同，使这些规范成为学生自我管理的准则。这时，学生对于课堂规范的遵守便不再是一种对外在规约的强制顺从，而是一种对自我良知的遵从。自我的良知既不是盲目的自由，也不是对规范的顺从。他表现为"足够的勇气、自治力和自律性。当服从权威与他们自己内心的是非观相悖时，他们会加以抵抗而不被权威控制。"[①]当课堂

---

① ［美］C. M. Charles.建立课堂纪律[M].李庆,孙麟译.北京:中国轻工业出版社，2003,77.

规范成为自我行为的伦理准则,学生便完成了从他律到自律的转变,课堂规范真正内化为学生的纪律精神。而这种规则意识和自律精神,也正是学生作为社会主体的精神内核。

二、课堂场域学生社会性的内在结构

课堂场域中,学生的社会性呈现出丰富多样的形态。当我们观察和分析了学生社会性的外在表象之后,进一步需要追问的问题便是:这种表象背后是一种怎样的社会性本质和结构支撑呢?因此,我们需要对课堂场域学生社会性的内在结构作以分析。

(一) 社会性的内在结构:社会关系中的属性和特征

对课堂场域学生社会性结构的分析必然要建立在对人的社会性的内在结构分析的基础之上。因此,首先需要思考的便是:如何理解社会性的内在结构。

如前所述,人的社会性是社会关系中形成和表现出的属性和特征。按照马克思主义的理解,"社会关系是人们在物质生活和精神生活活动中结成的各种关系的综合"。"最初指人们在改造自然界活动的基础上形成的协作劳动和相互交往关系等。随人类社会实践活动的发展和深入,逐渐形成多种层次的复杂的社会关系。"①由此可以看出,人的社会关系已经"不是由生物本能决定的合群倾向,而是人们在实践活动中所产生的一种必然联系。"②它不是某一种社会关系,而是"一切社会关系"。正是在这样一种社会关系体系中,使得人的社会性成为一种具体的、现实的人的社会性。这样一种文化层次上的社会关系的理解,不仅在现实意义上成为人的社会性生成和发展的基础,而且从理论层面为我们分析和理解社会性的内在结构提供了一个重要的视角。

人的社会关系是在交往中形成的,因此,交往是建构社会关系的重要条件。"任何一种社会关系都既是交往活动的形式,又是交往活动的结果。"③根据交往对象和方式的不同,便形成了不同性质的社会关系。在这里,我们借鉴哈贝马

---

① 冯契.哲学大辞典[Z].上海:上海辞书出版社,2001,1247.

② 韩震.生成的存在——关于人和社会的哲学思考[M].北京:北京师范大学出版社,1996,44.

③ 同①,636.

斯关于交往中的"三重关系"的划分,①将人的社会关系划分为三个维度:与客观事物的生产性关系、与他人的人际性关系和与自我的伦理性关系。与客观事物的对象性关系中,个体在社会文化再生产的同时实现了自身文化性的生成;在与他人的人际关系中,个体之间建立起相互关联,形成互赖性和交往性;在与自我的伦理性关系中,个体通过对规范律令的自我反思,实现道德性的生成。正是在不同的社会关系中,建构生成了社会性的不同结构要素和社会特征。

1. 文化性:与客观事物的生产性关系

马克思主义认为,人的社会关系的最本质、最基础的体现便是与客观事物的生产性关系。脱离了生产关系,其他关系将无法得到根本说明,因为"生产劳动范畴是规定人类活动和人类存在的社会性的出发点。"②

在这里,我们将"与客观事物的生产性关系"中形成的社会性结构特征称为"文化性"。因为人的生产劳动,从本质上来说,是一种社会文化的生产和传递过程。"通过劳动时自觉地和有目的地组织起来的合作,把个人生活中获得的经验、一定的能力、劳动的工具和产品一代一代传下去。"③"人们通过教育把世代积累下来的经验和知识传给下一代人,这样一来,每一代人都可以从新的、更高水平的生产能力和生活能力开始。"④可以说,正是在与客观事物的生产性关系中,人类实现着社会经验和社会文化的横向传播和纵向传递,从而增强了人的"种属能力"和"社会特征",实现着人的社会性生成。当然,这里的社会文化不仅包括物质文化,还包括精神文化。因为"劳动和生产活动不仅限于物质生产的领域,它还包括精神生产的领域。在精神生产中,劳动关系表现为意识形态的关系,因为这些关系的形成依赖于社会意识,依赖于从前辈继承下来的知

---

① 作为现实的人的交往方式和交往关系,哈贝马斯关于三个世界——"外在世界"、"我们的社会世界"和"自我的内在世界"的划分,以及在此基础上所建立起来的"三重关系",为我们理解人的交往方式及社会关系提供了重要的启示。虽然交往行为理论建立在主体间语言交往的前提下,是一种对人际之间平等而真诚的对话关系的追求。但我们认为,哈氏对于交往过程中三重关系的提出具有一定的普适性。因为作为人的交往,无论是物质交往、精神交往还是语言交往,都不可避免地面临着与客体、与他人以及与自我的三重关系。

② 韩震.生成的存在——关于人和社会的哲学思考[M].北京:北京师范大学出版社,1996,53.

③ 同上,56.

④ 同上,57.

识、经验以及全部思想材料,这就表现为人们在其精神生产中的交往和关系。"①事实上,课堂场域中学生对于文化知识的学习和社会价值观的内化,正是这样一种精神生产中的文化性生成。

需要说明的一点是,在与客观事物的生产性关系中,个体不仅形成了文化性的社会特征,还表现出共同劳动中的合作关系。考虑到这种合作关系从本质上来说,还是一种个体与他人之间的交往关系,因此,将这样一种合作关系也概化为与他人的人际关系中的社会性特征。

2. 互赖性与交往性:与他人的人际性关系

如果说,文化性体现了人与客体的生产性关系中所形成的社会性结构特征,那么互赖性和交往性则是体现了个体与他人人际性关系中的社会性结构特征。人的生存和发展离不开他人,也离不开群体。从人类历史发展的角度看,正是个体在与他人的交往中形成了各种社会关系;而在现实生活中,也正是由于个体置身于各种社会关系中,才形成了社会性本质。

个体与他人的人际性关系包括两种形式:在个体与群体的人际性关系中形成了人的互赖性;在个体间的人际性关系中形成了人的交往性。这里的交往性与"课堂交往"中的"交往"虽然都是体现了人与人之间的相互作用和关系,但却是两个不同层面的概念。"交往"是动词,它表示人的一种活动状态,在本书中,正是通过交往这样一种实践活动,实现了人的社会性生成。而"交往性"则是一个名词,是人所具备的一种与他人相互作用、相互关联的一种行为特征和倾向性。它是个体内在的特征和属性。但同时,两者又相互关联。正是个体之间的交往过程形成了人的交往性特征。因此,与他人的人际性关系中形成的交往性,就是指在个体间的人际关系中形成了人的相互交往的行为特征和倾向性。

个体与群体的人际性关系所形成的互赖性,是社会性结构中的最基本特征。因为"没有任何个人不是以群体成员的身份出现的。"②人类文明史上没有任何一种生活不是以群体生活为基础的,没有群体交往,人就不能称其为人。脱离了社会环境,脱离了集体生活,人就无法形成其所固有的特性。

---

① 韩震.生成的存在——关于人和社会的哲学思考[M].北京:北京师范大学出版社,1996,54-55.
② 阿德勒.心理生活的社会方面.参见马斯洛.人的潜能和价值[M].北京:华夏出版社,1987,45.

个人生命存在和人性存在是与人类整体不可分割的,也必须通过社会交往吸取生命和思想的养分。从这个意义上说,与社会群体的关系造就了人的生存。如果人一旦脱离了社会,脱离了生长于其中的群体,个体便得不到群体文化的滋养,潜在的才智和心理功能也将泯灭和幽闭,人的社会性发展更是无从谈起。正是在这个意义上,我们说,互赖性是社会性的最基本含义。

如果说,互赖性体现的是个体与群体的一种相互依赖关系,是作为社会人的生存和发展的前提。那么,交往性则是作为主体的人在与他人的平等交往中所表现出的社会性特征,是个体凸显其主体性的社会性特征。

交往性是个体在与他人的人际性关系中所形成的社会性结构特征。因此可以说,交往性的实现是以交往为前提的。换言之,交往是实现交往性的条件。交往是人们在社会人际关系中发生的各种往来、接触、联系和交流。事实上,交往是社会发展和个体发展的必要和普遍条件。苏联社会心理学家安德烈耶娃指出:"人在类社会中,交往是团结个体的方式,同时也是发展这些个体本身的方式。"因此,"交往的根源就是个体的物质生命活动的本身。"[①]这样一种意义上的交往,渗透于社会生活的各个领域,体现于人类一切社会关系中。正如美国学者罗杰斯所言,对于人来说,"我们无须问谁将使他社会化,因为他自己最深切的需要之一就是与人亲近和交往。当他变得更完全成为他自己时,他将变得更现实的社会化。"[②]

在交往过程中,个体在肉体和精神上相互创造,人们的活动和行为的能力也得到交换,促进互补关系。在交往过程中,社会个体的理性的、感情的和意志的相互影响和相互作用得到实现,情绪、思想、观点的共同性逐渐形成起来,达到相互理解。没有这种相互理解和相互影响,人们便不可能进行共同活动,也不可能提出和规定共同活动的目的和任务。交往也是作为社会主体的人发展自己的本性和才能,实现自我价值的重要途径。正如马克思和恩格斯所指出的,"人们是自己观念、思想的生产者,但这里所说的

---

① [苏]安德烈耶娃.社会心理学[M].南开大学社会学系译.天津:南开大学出版社,1984,97.

② 罗杰斯.充分发挥作用的人.参见马斯洛.人的潜能和价值[M].北京:华夏出版社,1987,327.

人们是现实的、从事活动的人们,他们受着自己的生产力的一定发展以及与这种发展相适应的交往的制约。"①可以说,人们交往越多,就越有自我完善与自我提高的可能。

可以说,正是人与人之间社会交往中的互相影响、互相适应,从而实现了个体交往性的生成。交往性作为人的社会本性之一,是人们相互关系中所形成的社会性结构特征。通过交往基础上建立起来的交往性,才使人形成了"类本质"的社会性。

3. 道德性:与自我的伦理性关系

人不仅与客观事物、与他人形成外显的社会关系,还与自我发生着内隐的社会关系。在个体与自我的伦理性关系中生成的社会性结构特征便是一种道德性。

自我的发展要经历两个过程。一个过程是从"共生"到"独立"的过程。也就是个体从周围环境中分化出来,把自己与非自己区分开来,成为"一个独立的人"。另一个过程是从"冲动的自我"到"规约的自我",最终达至"自由的自我"的过程。在通常意义上,研究者往往更多关注自我发展的第一个过程,即强调自我是自己与非自己的区分,是自我成为独立的人的过程。而对于后一种意义上的自我发展相对忽略。然而,就人的发展的终极旨趣来说,这一意义上的自我发展是更为本质、更为重要的发展。因为"自我"与"非我"的区分是人在幼儿阶段就已经完成的,而由"冲动的自我"向"自由的自我"的发展却贯穿于人的社会生活的全部历程。个体的社会性的生成过程,并不仅仅是从一个自然本性意义上的人转变为一个社会约束意义上的人的过程,他还需要将这种外在的社会约束内化为一种自我的内在规约。个体只有完成了这样一种社会道德规范的内化过程,才能生成真正意义上的个体社会性,成为主动适应社会生活的社会主体。正因为如此,可以说,人的自我发展过程,本身就是社会性的生成过程。

从社会性生成的角度审视人的自我发展,便是一个由"自在的自我"向"自为的自我"发展的成长过程。精神分析学派的创始人弗洛伊德将人格划分为本我、自我和超我三层结构图式。他认为,本我是最原始的人格部

---

① 马克思恩格斯选集(第一卷)[M].北京:人民出版社,1995,30.

分,体现着人的本能意愿;超我是个体对社会的道德限制和楷模进行内化的结果,代表着对人的社会规约。而自我既监督本我,又满足自我。作为一种控制机制,自我协调本我与超我之间的冲突。美国社会心理学家米德认为,自我是"主我"(I)和"客我"(me)的统一体。"主我"代表着自我的冲动方面,"客我"代表着自我的社会方面。作为自我的逻辑组成部分,"主我"和"客我"是互为依存的,共同构成完整的社会个体。无论是弗洛伊德理论中自我对于本我和超我的协调,还是米德的自我内部双重关系的统一,都内在地包含了这样一种意义:自我,理应是个体本性与社会规约的协调统一。

　　道德性是指人在与他人、社会发生关系时,总是有依据特定的行为规范而采取行动的倾向。道德性的产生有赖于两方面条件:一个是外在的道德规范和制度的规约;另一个是自我肯定和自我发展的需要。外在的道德规范只有内化为个体深层的心理结构,才能使作为行为主体的人意识到自己的责任,对自己的行为负责,从而自觉地做出符合道德规范的行为。因此,在个体道德性的形成过程中,自我的意愿往往发挥着更为重要的作用,成为道德性生成的内在动力。在社会交往中,当自我意识到:只有大家都依照一定的规范活动,才有社会的相对安定和正常的生活秩序,便会主动、自觉地克制自我的冲动意愿而遵守社会规范。正是从这一意义上说,人与自我建立起一种伦理性关系,并在这种关系中实现个体道德性的生成。

　　总之,作为社会关系中的个人而言,虽然道德的原则和规范是既定的、现成的力量,对其有限制性。但是,原则和规范归根到底是人的经验,人的社会需要的产物,而非外在于人的异己力量。正因为如此,道德性成为人与自我的伦理性关系中的社会性特征。

　　以上,我们从社会关系的角度分析了社会性的结构特征。个体在社会交往中必然会形成与客观事物、与他人和与自我的社会关系。在与客体的生产性关系中形成了个体的文化性;与他人的人际性关系中形成了个体的互赖性和交往性;与自我的伦理性关系中形成了个体的道德性。它们共同构成了个体社会性的内在结构,即社会文化性、人际关系性和自我道德性的内在统一。具体关系如下图所示:

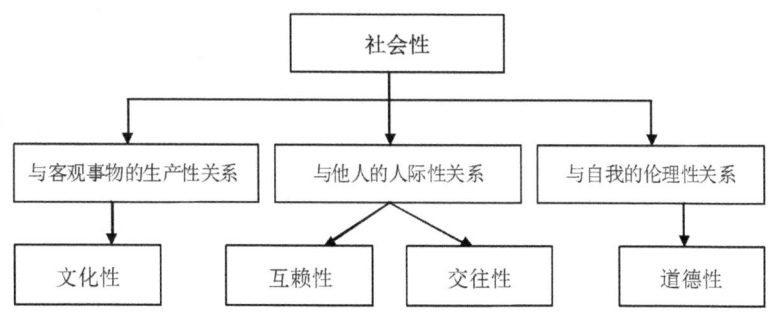

图 2　社会性的分析维度和结构特征图

需要说明的一点是,生产关系以及由生产性关系所形成的文化性是所有社会性结构特征的出发点,它是人类社会性最根本的内容。生产关系决定了其他的关系:不仅决定着人际关系和道德关系,还决定着作为个体的人本身的发展。人际关系中的相互依存性和交往性,都是以生产关系为基础的,其最根本和最主要的也是生产过程中的交往。伦理关系中的道德性,归根到底是为了调节人们之间的生产关系和由此而产生的不同利益关系。

(二) 课堂场域学生社会性的结构要素

社会性是人在社会关系中形成和表现出的属性、特征。个体在与客观事物、他人、自我的不同社会关系中形成了社会性的不同方面结构特征,即文化性、互赖性、交往性和道德性。课堂场域作为一个关系共同体,学生在课堂场域的交往也必然形成各种社会关系,并在这些关系中生成个体的社会性。基于人的社会性所普遍具有的结构特征,我们进一步在课堂场域的多重社会关系中分析学生社会性的结构要素和特征。

如前所述,课堂场域是师生、生生在课堂交往中形成的多重关系复合结构。课堂场域中,同样实现着与客观事物、与他人和与自我的关系建构,并在这些关系中形成个体的文化性、互赖性、交往性和道德性。学生在与课程文本的对象性关系中,形成个体的社会价值观;在班级群体的主体际关系中,形成群体归属感并促进合作意识和交往能力的发展;在制度规约的伦理关系中,形成规则意识和自律精神。

1. 社会价值观

课堂场域中的生产性关系主要体现为学生与课程文本所建立起来的对象性关系。任何的生产性关系都首先是一种与客体的对象性关系。而生产性关系中的个体间交往合作关系也是围绕着这种对象性关系建立起来的。在课堂场域中,课程文本是社会文化的价值载体。学生通过教师的启发引导和同伴合作互助,与课程文本发生一种对象化的关系。通过对课程文本的理解和感悟,将文本中所蕴含的社会文化对象化为自我的认识结构,从而实现着社会文化的传承和自我的社会性生成,即社会文化的再生产和社会主体的再生产。正是在这个意义上,学生与课程文本的对象性关系成为一种生产性关系。

"文化的核心是价值观问题"。① 如果从学生社会性生成的角度来理解课堂场域中的社会文化传承,那么,社会价值观的传承便是文化传承的核心内容。所谓价值观是个体对外在世界、他人和自我所形成的稳定的、本质的态度。它是对人的行为具有指导意义的判断和评价准则。而社会价值观则是指社会群体、社会阶层、社会成员对社会现象的价值判断,即对某一现象的好坏、优劣、对错的判断。② 作为一种社会生活的本质态度,个体的社会价值观是人的社会化的结果,它是人在社会生活中,在人的社会学习和实践中产生并完成的一种态度体系,是社会认识、社会情感和社会行为方式的统一体。每个人都是在社会生活中形成自己的社会价值观,并都在自己的价值观指导下去参与社会生活和调节自己的行为方式。社会价值观作为和人的社会生活、社会行为密切相关的一种"社会性"心理特征,体现了社会生活在个体意识中的内化。在课堂场域中,学生通过与课程文本的对象化关系实现社会文化的再生产。在这个过程中,将作为文化核心的价值观内化为学生的个体社会价值观,并成为指导学生社会生活和社会行为的态度准则。正因为如此,我们说,社会价值观是课堂场域学生社会性结构的重要组成部分。

2. 群体归属感与合作交往能力

在课堂场域中,人际关系同样表现在两个层面:一个是学生与班级群体的个群关系;再一个是学生与教师、同伴的个体间关系。正是在这两个层面的人际关系中,实现着个体的互赖性和交往性。作为社会性的结构特征,互赖性、交往性在课堂场域中具体化为学生的群体归属感和合作交往能力。

---

① 裴娣娜.多元文化与基础教育课程建设的几点思考[J].教育发展研究,2002(4).
② 王思斌.社会学教程[M].北京:北京大学出版社,2005,59.

所谓群体归属感,是指个体自觉地归属于所参加群体的一种情感。它是个体在群体生活中所形成的一种社会情感。有了这种情感,个体便会与所属群体以及群体中的成员产生一种互相依存的关系,以群体为准则,进行自己的活动、认知和评价,自觉地维护这个群体的利益,并与群体内的其他成员在情感上发生共鸣,表现出相同的情感、一致的行为以及所属群体的特殊的准则。班级群体作为课堂场域的独特群体结构,对学生的社会性生成发挥着重要的影响。一个良好的班级群体具有共同的目标、共同的行为规范、共同的舆论影响,这些共同性使得群体形成积极的文化环境和心理氛围。学生处于这样一种积极的群体文化氛围中,会产生积极的情感互赖,自觉地接受群体的感染和陶冶,并积极地参与群体活动和群体建设。当学生以群体的存在作为自己的标识,以群体的发展作为自己的行为目标,便形成了群体归属感这样一种积极的社会情感体验。可以说,群体归属感决定了学生能否融入群体社会生活,建立积极的相互依赖关系。作为一种积极的社会情感,群体归属感是课堂场域学生社会性结构的重要组成部分。

所谓合作交往能力,是指通过个体间的主体际交往所形成的一种合作意识和交往技能。通过个体间的平等交往所形成的合作意识与交往能力表现为一种主体间性的社会性特性。它使个体在相互交往中,不仅建立起理解尊重、合作互助的交往关系,而且在变革共同客体的实践活动中实现着交往主体的生成。因此,作为主体际关系形成的社会性结构特征,合作交往能力不仅是有效交往的重要条件,而且是个体"类本质"和"主体性"的核心体现。在课堂场域中,学生与他人的人际关系表现为师生关系和生生关系。一方面,基于共同的教学目标和课程文本,师生之间建立起非日常的交往关系;另一方面,个体间的情感交流又随时发生在课堂场域的日常交往中。在日常交往与非日常交往的交织中,建构起课堂场域的人际关系。虽然这种人际关系不可避免地呈现出和谐与冲突、合作与竞争的双重特征,但建立在尊重信任基础上的师生关系,以及建立在合作互助基础上的生生关系始终是课堂场域人际交往的理想追求和重要特征。正是这种和谐的主体际关系,实现了课堂场域学生合作意识和交往能力的形成。

3. 规则意识和自律精神

在课堂场域中,学生不仅与师生发生着主体际关系,与课程文本发生着对象性关系,而且与自我产生着伦理性关系。学生与自我的伦理关系是以课堂规范和制度为外在条件的。学生正是在基于课堂规范制度的自我反思中,形成规则意识和自律精神,从而构成了课堂场域社会性的又一结构特征。

所谓规则意识,是指发自内心的、以规则为自己行动准绳的意识。规则意识是现代社会公民所应具备的一种重要意识。规则意识有三个层次:第一个层次是关于规则的知识,即知道该怎样做。第二个层次是遵守规则的愿望和习惯,这尤其表现在没有强制性力量阻止违反规则的时候,也能自觉予以遵守。规则意识的最后一个层次是遵守规则成为人的内在需要,也即形成了个体的自律精神。当个体的规则意识已经成为一种自律精神时,遵循规则就已经成为人的第二天性,外在规则转化为人的内在精神。从规范向精神的转变,对于个人来说,意味着规则不再仅仅是一种外在强制,而是一种内在需要,从而使人获得了真正的自由。从这一意义上说,规则意识和自律精神从根本上是相统一的。规则意识是个体自律精神的前提和基础,而自律精神则是规则意识的最高层次体现。在课堂场域中,无论是围绕着课程文本学习过程中的交往实践活动,还是学生个体之间以及学生与群体之间的人际交往,都需要一定的规范制度作为保障。但如果仅仅将课堂的规范制度作为一种对学生的外在控制和约束,便无法真正形成学生遵守规范制度的愿望和品质。这种外在的强制规约不但无法真正保障课堂秩序,而且更为重要的是,它使得教育背离了培养社会主体的人终极旨趣,而只能塑造出缺乏内在自制的、被压迫下的、奴性的人。正是基于此,课堂的规范制度便不应是教师的强制要求和学生被动服从,而是学生认同基础上的自觉行为。这种内在的认同和自觉的内化正是通过学生与自我的伦理性关系中实现的。学生与自我的伦理性关系,是一种基于道德规范的自我反思。通过自我选择与自我规约,建立起"合道德性"的自主行为,并形成学生的规则意识和自律精神。因此,这种规则意识和自律精神便构成了课堂场域学生社会性结构的又一组成部分。

综上所述,课堂场域的多重社会关系构成了学生社会性的内在结构及其特征。学生社会性的结构特征包括三个方面:社会价值观、群体归属感和合作交往能力、规则意识与自律精神。具体关系如下图所示:

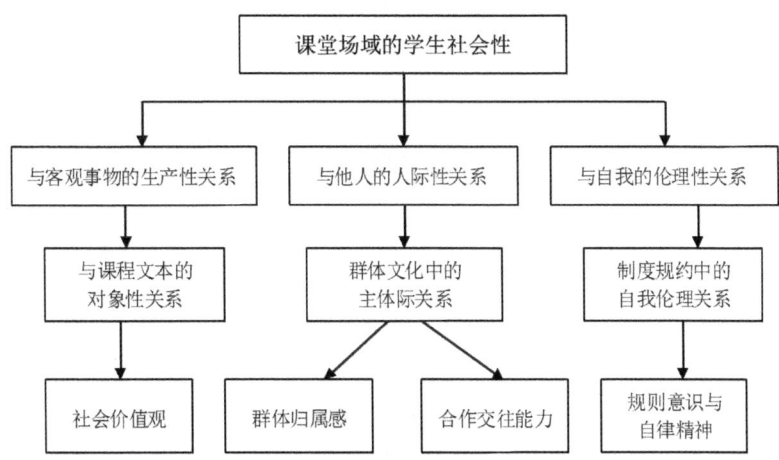

图 3　课堂场域学生社会性的内在结构

正如生产关系是人类一切社会关系的基础,在课堂场域中,学生与课程文本之间建立起来的对象性关系是其他一切关系的前提和基础。因此,学生在课堂场域中的一切交往形式都是以社会文化的传承、学生认识的发展为基础的。学生与课程文本的生产性关系从文化传承的意义上实现了个体社会性的生成。而基于生产性关系建立起的学生与他人的人际性关系以及与自我的伦理性关系,也在不同层面上建构着学生的社会性结构特征,实现了学生群体归属感与合作交往能力、规则意识与自律精神的生成。这些要素特征的整合作用,勾勒出课堂场域学生社会性的内在结构。

三、课堂交往:学生社会性的生成机制

在对课堂场域学生社会性的表现形态和内在结构分析的基础上,进一步需要思考的问题便是:学生的社会性是如何在课堂场域中生成的? 如前所述,学生的社会性是在社会关系中生成的,而社会关系又是在交往中形成的。基于这样一种逻辑推演,我们认为,课堂交往是实现学生社会性生成的内在机制。

(一) 课堂交往的意义探寻

课堂交往之于学生社会性生成的意义,是在课堂场域具体而现实的交往中实现的。这种交往意义的实现是在对不合理交往的反思和批判基础上的合理化建构。

1. 课堂场域不合理交往的反思

课堂场域的不合理交往是指在课堂场域中,由于文化复制目的的夸大而造成的一种交往异化。在这种交往异化的情况下,不仅学生,就连教师都被抽掉了作为活生生的社会个体的价值、需要和情感体验,只是作为执行任务的一种手段和一种抽象的角色。在课堂场域中,这样一种不合理的交往主要体现于三个方面:

(1) 课堂交往目的的工具化

工具理性的实质,是在目标确定的情况下选择实现这一目标的最有效手段,或在给定条件下现实地权衡和制定所要实现的目的。它以成功为目标取向,以合理规划为特征,植根于支配自然的主体性计划,缺乏主体间向度。[①] 课堂场域的交往是以社会文化的再生产和社会主体的生成为目的的。而对人的存在和发展的关注毫无疑问应当是课堂交往的终极目的。然而,在现实的课堂场域中,人的存在和发展的本体价值被遮蔽。由于当前的教育在很大程度上仍然是以学生学业成绩的优劣作为评价学生和社会选择的条件,因此,课堂交往更多地被看作学生实现掌握知识、发展认识的工具,而忽视了交往对于人的发展,尤其是社会性发展的重要意义。在关于学生社会性发展的教师问卷调查中,有60%左右的教师认为,当前课堂不太关注学生的社会性发展。有研究者就教师、学生和家长三类主体对于课堂教学的功能期待进行调查。内容涵盖传授文化知识、促进智力发展、促进个性全面发展、促进同学交往、促进社会规范习得、保证顺利升学等12项内容。调查分析的结果显示:尽管不同主体对于课堂功能期待不尽相同,但一个共同点却是:教师、学生和家长普遍将传递文化知识视作课堂教学的主要功能,甚至将保证顺利升学、培养竞争能力、培养解题应试能力看作课堂教学的主要功能,而对于促进同学交往、促进社会规范习得、教导为人处世本领这样一些社会性发展的功能普遍期待较低。[②]

这样一种工具理性支配下的课堂交往,使得交往的目的偏离了人的发展的终极旨趣,仅仅聚焦于学生知识的掌握和技能的发展。一方面,课堂教学的群体意义缺失。仅仅把课堂教学作为师生个体间的、单向的知识灌输过程,而对

---

① 韩红.交往的合理化与现代性重建[M].北京:人民出版社,2005,149.
② 吴康宁.课堂教学社会学[M].南京:南京师范大学出版社,2001,313-319.

于课堂教学的群体化功能缺少关注;另一方面,合作学习的社会性发展价值弱化。仅仅把合作学习作为促进课堂教学质量的手段,作为一种教学组织形式,忽视了合作学习对于培养学生合作意识和交往能力,实现学生社会性发展的重要价值。课堂交往目的的工具化使得课堂场域没有自觉意识到、更没有充分实现其促进学生社会性发展的功能,消减了学生在课堂场域的社会性生成。

(2) 课堂交往关系的不平等

课堂场域中师生交往关系的不平等可以从两种意义上来理解。一种是基于师生角色地位和认识水平的差异所形成的交往中的不对称关系;另一种是由于师生身份地位的差异所带来的交往中的人格不平等关系。我们认为,由于师生角色地位和学识水平的差异,使得课堂场域中的师生交往不可能成为一种完全的对等关系,师生交往的不对称关系有其存在的必然性和合理性。因此,这里对于课堂场域师生交往关系不合理的反思,主要是就一种人格意义上的师生交往不平等的反思与批判。它是指在课堂场域中,由于文化复制的需要,教师的传统权威被扩大利用所造成的师生和生生对立的交往状态,是夸张、强化了不对等性造成的。在课堂场域中,这种交往关系的不平等主要表现在以下两方面:

首先,课堂交往关系的不平等表现为师生交往地位的不平等。"规定"成为教师和学生关系中的基本要素之一。每一种规定都代表着把一个人的选择强加给另一个人,这样就把接收规定者的意识改变为一种与规定者意识一致的意识。在这样的规定下,学生顺从而不反抗,认同而不质疑,习惯于自觉遵循教师的旨意。相对于学生,教师作为社会的代言人,享有"法定"的、作为教育者的教育权力,并将这种权力转化为一种权威。权威的强弱决定了人的社会地位的差别及其交往关系中的不平等。在课堂场域中,教师是掌握交往时机和程度的有效控制者,学生处于被动的地位。从双方的表达机会来看,教师有独裁课堂的倾向。只有教师才有机会充分发表自己的意见,形成教师语言霸权,而学生则处于听凭教师摆布的地位。于是,在课堂上,我们常常看到,教师希望学生对于问题所做的回答符合预期的答案,对于偏离教师意愿的"奇思怪想"给予忽视甚至压制。课堂交往成为学生对教师表演的"配合"。正是在这种不平等的交往中,学生学会了揣摩教师的意愿,按照教师的期望和需要回答问题,以取悦教师为交往目的,而将自己真实的想法压抑和隐藏起来。在这样一种不合理的交往中,学生形成了顺从、听话的被动的社会性格,而丧失了自主性和主动性。

其次，课堂交往关系的不平等还表现为学生交往机会的不平等。在我国班级授课制的教学组织形式下，大班教学从客观上给学生的充分参与交往带来了障碍。在课堂教学中，能够获得发言机会直接参与教学交往的学生只有少数，而大多数学生则没有机会真正实现与教师的交往和对话。同时，从教师主观来说，为了保证教学进度的正常和教学目标的实现，教师往往倾向于选择能够顺利完成学习任务的学生回答问题，这又人为地造成了参与机会的不平等。在重点小学五年级的一堂语文课上，教师五次叫到同一位学生回答问题。并且这些问题并不是简单的应答性的问题，而是需要做出观点性阐发的重要问题。当然，这位学生的回答确实非常精彩，甚至让听课老师们"赞叹不已"。相对而言，其他学生的发言机会明显要少，发言的内容也有许多是简单的应答性问题，甚至有 1/3 左右的学生根本没有机会参与课堂提问的回答，成为课堂交往的旁观者。学生参与机会的不平等直接带来了学生交往的竞争和冲突。学生为了获得更多的参与交往的机会而争先恐后地争取发言，以获得自我的表达为目的，且对其他同伴的发言内容毫不关心，不懂得倾听和尊重。即使在生生间的合作学习中，为了完成学习目标，也仍然存在着"小权威"的独霸现象，而"学困生"的交往权利则明显缺失。可以说，课堂场域交往机会的不平等使得学生为了获得"交往机会"这一稀缺资源，而形成明显的"竞争"和"冲突"关系，且这种"竞争"和"冲突"本身，又进一步造成了学生的自私自利、自我为中心的社会性格特征。

(3) 课堂交往意义的生命缺失

生命关怀是一种主动、积极的意向，是人对其他生命的关注和挂念。生命关怀是人与人之间的一种意义关联。当代著名关怀教育学家诺丁斯指出："关怀最重要的意义在于它的关系性。关怀是出于关系之中的一种生命状态，它最基本的表现形式是两个人之间的一种联结和接触。一方付出关怀，另一方接受关怀。"[1]教育是人生命活动的内容和体现。学生在课堂场域中体现着自己的生命，也在学习生活中完善了自己的生命。教育的最终目的在于成全生命，而生活世界正是生命的存在状态，教师只有在课堂场域的学习与生活中关怀学生的

---

[1] [美]内尔·诺丁斯.学会关心——教育的另一种模式[M].于天龙译.北京:教育科学出版社,2003,23.

生命才能实现教育的本真意义。但在传统教育模式下,教师经常"一厢情愿"地"关怀"学生的学习和生活,而不顾学生的感受和接受力。在"关怀"学生发展的意义下,实施着对学生强制的规训、专制的惩罚。而这样一种对学生的"关怀"并没有使学生真正感受到生命的意义和自我的发展;与之相反,造成了学生主体意识的退隐和生命意义的缺失。

2. 课堂场域合理化交往的意义探寻

既有的课堂交往的不合理造成了课堂场域学生社会性生成的失当。因此,要充分实现学生的社会性生成,就需要变革当前课堂交往的不合理性,并在此基础上建构起课堂场域的合理化交往。

交往行为合理化,是哈贝马斯对交往行为剖析时提出的一个概念。哈贝马斯对交往行为概念的分析,开始于他对行为类型的区分。他区分出四种行为类型:(1)目的性行为,又称工具性行为。它是一种旨在实现一种目的的行为,也就是有目的地、因果地介入客观世界的行为。在此行为中,行为者在比较、权衡各种手段后,选择一种最理想的达到目的的手段。(2)规范调节行为,即一个群体的受共同价值约束的行为。规范调节行为要求群体成员严格遵守群体所有的那些共同的价值期望,群体成员对规范的遵守体现为贯彻一个已经普遍化了的行为举止期待。(3)戏剧行为,它指的是行为者在一个观众或社会面前表现自己主观性的行为。戏剧行为重在自我表现,通过自我表现而达到吸引观众、听众的目的。(4)交往行为,它是一种行为者个人之间通过符号协调的互动,以语言为媒介,通过对话,达成人与人之间的相互理解和一致。

按照哈贝马斯进一步的分析,前三种行为类型分别侧重不同的关系世界,而交往行为则实现了与三个世界关联的协调统一。目的性行为关联于客观世界,它因果性地介入客观世界以实现自己的行为计划;规范调节行为对应于社会世界,这个世界是基于合法的规范组成的个体间关系的总体,规范调节行为在同这个世界的关联中相应地提出正当性和有效性要求;戏剧行为与主观世界相连接,即戏剧行为将行为引向自己的主观世界;交往行为反思地或间接地与客观世界、社会世界、主观世界相关联,在交往行为模式中,行为者从"他们自己所解释的生活世界的视野",即基于他们自己所理解的、用他们自己的语言所表达的"经历过的经验","同时论及客观世界、社会世界和主观世界中的事物,以研究共同的状况规定"。① 也就是说,行为者各自同时地在上述三个世界中,反思地同有关事物发生关系,以便在对所处的环境的共同认识中取得协调一致的意见。由此可见,从行为类型与世界的关系方面看,目的性行为、规范调节行为、戏剧行为都只是单方面在与一个世界发生关联关系,只有交往行为通过"生活世界"与三个世界发生联系,全面地把握社会行为中的各种行为角色,协调地考虑这三个世界。所以,交往行为比其他行为在本质上更具合理性。哈贝马斯认为,人们理性化行为不应仅仅体现在"目的合理的"工具行为与策略行为之中,更应该使理性的结构向交往行为扩展,使理性化主要"体现在交往行为的媒介性质上,体现在调解冲突的机制、世界观以及同一性的形成上。"②

为了实现有效交往,哈贝马斯继而提出了"生活世界"的概念作为补充。从社会学角度看,生活世界是社会存在的一个重要基础,是促使"文化再生产"的场所和重要条件。哈贝马斯认为,生活世界是言说者和听者在其中相遇的先验场所,在其中他们能够交互地提出要求,以致他们的表达与世界(客观世界、社会世界和主观世界)相协调,他们能够批判和证实这些有效性要求,排除他们的不一致并取得认同。可以说,哈贝马斯是把"生活世界"作为交往行为运行的境域,为有效性要求的确立提供参照点。也就是说,交往行为者始终是在生活世界视野中相互理解的,"他们本身作为阐释者凭借言语行为而属于生活世界。"③

由此可见,哈贝马斯所区分的四种行为类型中,"交往行为"本身即是一种合理化交往的实现。这种交往是一种通过语言实现的、具有主体间性的、符合一定社会规范的、在对话中完成的,能在交往者之间达成协调一致与相互理解的理性化行为。④ 当然,合理化交往本身不是目的。哈贝马斯引入"生活世界"的概念,就是为了将这样一种语言层面的交往引入到社会场境中。通过一种社会政治领域的合理化交往,最终实现的是社会的进化和人类的解放。

哈贝马斯所说的交往只是一种建立在语言本体基础上的人际交往,而课堂交往的内涵则更为丰富,不仅包括人际交往,而且还体现为师生共同改造课程

---

① [德]哈贝马斯.交往行动理论(第一卷)[M].洪佩郁,蔺菁译.重庆:重庆出版社,1994,135.
② [德]哈贝马斯.交往与社会进化[M].张博树译.重庆:重庆出版社,1989,123.
③ 韩红.交往的合理化与现代性的重建[M].北京:人民出版社,2005,152.
④ 同上,171.

文本的交往实践,学生自我的反思性交往。但哈贝马斯交往理论中所提出的三重关系(即与客观世界的关系、与社会世界的关系、与主观世界的关系)却是任何交往形式都必然存在和需要审视的。而且,课堂场域作为"生活世界",使得课堂具备了合理交往的场境,也使得课堂交往与哈贝马斯的合理化交往建立在同质性的交往背景之上。更为重要的是,哈贝马斯对于现代社会工具理性充斥所带来的交往异化的批判,以及由此所提出的对建立在平等对话基础上的主体间交往行为的倡导,体现了当代教育教学的价值追求。当代教育工具性价值的极端强化,使得教育背离了对社会主体的人的终极价值追求。而要实现教育对人性的回归,对作为社会主体的人的关注和培养,就需要课堂教学和课堂生活首先建立在一种人性尊重和人格平等的基础之上。哈贝马斯对于回归生活世界的交往的呼唤,对于主体间合理交往的意义阐释,无疑对于课堂场域培养社会主体的目标具有重要的启发。正是基于此,本书将课堂场域学生的社会性生成建立在一种合理交往的基础上。通过一种合理化交往基础上的社会性生成机制的探寻,为课堂场域的学生社会性研究提供一种理想指向和解释路径。

(二) 学生社会性的生成机制:建立在交往合理化基础上的社会主体生成

所谓机制,是指事物运行的内在机理和规律,即它的各个部分是如何相互连接、并作为一个整体共同活动的。对于机制的分析,可以让我们从更加微观的层面把握研究对象发展变化的影响因素及其作用方式。学生社会性生成的机制是指课堂场域学生社会性生成的内在机理。这其中,既包括学生主体与课堂社会结构及其要素之间的关系模式,也包括学生作为社会性生成主体的内在心理过程和心理特征等。已有的关于个体社会性生成机制的理解,大体可以分为三种:教化论、学习论和互动论。[1]

教化论将社会性生成看作是个体被动接受社会规范和群体文化的过程。按照教化论的观点,个体的社会性不是内生的,而是外部灌输的。在社会化的过程中,生物人基于生物性会对社会文化、社会规范有所抗拒,而个体的社会性生成就是要社会化实施者强制性地对其进行教化。我国古代教育中的社会化思想就是这样一种教化论的观点,行为主义也暗含着人的被动性的意义。学习论将人的社会性生成视为个体主动学习的过程。按照学习论的观点,如果没

---

[1] 王思斌.社会学教程(第二版)[M].北京:北京大学出版社,2004,54.

这种主动性，社会性生成的效果就会大打折扣。在社会性的生成过程中尽管外部环境必不可少，但必须确立人的主体地位。皮亚杰的发展心理学强调人是积极主动的，认为人能够判断、规定和创造自己的行为。学习论不是主张对生物本能的放纵，而是强调社会性生成主体在社会化过程中所具有的重要地位。互动论将人的社会性生成看作社会性生成主体与外在社会环境相互作用过程。在这一过程中，社会环境向个体实施知识灌输、价值引导和规范约束，但作为社会性生成的主体并不一定是完全被动地接受，而是根据自己的经验和需要有所选择，这种选择性的回应可能会在一定程度上改变社会环境的影响，从而以新的方式实现个体的社会性生成。所以，人的社会性生成是主体在与社会环境相互作用、相互改变的过程中实现的。

本书对于课堂场域学生社会性生成机制的分析是建立在互动论的基础上。通过作为社会性生成主体的学生与作为社会环境的课堂场域诸因素之间的相互作用，实现学生的社会性生成。而课堂交往则是实现这种互动中生成的核心机制。

1. 对文本价值的个体化解读中，实现学生社会价值观的内化

如前所述，课堂场域首先是一个文化场域。在课堂文化场中，师生之间基于课程文本为中介的交往实践，是学生社会价值观生成的内在机制。课程文本是构成课堂文化场域的重要因素，它是社会文化传承的价值载体，也是学生社会性生成的重要条件。在课堂场域中，学生的社会价值观主要是在对课程文本的体验和感悟中生成和内化的。而基于课程文本的教师引导和生生合作，则是实现课程文本价值重构和个体内化的重要条件。

作为一种社会文化的价值载体，我们可以从不同学科视角对课程文本意义予以审视。社会学意义上的理解是"对文本中的社会现象，体现在其中的社会文化烙印即渗透于其中的社会价值观念，进行揭示、分析与批判"。"心理学意义上的解读关注课程内容对于个体心理发展的价值，哲学意义上的解读重在从人类整体的生存与进化的高度来关照课程内容中的意义世界，教育实践意义上的解读则从具体教育教学的实践操作层面来分析课程内容的可行性。"[①]不同视角意义解读的整合，从现实与价值的不同层面呈现出课程文

---

① 吴康宁.课程社会学研究[M].南京：江苏教育出版社，2003，151.

本所具有的社会控制功能和个体发展价值,并在不同层面实现着课程文本的价值引导。

一方面,课程文本是实现社会控制的重要手段。课程文本是国家和社会主流价值观念的载体。课程文本的编制者在选择或撰写这种文本时不可能随心所欲,而是必须遵循课程目标所规定的价值要求,选择能够体现国家主流价值观念的材料。从这个意义上说,课程文本从来不是客观中立、价值无涉的绝对真理,而是充满权力和利益之争的社会活动场。功能理论认为教育的目的"在于使年轻一代系统地社会化",将集体意识灌输给个体,强调社会稳定,社会团结。与之相适应的学校课程必须使学生适应社会发展的要求,使学生社会化,理解并接受自己在社会中的位置。因此,课程成为维护社会稳定、保持社会平衡的手段。布鲁纳在《教育文化》一书中也提到:学校课程和课堂氛围总是反映了潜在的课程价值观,而这些价值观从来也不会脱离对社会阶级、性别和社会特权的思考。[1] 正因为课程文本的这种社会控制职能,使其不可避免地在内容上体现了社会主流价值观,并对课堂场域学生的社会性生成发挥着价值引导的作用。

如果仅仅将课程文本作为一种社会控制的工具,那么,学生的价值观生成便成为一种被动的接受社会控制的过程,而忽视了学生作为主体的主动发展价值。事实上,课程文本的另一个重要的特征"是在更为根本的社会变迁中公共教育如何发挥作用的问题,也就是如何把富于参与性的、平等的人类个体塑造成为基本的社会单位的问题"。[2] 从这一意义上说,课程文本是一种文化,是一种以价值观为核心的观念和活动形态。它是"按照一定社会对下一代获得社会生存能力的要求,对人类文化的选择、整理和提炼而形成的一种课程观念和课程活动形态"。[3] 裴娣娜教授认为,现代课程文化从课程目标、课程内容和课程实施三个层面集中表现了科学与人文相结合的课程文化观和课程活动观,并将现代学校课程文化的内涵和特点概括为三个层面:以人的发展为核心的多元化课程目标价值取向;以"仁爱与情感"、"和谐"、"价值与信念"为标志的现代课程

---

[1] J. Bruner, The Culture of Education, Harvard University Press, 27.

[2] [美]莫林·T·哈里楠.傅松涛等译.教育社会学手册[M].上海:华东师范大学出版社,2004,248.

[3] 裴娣娜.多元文化与基础教育课程文化建设的几点思考[J].教育发展研究,2002(4).

内容文化；以理解、体验、参与、合作等为标志的课程实施文化。①以这样一种课程文化观审视课程的价值内涵，便赋予了课程文本以人的发展的意义追求。而"借助于学科课程的文化价值和精神财富，把刻在学科知识技能中的价值观念、审美情趣、思维方式和行为规范等加以挖掘和提升"，②并以"仁爱与情感"、"和谐"、"价值与信念"为标志的课程内容文化，实现着课堂场域对学生的价值引导，培养符合现代社会价值观念的当代公民。

当然，课程文本所具有的价值引导功能并非对学生的直接传递和灌输。面对全球化趋势和多元文化冲突，当前我们的课堂教学在很大程度上缺乏主动应对多元文化的观念，没有真正承担起价值观引导的使命，使得"我们的学生既缺乏对世界文化的判断、选择和认同，也缺乏对民族文化的理解、接纳，还缺乏对丰富文化资源进行选择的能力和跨文化的交流能力。"③问题的产生一方面是由于多元文化冲突本身所造成的价值失范；另一方面则是由于课堂场域价值观引导的强制性，没有给个体的价值选择和价值判断以开放的思考、启发和引导的空间。基于课堂灌输之下的课程价值观传递并没有真正内化为学生的社会价值观，使学生面对现实的价值选择和价值判断表现出盲从、偏差甚至背离。正因为如此，课程价值观向学生价值观转化的关键，就在于学生基于个人经验基础上的自主辨别和选择，只有这样才能实现价值观在学生主体意识中的认同与内化，从而生成学生的社会价值观。从这一意义上来说，学生基于课程文本的价值观生成过程首先需要学生个体经验基础上的课程价值观重构。

事实上，将课程作为一种文本，本身就已体现了课程文本的价值重构的意蕴。首先，文本是一个多层面的开放的意义结构。因此，对文本内容的理解就不是一种简单的意义复制，而是一种个体化的创造性过程。其次，文本体现了与解读者的一种平等关系。因此，文本解读的过程不是对解读者的观念灌输的过程，而是主体意义建构的过程。再次，文本把互动与创造纳入其本质内涵中。文本意义的实现要靠解读者积极参与，通过阅读感悟的方式与文本互动，在互

---

① 裴娣娜.多元文化与基础教育课程文化建设的几点思考[J].教育发展研究，2002(4).
② 同上.
③ 同上.

动中将文本内涵的空白填补起来,最终达成文本意义的实现。最后,文本具有课程和教学的双重意义。将课程作为一种文本,使课程不再只是学习的材料,同时成为师生不断创生意义、扩展经验的过程,在这个过程中,师生不再只是既定课程内容的实施者,而且成为课程的开发者和教学的设计者。概而言之,将课程作为一种文本,体现了课程意义的开放性、建构性和生成性。正是课程文本的这样一种价值意义,使得学生基于个体经验选择的课程价值观重构成为可能。在课堂文化场域中,学生通过课程文本的价值引导和个体经验的价值重构这一相互作用过程,实现个体的价值观生成。

既然学生的价值观生成过程是一个基于课程文本的价值引导和个体经验的价值重构的相互作用过程,那么,在课堂文化场域中,学生价值观生成的发生和作用机制是怎样的呢?我们认为,学生社会价值观的生成是通过以课程文本为中介的交往实践来实现的。所谓交往实践,是指"诸主体间通过改造相互联系的中介客体而结成社会关系的物质活动"。① 而课堂场域的交往实践作为一种教育交往实践,是指"在一定的教育活动情境中,教育主体与教育主体之间以共同客体(课程或教材)为中介,借助言语或非言语符号系统而实现的一种以建构学生完满的精神世界为目标的主体际交往实践活动。"② 交往实践的基本结构是"主体—客体—主体"的关系。在课堂文化场域中,这种关系具体体现为双重关系的统一:学生与课程文本之间"主体—客体"的对象性关系;学生与师生之间以课程文本为中介而发生的"主体—主体"的主体际关系。

学生与课程文本之间"主体—客体"的对象性关系是实现学生社会价值观生成的内在动因。在课堂文化场域中,学生与课程文本的这种对象性关系表现为学生与课程文本的双向建构关系,即主体客体化和客体主体化的双向作用过程。"主体客体化是主体将自己在一定社会关系和历史条件下形成的内在本体和本质力量运用于、渗透于他所创造的客体之中。客体主体化是客体作为主体生活和活动的一部分,而渗透于主体的生命和本质力量之中,成为主体的生命机体和社会机体的组织因素。""主体客体化和客体主体化这种相互转化,并不

---

① 任平.走向交往实践的唯物主义[M].北京:人民出版社,2003,55.
② 张天宝.走向交往实践的主体性教育[M].北京:教育科学出版社,2005,78.

是主体直接变成客体或客体直接变成主体,主要是通过他们之间的相互作用而表现为相互渗透的关系。"①在学生与课程文本的对象性关系中,学生将个体的认识、情感和经验渗透于课程文本的解读中,使课程文本内在地凝聚和积淀了学生个体化的精神世界和主体意义。由于学生个体已有的个体经验的差异,在解读课程文本的价值内涵时,便会不自觉地对文本的价值意义进行选择、做出判断,接受那些与自己的信念相符的内容、舍弃与信念相违背的东西。正因为如此,学生对课程文本的解读必然体现出学生基于个体经验的自我独特性。正是在这样一个主体客体化的过程中,实现了学生对于课程文本价值的意义重构。

学生对于课程文本价值内涵的意义解读,只是学生与课程文本对象性关系的一个向度。在课堂文化场域中,学生社会价值观的生成同时需要经历课程文本的价值引导主体化于学生的过程。学生在对课程文本价值意义的个体化的选择判断的基础上,通过对课程文本的价值引导的体验感悟,产生对文本价值观的认同,将课程文本的价值观整合到主体的认识结构中,实现学生个体的价值观内化。在这里,学生对课程文本价值引导的内化一定是建立在学生基于个体经验的文本价值重构的基础上的。如果抽离了学生的个体判断与选择的过程,学生的价值观内化就会成为一种外在价值的强制灌输。而一种背离了学生的主动建构的外在价值影响,很难真正实现学生的价值观内化。至此,学生便在与课程文本的对象性关系中实现了主体客体化与客体主体化的双向建构,并在这个过程中实现了个体社会价值观的生成。

当然,学生对课程文本价值观的内化不是孤立地、个体化地实现的,他离不开与师生的交往互动。正如皮亚杰所认为的,社会性知识,包括语言、价值观、规则、道德和符号系统,只能在与别人的相互作用中才能习得。因此,学生与师生之间以课程文本为中介而发生的"主体—主体"的主体际交往过程是实现学生价值观生成的外在条件。换言之,学生认识的发展、观念的内化是以交往为条件来实现的。苏联著名心理学家维果茨基认为,人的心理机能"只能产生于

---

① 夏甄陶.认识论引论[M].北京:人民出版社,1986,104.

人们的协同活动和人与人的交往之中"。① 他坚持儿童心理发展具有社会性,发展的源泉就是合作和教学。可以说,在课堂文化场域中,围绕着课程文本的价值生成而展开的师生交往过程,是教师对学生的价值引导和学生与学生的同伴合作关系的统一。

在师生交往中,教师作为社会文化的代言人和认知发展的成熟个体,通过自己对课程文本及其价值内涵的先在理解对学生进行引导,对于学生的价值观生成发挥着重要作用。维果茨基提出的关于儿童认知发展的一个重要概念"最近发展区",就是指学生独立解决问题所决定的实际发展水平与通过成人的指导或与能力更强的伙伴合作解决问题所确定的潜在水平之间的距离。② 这里,维果茨基所强调的教师与同伴在学生认识发展过程中的作用,正是通过高于其发展水平而又可能接受的引导来实现的。在课堂文化场域中,教师的引导体现在两个方面:一个是对课程文本价值内涵的加工。由于学生年龄特征和认识发展水平的限制,使得课程文本中抽象性的价值意义很难通过个体的认识经验独立地完成观念生成。这就需要教师根据自己的已有经验和对文本价值的意义理解进行课程文本的意义加工,使其从一种远离于学生生活的观念认识转变为贴近于学生经验的事实理解。学生面对经过加工化的、更加符合自己的认识水平的生活经验的文本材料,便更容易达成价值观念的理解与认同。另一个是与学生的对话与沟通。当然,这里的对话和沟通包含着教师的启发和引导的意义。正如哈贝马斯所认为的,人与人之间平等的对话与沟通是达成理解和共识的重要条件。在课堂文化场域中,要实现学生对于社会文化的理解和社会价值观的内化,需要教师与学生建立起一种主体间的交往关系,给学生以充分的尊重和信任。师生之间在这种积极的情感互动中,能够使得彼此打开心扉,就课程文本的价值意义展开对话和沟通。当然,这里的对话和沟通包含了教师的启发和引导意义。强调师生交往的对话与沟通,并不是对教师引导作用的否定,而是重在强调师生之间的一种人格上平等的交往关系。因为只有建立在真实性、正确性和真诚性基础上的主体间对话,才能达成学生意义世界的"敞亮",真正实现社会文化的再生产和

---

① [苏]维果茨基.维果茨基教育论著选[M].余震球选译.北京:人民教育出版社,2004,3.
② 同上,243-251.

学生社会价值观的生成。

如果说,师生交往对于学生社会价值观生成的作用体现为一种沟通中的启发和引导,那么生生交往对于学生价值观生成的意义则表现为合作中的共识与互助。美国合作学习研究者约翰逊兄弟认为,相比较竞争性学习与个体化学习,合作学习所建立起来的同伴之间的积极互赖关系能够更好地促进学生包括学业进步在内的多方面发展。① 心理学的研究也多次证实了这一观点。② 生生之间的交往合作在课程文化场域中表现为两种情况:一种是互助学习,另一种是合作学习。在同伴互助的交往中,一位学生为另一位学生提供指导和帮助。作为有着相似年龄特征和生活世界的同龄人,学生在接受同伴帮助、主动向同伴学习的过程中,更容易使学生达成认识上的认同,从而有助于学生对于文本意义的理解和价值观的生成。在合作学习中,同伴之间是一种建立在完全平等关系基础上的对称性交往。在共同作用于课程文本的学习过程中,由于个体经验的差异会形成并不完全相同的意义理解和价值观念,在这种情况下,便会产生不同观念的认知性冲突。为了消除冲突和达成共识,学生会把自己的价值观念与同伴的观念进行比较,通过深层次的讨论,协调不同观点,从而达成一种彼此都能满意的共识。通常情况下,这种新的观念的形成是对学生已有认识结构的重构,并在这种重构过程中实现了学生价值观念的深化和提升。

综合以上分析,我们认为,课堂场域学生的社会价值观是在以课程文本为中介的交往实践中生成的。这种生成过程是在课程文本的价值引导和学生个体的经验重构的相互作用过程中实现的。学生与课程文本的对象性关系,是实现学生社会价值观生成的内在动因,而师生与生生交往是实现学生价值观生成的外在条件。具体机制如下页图所示:

---

① [美]David W.Johnson Roger T.Johnson.合作学习(第五版)[M].伍新春等译.北京:北京师范大学出版社,2004.216.

② 张文新.儿童社会性发展[M].北京:北京师范大学出版社,1999.177.

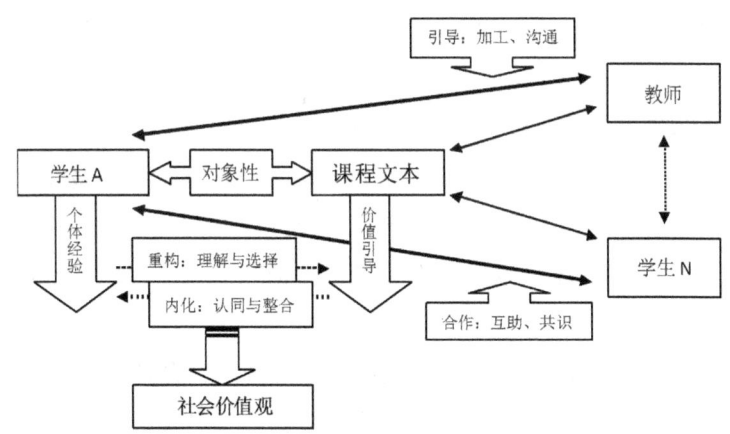

图 4　学生 A 的社会价值观生成机制图

在这里,关于学生的社会价值观生成,还有三个问题有必要加以说明。

首先,学生的社会价值观的生成存在多种途径和方式。即使在课堂场域中,这种价值观的生成也具有多种可能路径。但就这些可能的生成路径来说,课程文本作为社会文化的价值载体,承担着专门的、系统的社会价值引导的职能,是学生社会性生成的最为主要的途径。因此,本书主要探讨课堂文化场域中,学生通过课程文本的学习所实现的社会价值观生成机制。但这种研究本身并不否定学生社会价值观生成的其他路径。

其次,就课程文本的特点及其对学生社会价值观生成的作用来看,课程文本对于学生的价值引导是一个长期的、累积的过程。单篇文本内容的价值意义或许不能引起学生直接的价值生成,但内容的叠加和系统的引导就出现了一种累积效应。作为系统化编制的课程文本来说,其中所包含的价值内涵呈现渐进性、系统性的特征,通过这样一种渐进累积的长期过程,实现学生的价值观生成。

最后,任何一种社会心理结构和特征的形成都是观念内化和行为外化的统一。学生社会价值观的最终生成也必然要经历内化基础上的外化,才能转化为学生内在的社会性结构特征。而课堂文化场域的特点决定了,学生的社会价值观生成还主要是一种内化的过程。要完成学生价值观的外化,还需要通过具体的活动实践得以实现。这既包括课堂场域的活动与交往中的价值观体现,更需要社会实践与社会交往中的价值观检验。从这一意义上来说,课堂文化场域中,通过课程文本所实现的学生价值观生成,还主要是一种社会价值观的内化。

2. 基于群体文化的个体间交往，学生在群体归属的情感体验中发展合作意识和交往能力

课堂场域不仅实现着社会文化的再生产，而且是一种社会关系再生产的场域。正是在这一意义上，课堂成为一个社会场域。在课堂社会场中，学生既和班级群体发生着个群间的交往；又在群体文化中与教师、同伴进行着个体间的交往。通过这种交往，不仅使学生获得了群体的归属感，同时在这种积极的社会情感体验中发展了学生的合作意识和交往能力。

在课堂场域中，存在着两种学生群体：一种是按照教育管理要求组织起来的正式群体，最典型的是班集体，也包括班级小组等；另一种是由学生自发结合形成的非正式群体，即同伴群体。本书所论及的群体文化，主要意指基于正式群体意义上建立起来的班级群体文化。班级群体作为一种正式群体，既具有群体的共性特征，又体现了其特殊性。这种共性特征包括共同的群体目标、在一定规则基础上的相互交往、成员的归属感、明确或隐含的行为标准等；而班级群体的特殊性则表现在，这种超越于血缘和地缘关系而专门组织起来的同伴群体，使得群体内部的交往是建立在情感和理性双重关系的基础上。一方面，基于群体成员的相互依赖关系而形成的群体文化，使得置身于群体中的成员获得群体归属感；另一方面，建立在人格平等和相互尊重基础上的个体间交往，使得学生在和谐、民主的关系中获得合作意识和交往能力的发展。无论是一种积极的社会情感的体验，还是一种合作意识和交往能力的发展，究其本质来说，都说明了班级作为一种"群体结构"对于人的发展，尤其是学生社会性的发展所具有的独特功能。

然而，自班级授课制以来，知识传递作为班级群体的显要功能倍受关注，而班级所应该具有的使学生学会民主平等交往和获得社会情感体验的功能却没有得到应有的重视。它处在为获得知识而服务的位置上，默默地在意识之下自发地、非常不稳定地为学生的社会性发展起着并不令人满意的效果。人是一种社会性动物，课堂场域中的学生并非是毫不相关的个人，而是群体之中的相互交往、相互影响的人，课堂交往对于学生的社会性发展起着非常重要的作用。正是在这一意义上，班级群体作为学生长期生活于其中的、稳固的社会群体，它所具有的独特的群体性育人功能，理应得到充分发掘和实现。作为一种文化性的精神实体，与班级群体的交往使学生在群体文化的熏染中获得社会情感的体验、精神世界的丰盈；作为为学生的民主生活提供实践机会的课堂学习与生活，

与师生的主体间交往对于学生的整个交往方式产生影响：学生在交往中学会尊重、关爱他人，协调人际关系，培养合作的意识和交往能力。

那么，学生积极的社会情感和交往能力是如何在课堂社会场域中得以生成的？对此，我们需要从一种互动生成的视角予以理解。在课堂社会场中，学生社会性的发展是一种群体发展基础上的个体发展。一方面，个体交往基础上的群体文化生成，是学生获得群体归属感的前提；另一方面，群体文化下的个体间交往，是形成学生合作意识的形成和交往能力的条件。

作为一种积极的社会情感体验，学生的群体归属感是在班级的群体文化中生成的。群体动力学的创始人勒温认为，群体成员的情感思维和行为依赖于其所属的群体本身，就连群体成员的人格也被这种他所属的群体塑造起来。① 然而，班级作为一种外力形成的强制群体，并不是自愿组合和协商形成的，而是学生们因为偶然因素而"分配"到一起的散乱的"个人集"。因此，班级在形成之初，除了成员之间年龄的相似之外，基本不具备群体的特征，更谈不上学生对群体的认同和归属感。之所以能够从一个散乱的班级群体发展为具有情感共鸣和共同追求的高度凝聚的班集体，不仅是因为学生作为社会人的一种相互依赖的本源性需要，更为重要的是，作为班级群体成员的学生共同的交往活动。可以说，这种建立在班级群体成员共同目标基础上的交往活动，是实现班级群体文化生成（群体过程）的核心机制。作为群体成员的学生，当他们面对着共同的活动目标和任务时，便会形成一种积极的相互依赖关系，为实现群体目标而交往互动。事实上，"群体过程更为重要的是群体成员在目标上的相互依赖"②，而这种目标的相互依赖得以建立的条件便是"群体内的互动过程"③。这时的交往活动既是一种带有积极的情感意义的协作互助过程，又是一种群体文化生成的过程。在实现群体目标的协作互助中，每个学生个体的文化价值取向融入班级群体中，而群体则以一种"格式塔"的方式实现群体成员理想目标和价值观念的整合，用一种源自于群体成员，又超越于群体成员的价值取向和行为范式形成高度凝聚的班级群体文化。这样，班级群体便在学生基于共同目标的交往活动

---

① 高觉敷.西方社会心理学发展史[M].北京：人民教育出版社，1991，155.
② [英]Rupert Brown.群体过程[M].胡鑫，庆小飞译.北京：中国轻工业出版社，2007，23.
③ 同上，26.

中,实现了群体文化和群体凝聚力的形成。

当班级群体形成高度聚合的群体文化,作为群体成员的学生便会受群体资格的影响而产生群体内自我概念的变化。这种对于"我是谁"的重新界定的过程,便是一个群体文化的认同过程。由于班级群体文化本身就是群体成员价值观念和行为范式的整合与超越,因此,从一定意义上说,群体文化生成的过程也就是学生对于班级群体文化的认同过程。"如果我们将群体资格内化为自我概念的一部分,那么,与这些群体有关的声誉或价值都会影响自我价值的感受。"[①]学生在对班级群体文化认同的基础上,一方面,对群体文化的认同使得学生自觉自愿地将群体的理想目标和价值观念内化为个体观念和行为的组成部分,积极地参与群体的发展和建设,以群体的规范和准则约束自己的行为,以群体的荣誉作为自己的荣誉;另一方面,群体的凝聚力又如同"蜂胶",给置身于其中的群体成员以情感上的吸引,"群体好像自己在自己身上培育着幼芽,这些幼芽以意见统一的'蜂胶'日益把群体黏合在一起。"[②]班级群体文化的情感吸引与学生对于群体文化的高度认同相互作用,便会使学生在班级的群体生活中产生积极的情感体验。当学生以"这是我的班级,我是这个班级的学生"作为一种自我标识,便标志着学生的群体归属感的形成。

在课堂场域中,学生不仅与群体发生着交往关系,而且与师生进行着个体间的交往。当然,这种个体间的交往是在群体文化的场境下实现的。群体的凝聚力使得置身群体文化中的学生之间产生相互吸引,既体现为一种基于共同的学习目标的社会吸引,也表现为一种建立在情感互赖基础上的人际吸引。在课堂社会场中,正是这种积极的相互吸引基础上的个体间交往,实现了学生合作意识和交往能力的形成。

师生交往是课堂场域最为基本的交往形式。它是课堂教学得以顺利进行的基础,也是学生个体发展和社会性生成的重要条件。在课堂场域中,师生交往是以一种冲突与和谐交织的方式体现出来的。学生正是在协调和处理师生冲突、构建和谐的师生关系过程中,获得交往能力的发展的。由于师生角色和地位的不

---

① [英]Rupert Brown.群体过程[M].胡鑫,庆小飞译.北京:中国轻工业出版社,2007,19.
② [苏] A.B.彼得罗夫斯基,B.B.施巴林斯基.集体的社会心理学[M].卢盛忠等译.北京:人民教育出版社,1984,117-118.

同,使得课堂场域的师生交往常常发生冲突甚至对立。美国教育社会学家沃勒认为:"教师与学生之间常有冲突,无论这种冲突的程度如何或隐而不现,它总是存在的。教师代表成人社会,与儿童自发性生活欲望是相对的……教师希望把学生当作一种材料加以雕塑琢磨,而学生希望依自己的方式自动求知,彼此互相对立,一方目标的实现就得牺牲对方的目标。"[1]事实上,课堂场域师生交往的冲突甚至对立是客观存在的,但却并非如沃勒所言是无法协调的。因为即便师生之间存在着冲突,却因为共同的目标而可以统一起来:教师作为成人社会的代表,把既定的社会文化传递给学生;学生以高效系统地获得这些文化作为自己的目标,从而更好地适应社会和改造社会。而造成师生冲突的关键在于,以何种方式实现这种目标的统一。在一种教师强控制下的课堂中,建立在人格不平等基础上的师生交往,更容易造成师生冲突。但需要指出的是,尽管师生冲突对于学生社会性的发展更多地是一种消极的影响,但也存在着一定意义的积极影响。因为师生冲突的过程,既可能成为学生自我意识唤起、自主性发挥的过程,也可能使学生去除自我中心、实现交往能力的发展。当然,师生交往并不总是表现为一种冲突状态。作为一种主体间的交往,师生之间更多地体现为交往中的和谐关系。尽管由于师生角色和能力水平的差异,使得师生交往存在必然的不对称关系,但交往的不对称性并不意味着交往的不平等性。对于学生来说,教师一方面是具有权威的影响者;另一方面则是人格平等的对话者。哈贝马斯认为,交往是人与人之间在没有内外制约的情况下进行双向理解、讨论,达成共识的过程。在课堂场域中,由于知识和能力水平的不对称,使师生交往必然体现为教师引导下的师生对话和达成共识。但这并不违背一种合理性交往的实现。社会赋予教师的权威合法性,使得师生交往建立在理性的可信赖关系的基础上;而教师对于学生人格的尊重,也使得师生之间平等精神沟通成为可能。在这样一种意义上,师生的主体间交往成为一种智识的启迪、心灵的沟通和生命意义的感悟。学生在与教师的这种民主化的交往中,既获得一种作为学生的角色体悟,也发展了学生沟通协作和主动参与的交往能力。

生生交往作为一种具有相近发展水平的个体间交往,主要是一种平等而对称的交往。在这种平等的主体间交往中,学生的交往关系主要体现为个体间的合作与竞

---

[1] W. Waller. *The sociology of Teaching*. N.Y. wlley. second edition,1967,195 - 196.

争。通过积极的竞争性交往使学生在为我、利己的观念驱动下获得自主性、主动性和创造性的激发;而同伴之间的合作性交往则促进学生人际间相互帮助、相互理解、心理接纳和对未来人际间相互作用的期望的生成。在学生间的合作与交往中,由于认识观点和关系协调中的不一致,会产生交往中的冲突。这种交往冲突也会成为学生社会性发展的人际情境。学生在解决冲突的过程中,逐渐"去自我中心化",学会从他人的观点考虑问题;按照社会规范协调彼此的关系,努力说服别人。在冲突双方的互相妥协与让步中实现合作与分享。可以说,一种理想的合作关系的实现正是建立在学生之间良好的冲突协调和处理基础之上的。在课堂社会场中,正是这种积极的竞争与合作的统一,使得学生主体间的交往,既能发挥自己的自主性、能动性与创造性,又能理解和接纳他人的观点和做法,宽容友好地与人相处。在合作与竞争的交往过程中实现学生合作意识和交往能力的发展。

需要指出的是,在课堂社会场中,学生个体间的交往不是单独孤立发生的,而是在一定群体文化下的交往。因此,个体间交往关系的建立和交往能力的发展,必然是以群体文化的影响为前提的。如果没有一种良好的群体文化作为交往的场境,课堂场域个体间交往也就无法达到理想的状态。在一种松散、消极的群体文化下,学生与师生个体间的交往更多的是一种消极的竞争、冷漠甚至冲突,而学生合作意识和交往能力的发展也就无从谈起。

综合以上分析,我们认为,在课堂社会场中,学生社会性的发展是一种群体发展基础上的个体发展。一方面,通过个体交往基础上的群体文化认同,使学生获得群体归属感;另一方面,通过群体文化下的个体间交往,发展学生的合作意识和交往能力。具体关系如下图所示:

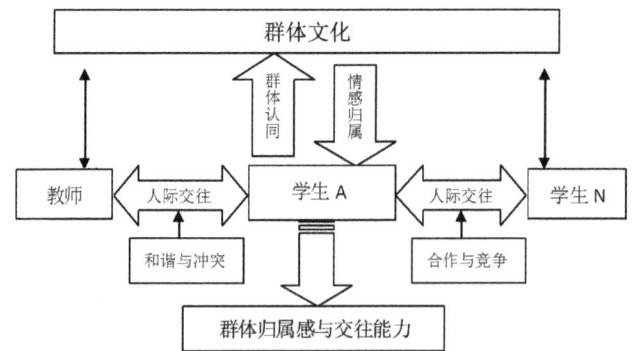

图 5　学生 A 的群体归属感与交往能力的生成机制图

3. 在课堂规范的规约与协商中,实现学生规则意识与自律精神的生成

在课堂场域中,学生的社会性生成不仅表现为社会价值观的内化、群体归属感和交往能力的发展,还表现为一种规则意识与自律精神的生成。学生基于规范制度的课堂交往,以及对于交往规范的自我反思,是实现规则意识和自律精神生成的内在机制。

自律精神是规则意识发展的高级阶段。学生自律精神的生成是一种德性品质的养成,也是一种内在自由的充分实现。正因为如此,一种真正的自律精神的生成便不仅是一种外在约束和控制的结果,更需要对于学生尊严、自主和责任心的充分肯定。那么,在作为伦理场域的课堂中,规范与制度是如何作用于学生,引起学生的反思与内化,并最终形成自律精神的呢?对此,我们首先需要对课堂场域学生规则意识的形成过程加以考察。

在课堂场域中,学生规则意识的形成是一个从他律到自律的发展过程。对此,心理学领域,尤其是认知发展学派对于儿童道德发展水平的分析给我们以启示。皮亚杰通过对儿童游戏过程规则实践的观察与总结,提出了儿童规则意识发展的三阶段模式,即前道德、道德他律和道德自律。在第一阶段(在自我中心阶段的开始),规则还不是强制性的,或者因为这些规则纯粹是运动性质的,或者因为儿童好像是无意接受这些规则的,或者觉得这些规则很有趣而接受它们的,因而它们就不是要求负责任的现实。在第二阶段(自我中心阶段的最高点到协作阶段的前半段),规则被认为是神圣而不可触犯的,是从成人产生的,是永久存在的。任何人建议改变这些规则,儿童就认为这是犯罪。最后,在第三阶段,规则就被视为由于互相同意而制定的法律,而且如果你要做一个诚实的人,你就必须尊重它。但是如果你能使共同舆论都赞同你的意见,你也可以改变这些规则。[①]

通过皮亚杰的研究,我们可以看出,在前道德阶段,规则对于儿童并没有约束力,也不构成责任意识。因此儿童这一阶段的发展,是和道德无关的。作为一种行为的规约,儿童的规则意识主要产生于第二和第三阶段。但在这两个阶段中,规则意识的产生及其对于儿童的作用又明显不同:在第二阶段,规范是一种成人对儿童的约束,因此,它是外在于儿童的,是一种他律的道德;第三阶段

---

① [瑞]皮亚杰.儿童的道德判断[M].傅统先,陆有铨译.济南:山东教育出版社,1984,20.

中,规则是视为协商制定的结果,是内在于学生的主体意愿的,因此成为一种自律的道德。而学生道德水平从他律到自律的发展,正是在对于规则认识的转变中实现的。

皮亚杰对于儿童规则意识从他律到自律的发展规律的解释,对于我们分析课堂场域学生规则意识和自律精神的生成具有重要启示。当然,应该看到的是,皮亚杰关于儿童规则意识形成的三阶段模式的提出,重在于从认知发展的角度揭示儿童道德发展的规律性特征。这种心理学视角的分析,是以儿童心理发展的自然过程与必然成熟为前提的。而作为一种教育学视域下的研究,我们对于课堂场域学生规则意识和自律精神生成机制的分析则是以"教育走在发展前面、教学促进学生发展"为前提预设的。因此,尽管学生规则意识的形成必然要经历从"他律"到"自律"的发展过程,但如何实现学生的自律精神才是我们更为关心的问题。从这一视角出发,基于课堂场域的结构特点和学生的心理发展特征,本书将课堂场域学生规则意识和自律精神的生成可以概括如下:

首先,课堂交往是实现学生规则意识形成的条件。作为学生规则意识形成的条件,课堂交往的作用主要体现在两个方面:第一,课堂交往是学生形成规则认识的中介。规则作为一种主体间交往互动所必须遵循的规范和制度,是维系交往互动有效进行的重要保障。在课堂场域中,为了保证课堂交往的有效进行,必然需要一定的规范和制度对学生的行为予以限定:一方面,在交往活动中,通过交往双方的行为规约,使学生形成对规则的认识;另一方面,也正是在对规范制度的遵守过程中,使得交往冲突得以有效化解,交往活动得以有序进行。正是通过规范制度在课堂交往中的实践,使得一种客观的规范制度转化为学生对于规则的主观认识。当然,交往活动性质的不同,学生对规则的认识会表现出差异特征。一种不平等交往过程中形成的规则意识,更多地体现为学生对于规范的外部服从;而建立在平等交往基础上的规则意识,则更多地体现为学生的内在认同。第二,课堂交往是学生实现自我反思的载体。学生的自我反思不是一种个体意识内部的反思,而是在社会交往中实现个体的反思。通过与环境的互动而实现自我的发展,这正是米德的自我发展观对于库利的"镜中我"思想的超越。它使得"自我"不再是意识中的、抽象的我,而是成为现实中的、行动中的我。学生作为课堂场域鲜活而灵动的生命个体,他们的自我反思也必然是一种交往行为中的反思。在交往过程中对于课堂规范的认识、体验和感悟,成为学生自我反思的源泉。

其次,学生的自我反思是规则意识形成的动因。"在儿童的发展中,所有的高级心理机能都两次登台:第一次是作为集体活动、社会活动,即作为心理间的机能,第二次是作为个体活动,作为儿童的内部思维方式,作为内部心理机能。"[①]由此可见,个体内在的思维活动,是将共同的规则认识内化为个体的规则意识的关键。在课堂场域中,学生通过交往所形成的对于课堂规则的认识,必须经过自我的内在加工,才能内化为个体的规则意识。而学生对于课堂规则的自我加工的过程,本身就是对自我的反思过程。可以说,学生对自我的反思过程,是规则意识内化的内在动因。

那么,个体是如何通过自我的内在反思实现规则意识的内化呢?如前所述,如果从个体社会性发展的角度审视自我的发展,可以将自我发展理解为一个由"冲动的自我"到"规约的自我",最终达至"自由的自我"的过程。因此,这种基于课堂规则的自我反思,也就是学生自我发展的过程。美国社会心理学家米德认为,自我在符号互动过程中分化成"主我"(I)和"客我"(me)两部分。其中,"'主我'是有机体对他人态度的反应;'客我'是有机体自己采取的一组有组织的他人态度。他人的态度构成了有组织的'客我',然后有机体作为一个'主我'对之做出反应。"[②]可以说,"主我"不仅是自身的反映者,而且是一个行动者。"主我"正是通过行动,通过与他人、与社会环境进行互动而反映和认识自身的。"主我"中包含着个体本能的、自私的、冲动的、任性的成分。在自我的发展过程中,"主我"的活动能力和认识、评价自己行为的能力逐渐增强;与此同时,"客我"的内容也越来越复杂和深入,最终成为社会规范和价值标准的反映。按照米德的分析,自我的发展是"主我"与"客我"相互依存而又矛盾冲突的过程。"主我"是社会的对立面,在互动中同社会分别处于两个极端,它总是不愿单方面顺从社会;而"客我"却是社会的"代理人",它总是对"主我"发出的行动加以限制,试图把它引向社会所要求的方向。但是,在米德看来,"主我"同"客我"的矛盾并不是敌对性,而是可以通过相互作用实现统一,使个体的行为既受社会

---

① [苏]维果茨基.维果茨基教育论著选[M].余震球译.北京:人民教育出版社,2004,389.
② [美]乔治·H·米德.心灵、自我与社会[M].赵月瑟译.上海:上海译文出版社,2005,137.

规范的约束，又具有主动性和创造性。完整的自我就是在不断互动中形成的"主我"和"客我"构成的统一体。

米德关于自我的分析对我们理解课堂场域学生规则意识的内化具有重要的启迪。在课堂场域中，学生规则意识的内化正是通过自我反思基础上"主我"与"客我"的统一来实现的。在学生的自我结构中，"客我"是规范制度的化身，通过"扮演"他人的角色站在社会期待的角度审视"主我"；而"主我"具有按照个体冲动和意愿行动的倾向，并不一定遵循"客我"的规约。自我要实现"主我"与"客我"的统一，将规则意识内化于学生的自我结构中，便需要通过行动中的自我反思。学生通过自我反思，使"客我"的社会规则期待唤醒"主我"的自发活动意识，于是，"客我"的规则意识便转化为了"主我"的主动行动。至此，"客我"的规则意识与"主我"的规范行动借由自我反思实现了统一，并在这种统一中实现了规则意识的内化和自我的发展。在这里，自我的反思、"客我"的期待以及"主我"的唤醒是实现自我统一和规则意识内化的关键。而无论是"主我"的唤醒，还是"客我"的期待，都必然是自我作为主体的自主行为和自愿选择。正是从这一意义上说，学生的自我反思是规则意识形成的内在动因。

最后，课堂规范的协商制定是学生自律精神形成的保障。如果说课堂交往与自我反思使得学生规则意识的形成成为可能，那么，课堂规范的协商制定，则赋予了学生的交往与反思以伦理意蕴。正是在这种平等交往基础上的协商共识，才使学生对于规则意识的认同成为内在的"绝对命令"，从而使得自律精神的生成得以实现。

需要说明的是，就现实的课堂场域学生社会性生成而言，并非所有的规范制度都能够促进学生自律意识的生成。而且，在传统的课堂教学中，规范纪律很大程度上作为一种维护课堂秩序的工具，成为学生的外在规约。但是，对于教育现实的反思并不意味着对于理想追求的否定。实现人的充分自由发展是教育不懈追求的理想旨趣，而学生作为具有自主意识的主体，理应，也能够通过一种充分自主的规约，实现个体的自律精神的生成。

作为规则意识发展的高级阶段，学生的自律精神是对共同规则的自愿遵守，而这样一种达成共识的课堂规范和制度只能在学生平等交往中协商制定。心理学者 Kochanska 等人通过研究区分了规则纪律情境中的承诺性服从和情境性服从；承诺性服从是指儿童对特定情境中的规则和程序的真正的接受和认同,而情境性服从是指儿童虽然能表现出合作行为,但是需要外部持续的控制和监督。研究者强调只有承诺性服从才能带来规则的真正内化和儿童自控能力的提高,[①]而承诺性服从情境的一个重要特征便是对于规则纪律的真正接受与认同。如果以哈贝马斯的交往合理化理论加以分析,一种伦理的协商应该具备两个基本原则:第一,话语实践是公正判断道德问题的唯一资源,那就必须用话语实践的形式来代替道德内涵,这就得到了话语原则(D原则):"只有那些在实践话语中得到所有当事人赞同的规范才可以提出有效性要求。"[②]第二,道德从规范的有效性要求来理解,不是一套现成的行为规则,而是公平考虑每个人利益的立场,话语原则适合所有规范有效性的证明,道德规范的论证原则是普遍化原则(U原则):"一个规范的有效性前提在于:普遍遵守这个规范,对于每个人的利益格局和价值取向可能造成的后果或负面影响,必须被所有人共同自愿地接受下来。"[③]虽然哈贝马斯的商谈伦理学是对语言交往的阐释,但他建立在伦理学基础上的分析却对道德规范领域具有普遍的启示。在课堂场域中,课堂规范的协商制定与学生自律精神的形成便是相辅相成的关系。学生的自律不是自觉遵守一个预先制定好的规则,而是遵守通过自己参与协商而被认同的规则。

那么,一种自主协商的规范制度是如何转化为学生的自律精神的?对此,我们需要从学生自律到他律的发展变化条件中探寻根源。在一种他律下的规范制度,常常以一种命令式的方式颁布,学生的自我意识则被这种强制的规则所忽视,甚至压制。学生并不清楚规则在行动中的意义,便只能以一种自我中心的方式"遵守规范"。这种遵守,可能表现为一种对规范的被动接受,也可能是一种背离规范的自我行为。而一种协商制定的规范制度,则具有了完全不同的意义。正如皮亚杰对于儿童他律与自律水平的分析,"从心理学方面来讲,在一个把规则当作神圣不可触犯的7岁儿童和一个认为规则只有互相同意才有效的12岁儿童的心目中,同一个规则是完全不同的两个现实。在约束与协作

[①] Kochanska, G., Aksan, N., & Koenig, A.L., (1995). A longitudinal study of the roots of preschoolers' conscience: Committed compliance and emerging internalization. Child Development, 66, 1752-1769.

[②] [德]哈贝马斯.包容他者[M].曹卫东译.上海:上海人民出版社,2002,44.

[③] 同上,45.

之间,或者说,在单方面的尊重与相互尊重之间的巨大差别就是,第一种是把已经规定的和需要全盘接受的信仰或规则强加于人,而第二种只是建议一种方法——一种在理智领域内证实与相互控制的方法,而在道德领域内则是加以证实和互相讨论的方法。"①在一种规则制度的协商过程中,学生的人格得到充分的尊重,自主性得到了充分发挥。自主性表达了把自己和他人的人格作为目的的康德第二道德原则。从这一意义上说,对于人的自主性的认可与尊重,本身就成为一种道德行为。而学生对于课堂规范和制度的自主协商,也便赋予了一种伦理意义。

基于以上分析,在课堂场域中,正是规范制度的规约与协商中,实现了学生规则意识与自律精神的生成。其中,课堂交往是实现学生规则意识形成的条件,学生的自我反思是规则意识形成的动因,而课堂规范的协商制定是学生自律精神形成的保障。

具体关系如下图所示:

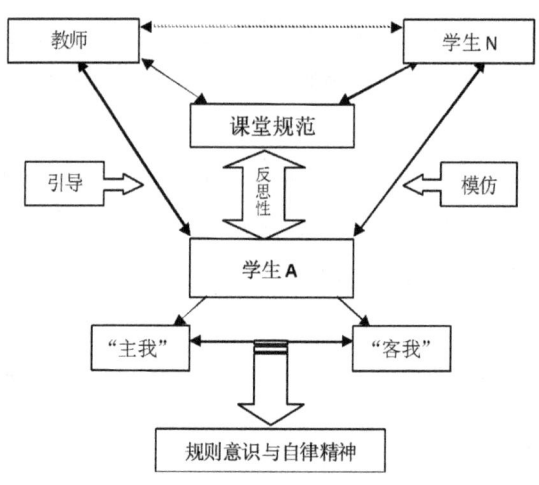

图 6　学生 A 规则意识与自律精神生成机制图

当然,对于自律精神的追求并不意味着对于学生他律状况的完全否定。事实上,就学生社会性发展的过程来说,必然要经历一个从他律到自律的发展阶段。也正是从这一意义上说,课堂规范的协商制定并非适合所有年段的学生和

---

① [瑞]皮亚杰.儿童的道德判断[M].傅统先,陆有铨译. 济南:山东教育出版社,1984,108-109.

所有的规范内容，自主的协商也并不能代替必要的规约。正如我们在课堂实践中所观察和了解到的，一年级学生刚入学时，还无法形成对学生角色的认知，甚至有些学生连基本的行为规范都无法做到。教师在讲台上讲课，个别学生便自顾自地离开座位玩起来，却全然不知道自己的行为是不合时宜的。这时，教师的引导和规约是十分必要的。在课堂场域中，通过一种社会学习的过程，使学生形成对基本规范的认知和自我行为的约束，是形成进一步的自律精神的基础，也是学生社会性发展所不可逾越的过程。这里的社会学习，包括教师对学生的直接引导，也包括同伴之间的模仿学习。

以上，我们从课堂场域的三重关系中分析了课堂场域学生社会性的生成机制。在课堂场域中，学生社会性是在课堂交往中得以生成的。不同的场域内涵构建起学生不同的交往关系，实现着学生社会性不同方面结构要素的生成。课堂作为一种文化场域，在对课程文本价值的个体化解读中，实现学生社会价值观的内化；作为一种社会场域，通过群体文化中的个体间交往，使学生在群体归属的情感体验中发展合作意识和交往能力；作为一种伦理场域，在课堂规范的规约与协商中，实现学生规则意识与自律精神的生成。社会性结构要素——社会价值观、群体归属感和合作交往能力、规则意识与自律精神的相互关联与整合，实现了课堂场域学生社会性的动态生成。

需要说明的是，在课堂场域中，学生社会性生成的过程，同时也是课堂场域的生成过程。对此，苏联著名社会心理学家安德烈耶娃曾经做过深刻的论述。她认为，"社会化——这是一个两方面的过程。一方面，它包括个体通过加入社会环境，社会联系系统的途径掌握社会经验；另一方面，它是个体对社会联系系统积极再生产的过程，这是个体积极活动和积极进入社会环境的结果"。"社会化过程的第一个方面——接受社会经验——说明环境对人的影响；它的第二个方面说明人通过自身的活动对环境的影响"。"对社会化概念的这种解释体现了马克思主义对人的理解的一个最重要的方法论原则——人既是社会关系的客体，同时又是主体。"[①]如果以一种再生产的视角审视课堂场域，那么，学生社会性生成的过程，不仅是作为社会主体的学生的再生产，同时也是场域文化和

---

① [苏]Т·М·安德烈耶娃.社会心理学[M].李钊等译.上海：上海翻译出版公司，1984，283-284.

场域关系的再生产。学生价值观生成的过程,也是课程文本的意义重构过程;学生群体归属感的形成过程也是群体文化的生成过程;学生规则意识与自律精神的形成过程,也是课堂规范与制度的协商制定过程。可以说,课堂场域学生社会性的生成过程,既是课堂场域关系的内在化于学生的过程,也是学生的社会性特征外在化于课堂场域的过程。而实现这种双向建构的机制,则是不同场域关系中的课堂交往。正是通过课堂交往,使课堂场域学生社会性的生成成为学生社会性和课堂场域关系的双向生成:它在实现着个体生成的同时,实现了场域文化的创生。

综合以上分析,课堂场域学生社会性生成机制如下图所示:

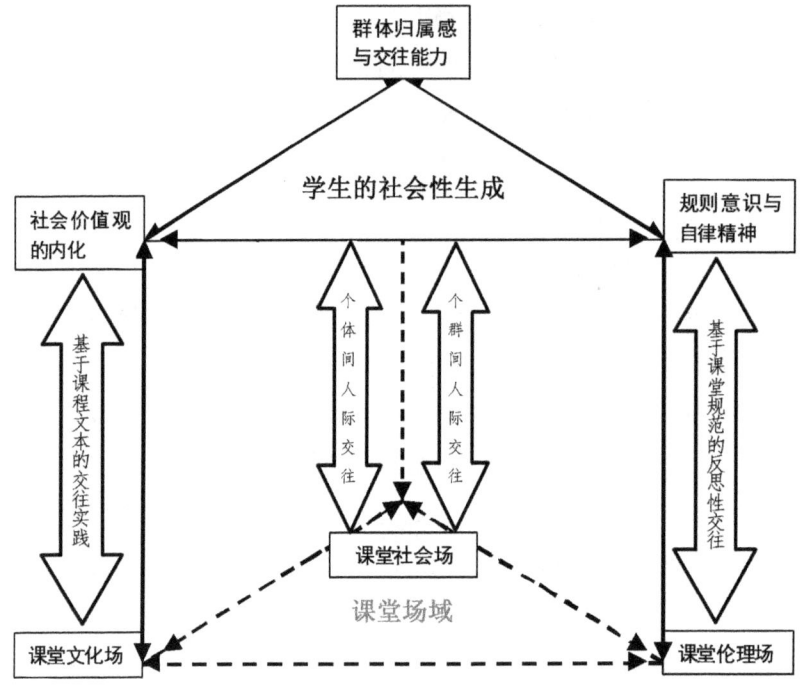

图7 课堂场域学生社会性生成机制图

(三) 课堂场域学生社会性生成的辩证关系

在课堂场域中,学生社会性的生成是一种关系中的张力生成;不仅是一种共性化的生成,而且是一种个性化的生成;不仅实现了个体的发展,同时实现了群体的进化。正是在这种同质生成与异质生成、个体发展与群体发展的统一中,实现了学生作为真实的、具体的社会主体的生成。

1. 同质生成与异质生成的统一

学生社会性生成的过程,是逐渐适应社会生活,形成社会角色的过程。美国社会学者 J·W·盖哲尔和 H·A·谢仑认为,影响学生在班级课堂中的社会行为的因素包括两方面:一方面体现着社会文化要求的制度因素,表现为社会对个体的角色期望;另一方面受个体生理因素影响而形成的个人因素,表现为个体的需求倾向。因此,班级课堂中学生社会行为,也必然沿着两个方向发展:一是约束个人倾向,使个体行为与社会文化的要求相适应,达到"人格的社会化";二是调整社会的角色期望,使一般的社会化要求与个体的性格特征、能力倾向相适应,达到"社会角色的个性化"。在课堂场域中,学生社会性的生成便是这样一种社会化与个性化协调统一的过程。一方面,学生在共同的群体生活和交往中,通过课程文本的价值引导和课堂规范的行为规约,将课堂场域的各种关系内化为学生的社会性特征,从而实现场域文化的再生产和学生社会性的生成。从这一意义上来说,课堂场域学生社会性的生成首先是一种同质性生成;另一方面,同质性生成并不表示学生社会性特征的雷同。在现实的课堂场域社会性生成过程中,学生不是作为完全被动的客体出现的,而是一个能动的行动者。学生根据自己个体化的生活经验,借助于活跃的自我意识,在课堂交往中构筑自己独特的社会关系和社会角色,从而实现具有差异特征的学生社会性生成。因此,学生社会性的生成同时又是一种异质性的生成。

概而言之,课堂场域学生社会性是沿着两个方向实现生成的。一方面是个体的同质化,包括学生通过课堂交往建立和维持与他人的关系,根据课堂规范与制度调整自身的行为,逐步适应学生角色成为班级所接纳的成员,并在共同的课堂学习中建立起正向积极的社会价值观念。这是一种个体角色的整合过程,它保证学生作为一个适当的参与者整合到社会中;另一方面是个体的异质化,也即社会意义下的个体发展,是个体角色的分化过程。包括学生自我意识的发展和课堂交往的分化。学生的个体化发展,使得课堂场域形成了不同的角色分化以及相同角色的个体差异。在课堂场域中,正是在这种同质化与异质化的协调统一中,实现了学生作为社会人的完整生成。

2. 个体生成与群体生成的统一

在课堂场域中,学生的社会性是在群体中生成的。这种群体中的个体发展,使得学生的社会性生成必然包含两个向度:作为学生个体的生成与作为班级群体的生成。而学生社会性的生成便是这种个体生成与群体生成的统一。

一方面,课堂场域中的学生是存在于群体之中的,学生通过班级群体获得个体角色和地位。"孤立的、个别的人,不管是作为道德实体或作为思维实体,都未具备人的本质。人的本质只是包含在团体之中,包含在人与人的统一之中"。① 作为班级群体的成员,学生通过课堂交往,建立起课堂场域的各种社会关系,并在这种关系中实现个体的社会性生成。在这个过程中,学生既受到群体文化的熏染,将群体的价值观和行为倾向内化于个体的意识结构中,形成对群体认同基础上的群体归属感。同时,又在与群体中其他成员,包括教师和同伴的相互作用中反观自我,不断调整自己的行为,从而与群体的角色期待相一致。正是在与班级群体的这种相互作用中,实现了学生个体的社会性生成;另一方面,学生个体社会性生成的过程,也是群体发展的过程。在共同的群体生活中,每个学生基于个体经验的价值观念和行为倾向会通过课堂交往投射到班级群体中,而群体文化的生成就是对群体成员价值观念和行为倾向整合基础上的创生。同时,随着学生社会性的生成与发展,会形成对于群体的认同感和归属感。而这种群体认同和归属,又使得学生在课堂场域中建立起一种积极的相互依赖关系,并凝结成为班级群体的内聚力。可以说,在课堂场域中,正是在学生个体社会性生成的过程中,推动群体文化创生与班级凝聚力的形成,并最终实现班级群体的发展。

四、课堂场域学生社会性生成的影响因素

在课堂场域中,学生社会性不是一种真空状态的理想化生成,而是在具体的课堂交往中实现的。场域内外的一系列因素,都会作用于课堂交往并进而影响学生的社会性生成。

(一) 课堂场域内的影响因素

在课堂场域内,影响学生社会性生成的因素是多方面的。诸如课程文本、群体文化和课堂规范等,都是影响学生社会性生成的因素。但无论何种因素的作用都是通过课堂场域中作为主体的学生和教师来实现的。在我们对教师的问卷调查中,分别有88.6%和77.1%的教师认为教师的教学风格和学生的家庭

---

① 费尔巴哈哲学著作选(上卷)[M].北京:生活·读书·新知三联书店,1959,185-186.

背景是影响学生课堂社会性生成的最重要因素,在诸多影响因素中排在前两位,这也进一步从实践层面证实了教师和学生的个体因素的重要影响。正因为如此,我们认为,作为课堂交往主体的教师和学生个体特征是学生社会性生成的重要因素。基于此,本书对课堂场域内学生社会性生成影响因素的分析主要是就课堂场域内的主体因素的分析。

1. 学生的班级分层

在课堂场域中,学生个体经验的差异会在课堂交往过程中形成地位分层。这种地位分层主要表现为学业成绩的分层和班级角色的分化。学生在课堂场域中的地位分层,从根本上说,是学生家庭背景和生活经验的不同所形成的个体文化资本和社会资本差异在课堂场域中的象征性体现。

"资本"是法国社会学家布迪厄的文化再生产理论中的核心概念。布迪厄把资本划分为四种类型,即经济资本、社会资本、文化资本和象征资本。所谓文化资本,泛指任何具有价值增值功能的、与文化及文化活动有关的有形及无形资产,它是每一个社会个体乃至社会各阶级所拥有的显示或标识其文化背景状况的一切知识、技术、气质,以及各种文化产品和凭证的总称。[1] 文化资本是与经济资本一起,构成一切社会区分化的两大基本区分原则。在文化资本分配的再生产中,因而也是在社会领域的结构的再生产中,起着决定性作用的教育制度,便成为争夺统治地位的垄断斗争中的关键环节。[2] 所谓社会资本,是借助于所占有的持续性社会关系网而把握的社会资源或财富。一个特殊的社会行动者,所掌握的社会资本的容量,决定于他实际上能动员起来的那个社会联络网的幅度,也决定于他所联系的那个社会网络中的每个成员所持有的各种资本的总容量。[3]

课堂场域首先是一个文化场域,因此,学生的班级分层首先是一种文化资本差异的象征性体现——即学业成绩的分层。在课堂场域中,学生学业成绩并非完全是学生个人努力与否的结果,它还取决于学生的家庭背景和个体生活经验。教育社会学者伯恩斯坦试图从社会语言编码的角度来解释学生学业成绩

---

[1] 刘生全.成层与建构——教育的社会功能研究[D].北京师范大学博士论文,2006,132.

[2] 高宣扬.布迪厄的社会理论[M].上海:同济大学出版社,2004,149.

[3] 同上,150.

的差异。他认为人们日常使用的语言存在两种基本的语言编码:一种是精制编码(elaborated code),另一种是局限编码(restricted code)。精制编码具有普遍性和关联性,通常存在于中、上等社会阶层的语言中;而局限编码具有特殊性和孤立性,一般存在于下等社会阶层的语言中。由于使用这两种编码所产生的普遍性不同,社会对使用这两种编码的人就可能会有不同的评价。于是,就带来了课堂场域学生学习过程中的严重问题:"学校的符号类型与这类儿童的符号类型之间缺少连贯性。"[1]这种课程知识与学生生活经验的同质性与异质性差异,带来的一个必然的结果就是,"要求这类儿童转而接受以完全不同的角色关系即意义体系为先决条件的、而对必需的背景毫无切身感受的精密编码,也许为他们带来了使其手足无措并有潜在危害性的经验。"[2]

伯恩斯坦的"社会语言编码理论"是针对西方社会文化背景而做出的批判反思,但对于理解我国课程场域的学生学业成绩分层提供了一种分析视角。虽然在我国的课堂场域中,并不存在明显的社会阶层分化所带来的语言编码的差异。但学生不同的家庭文化背景和个体生活经验实然地影响着学生的知识掌握和学业成绩。通过问卷调查和教师访谈,我们发现,家长的受教育水平和文化素养在一定程度上影响着学生的学业成绩。具有较高的学历层次和文化素养的家长更倾向于在学校生活以外给学生创造更好的学习环境,有意识地给学生以正向的教育和引导。相对而言,学历层次较低的家长,虽然也有对学生学业成绩的关注,但总的来说,为学生在课堂场域的文化学习所赋予的个体文化资本则更少一些。学生文化资本的差异会影响课堂场域的文化学习和学业成绩,具有较多的文化资本的学生表现出更加开阔的眼界和更加灵活的思维,能够比较容易地完成课堂学习目标;而文化资本较少的学生,课程文本中的文化知识则是具有一定甚至相当的难度,需要付出更多的努力去学习和掌握。因此,这部分学生在课堂场域的文化学习中常常处于不利地位,成为个人努力和智力水平以外,另一影响学生学业成绩分层的因素。

学生在课堂场域中学业成绩的分层又会进一步影响学生与教师、同伴交往

---

[1] 张人杰.国外教育社会学基本文选(修订版)[M].上海:华东师范大学出版社,2009,344.

[2] 同上。

中的角色地位和人际关系。就当前我国的课堂教学而言,作为一种竞争性结构的课堂场域中,教师对学生的评价很大程度上仍然是以学业成绩作为主要标准的。尽管教师也知道应该公平地对待每一位学生,但个人的情感意愿又使教师很多时候有意无意地会给学业成绩优异的学生以更多的情感期待;相对而言,学业成绩较低的学生则常常遭到教师的批评、斥责甚至惩罚。教师与学生的交往关系会进一步影响学生之间的交往。通过教师访谈,我们了解到,学生常常会根据教师的态度来确定自己对某一同伴的态度。如果教师在课堂上当众批评或惩罚了某位学生,其他学生也会倾向于按照老师的态度来对待甚至欺负这一学生。而在课堂观察与问卷调查中,我们也发现,学业成绩是决定生生关系的第二重要因素。① 学业成绩优异的学生,往往会得到同伴的尊重和喜爱,加之教师的表扬与期待,使得这类学生在获得学习的成功体验的同时,感受到教师和同伴和谐的人际关系和积极的情感体验,从而有利于学生良好的社会情感和交往能力的发展;而学业成绩较低的学生由于自己学业的弱势和同伴的消极态度,加之教师经常性的批评和惩罚,则常常会使这些学生在课堂交往中产生自卑心理。这种自卑会进一步影响学生的社会性生成,或者表现为以一种被动的方式逃避与他人的交往,不能主动地参与社会生活;或者表现为以一种消极的方式(如故意捣乱)参与课堂交往,形成破坏性的个体特征。

学生在课堂场域中的社会性生成不仅取决于学生的文化资本,也受学生所拥有的社会资本的影响。"社会资本不是一种自然赋予物,而是要求经过一个劳动过程,某种创建性和维持性的劳动过程,特别是经过行动者长期经营、有意识的笼络、交往以及反复协调,才能形成。"② 由此可见,一个人社会资本的获得是在具体的社会关系中,通过长期的积累、有意识地交往来实现的。而社会资本一旦获得,又会反过来促进个体在课堂场域中的交往关系的再生产。在课堂场域中,学生社会资本的获得主要来源于两方面:一方面是通过父母的教养方式而获得。这是一个潜移默化、长期积累的过程,学生的家庭成长环境和父母的教养方式会直接影响学生在课堂场域的交往方式和行为特征,并进而影响学

---

① 参见本书第二章学生社会性发展水平的问卷调查结果分析。第一重要因素为学生的性格特征。
② 高宣扬.布迪厄的社会理论[M].上海:同济大学出版社,2004,150.

生场域内社会关系的建立;另一方面是通过学生在课堂场域内有意识的交往协调和关系笼络而获得。也就是学生通过交往中的长期努力而获得的交往能力的提高和社会关系的建构。

在课堂场域中,社会资本对于学生社会性生成的影响主要体现在学生班级角色的分化中。这种角色地位的分化在同辈群体中体现为群体的"小头目"和"追随者"的关系,而在正式的班级群体中则体现为少部分"班干部"和大部分"普通群众"的关系。班干部作为一种学生角色,同时也是一种稀缺资源。一方面,学生需要一定的社会资本才能获得这种稀缺资源。有调查研究显示,对中学生担任班干部所应具备的条件依次是:组织交往能力强、个人表现好、有担任班干部的经验、老师喜欢和成绩优异。[①] 而学生的良好的个人表现,较强的组织交往能力以及教师的喜欢等条件恰恰就是学生通过课堂外的家庭影响和课堂内的个人交往努力而获得的一种社会资本。因此,是否占有这种社会资本,直接影响学生能否在课堂场域中获得班干部这样一种稀缺资源。这也就进一步决定了只有少部分具有较多的社会资本的学生才有能力获得这种稀缺资源,而大部分学生则无法担任班级干部。另一方面,学生能否凭借已有的社会资本获得这种稀缺资源,又会进一步影响学生在课堂场域中的社会关系和社会性的生成。班级中的工具性角色结构呈金字塔型,这种金字塔型正式结构是导致学生形成地位差异观念及权威服从观念的一种重要的"文化资源"。[②] 班干部作为班主任的得力助手,不仅可以得到老师更多的关注甚至偏爱,而且能够体验到制度化的高地位和高权威。在组织策划班级工作和管理同学的过程中,班干部可以培养自己的责任感,使自己的交往能力和组织管理能力得到进一步的发展。而作为"普通群众"的学生则更多地处于被管理者的地位,扮演着被动的服从和配合的角色。由于只能服从班干部的命令或安排,不能参与决策,学生会感到自己总是在别人的领导下而得不到充分的认可,对于班级工作的建议也无法转化为群体的决策,于是,这些学生便可能产生"失落感"和"无为感"。久而久之,参与班级活动和决策的意识会逐渐降低,自觉将自己排除在班级决策之外。在

[①] 刘秀艳.班干部任职对中学生社会化的影响[D].曲阜:曲阜师范大学硕士论文,2007,21.

[②] 吴康宁.教育社会学[M].北京:人民教育出版社,1998,282.

一项活动面前,他们会自觉地使任务"他者化",即从心理上认为这是"班干部的事",从而找到正当的理由为自己的不参与辩解。① 而这样一种状况,无论对于学生群体归属感的形成还是个人责任感的培养,都是不利的。

不过,需要特别说明的是,虽然学生班级角色的分化会影响学生的社会性生成,但这种影响是具有两面性的。一方面,作为班级角色分化中高地位的班干部可以更多地在班级工作和交往中发展自己的社会能力;但另一方面,在学生的日常交往和同伴选择中,往往是班级中作为"普通群众"的学生拥有更好的"人缘"。在我们的问卷调查中,当问及"你愿意当班干部吗?"有80%以上的学生表示愿意担任;但是,当问学生"你喜欢和班里的哪些同学做朋友?(可多选)"时,却只有13.3%的学生会选择班干部作为朋友。这种有趣的现象体现了班级学生角色的双重意义。班干部作为一种教师助手的角色,一方面可以获得更多的"文化资源",享受更高的角色地位,并获得更多的发展机会。因此,作为一种稀缺资源而被大部分学生渴望得到;但另一方面,正是这种"不平等"的地位和角色,也很可能使得班干部与大部分的学生分化和疏离。在深入课堂的过程中,我们曾亲眼看到二年级的小班长已经能够在课前整队时颐指气使地命令同学站好队形,对于没有做到的学生点名批评甚至予以威胁,俨然一副"小老师"的模样。相对而言,普通学生的角色行为则更能够体现学生同辈群体的文化,在与班级同伴的交往中,更多地体现出一种平等的交往关系,因此,也更容易获得同伴的认可、接纳与喜爱。从这一意义上来说,普通学生在与非正式的同伴群体的交往中,可以获得更好的社会性发展。

2. 教师的教育权威

教师作为成人社会的代表,在课堂场域中对学生有目的、有计划地施加符合社会要求的影响,使学生在习得文化知识的同时获得社会性的发展。但是,教师对于学生社会性生成的影响程度和效果并非完全一致的,它受制于诸多因素。其中,"最重要的制约因素莫过于教师对学生的权威,即教师的教育权威"。②

学生在进入学校以后,家长的权威位置逐渐被教师所取代,教师在学生心

---

① 汪昌华.班级学生社会分层的涵义及成因[J].教学与管理,2006(2).
② 吴康宁.教育社会学[M].北京:人民教育出版社,1998,207.

目中处于很高的地位。小学生常常会以"这是老师说的"来反抗家长的权威,因而教师的价值取向和行为引导会直接影响到学生的社会性生成。那么,教师的教育权威对学生的社会性生成如何发生影响,又发生着怎样的影响呢?对这一问题的理解,需要我们首先弄清楚教师权威的来源。

关于教师权威的分析,最早可以溯源到教育社会学家涂尔干。涂尔干认为,教育在本质上是一种权威性活动。教师乃是社会的代言人,是他所处的时代和国家的重要道德观念的解释者;与此同时,教师必须是具有坚强意志和权威感的道德权威。① 涂尔干的分析暗含了这样一种思想:教师具有教育权威,而这种权威一方面来源于作为社会代言人的身份;另一方面则来源于教师个人的人格力量。教育社会学者韦布沿袭了这一基本思路并将这样一种思想明晰化。他将教师的权威分为"地位的权威"(positional authority)和"个人的权威"(personal authority),前者指由教师在学校组织中的地位所被赋予的权威,学生仅仅因为教师是"老师"而被要求尊敬之,师生之间因一定的社会距离而相互分离。与之相反,后者则是由学生对于教师的判断、经验以及专业知识等方面的信任而产生的权威,教师与学生具有亲密的关系。因此,前一种权威可称之为非自发性的、强制性的权威,后一种权威则可称之为自发性的、互动性的权威。② 教育社会学者克里夫顿(Clifton,R.A.)和罗伯兹(Roberts,L.W.)更加深入和细密地发展了关于教师权威的理论,他们以韦伯著名的权威三类型说为基础,③基于第三种类型的权威(合理—合法的权威)的两种类型,即官方、合法权威和专业、理性权威,提出教师权威的四个层面:法定的权威、传统的权威、感召的权威和专业的权威。其中,前两者源于教育制度,而后两者源于教师的个人因素。克里夫顿和罗伯兹认为,所谓教师权威乃是这四个层面相互作用的结果。同时,教师权威的类型同其对学生施加的影响的效果之间存在着一定的对

---

① 张人杰.国外教育社会学基本文选(修订版)[M].上海:华东师范大学出版社,2009,18-19.

② Webb. R. S., *School and Society*, 1981, 249-253.

③ 韦伯认为,存在着因合法性获得来源而异的三种权威。第一种是传统的权威(traditional authority),即在长期的传统因素影响下形成的权威;第二种是感召的权威(charismatic authority),即由个人魅力所获得的权威;第三种是合理—合法的权威(rational-legal authority),具体分为两类:官方的或合法的权威和专业的或理性的权威。

应关系。也就是说,教师的法定权威、传统权威、知识权威和人格权威分别是教师对学生施加法定影响、传统性影响、知识性影响及人格性影响的主要载体。①

教育社会学者关于教师权威的分析,对于我们理解课堂场域的教师权威及其对学生社会性生成的影响具有重要的启发意义。首先,教师权威不仅来源于法定的制度力量,而且来源于个体的人格魅力。其次,不同来源的教师权威会更加直接地影响学生相对应方面的发展。在课堂场域中,学生的社会性是在社会关系中形成的社会特征。教师权威对于学生社会性生成的影响虽然受法定性权威和知识性权威的影响,但影响更加深远的则是教师的人格性权威。古德在他的《透视课堂》(第十版)一书中认为,如果教师在提供学术教育外还想使学生社会化,就必须"培养与学生的私人关系,这远远超过了必须纯粹为教育教学目标的范畴"。② 有研究者对中小学生眼中的最有权威教师的类型进行调查,结果显示,中小学生普遍认为,"善于了解学生,理解、尊重学生"、"和蔼可亲、关心学生"、"信任学生、待人处事公正"的教师是"最有成绩的教师"。而且,随着年龄的增长,学生对于民主平等的师生关系期许越来越高,会直接影响学生对于教师的认可程度。在笔者与教师的实际访谈中,也有多位教师认为,教师对学生的社会性生成具有重要的影响,而这种影响很大程度上体现为教师的人格魅力。一种人格支持下师生关系会远远超过制度强制下的师生关系对于学生社会性生成的影响。具有人格魅力的教师,会与学生建立起良好的师生关系,使学生对教师产生由衷的信服和爱戴,并自觉把教师讲的话作为心中的真理。在这样一种师生关系下,教师的言行更容易对学生产生潜移默化的影响,形成班级良好的群体文化氛围和人际关系,学生会更自觉地遵守班级规范并形成一种自律;同时,教师对于学生的一种社会价值观的引导也更容易被学生所接受。难怪有老师认为"一个班主任会影响一个班的学生",甚至慨叹"人格魅力很重要,不见得非得说多少,那就是一个境界!"

(二) 课堂场域外的影响因素

课堂场域并不是一个封闭的社会结构。学生在课堂场域的社会性生成不

---

① 吴康宁.教育社会学[M].北京:人民教育出版社,1998,211.
② [美]Thomas L. Good & Jere E. Brophy.透视课堂(第十版)[M].陶志琼译.北京:中国轻工业出版社,2009,90.

可避免地要受到场域外多方面因素的影响。就我国当前课堂场域学生社会性生成而言，这种课堂场域外的影响主要表现为多元文化并存所带来的价值冲突，以及主流意识形态的社会控制。

1. 社会转型时期的多元文化并存，导致课堂学生社会性生成的价值冲突

学生在课堂场域的社会性生成不是孤立和封闭的，它不可避免地受到外部社会条件的影响和制约。"一个正常有效的社会化的进行，常常取决于整个社会文化的状态和特点"，"它要求社会文化本身具有一定的稳定性、统一性和有效性。"① 因此，要有效实现学生的社会性生成，便需要一种整合协调、规范有序的社会文化。如此，才能保证学生社会性生成过程中课堂场域的价值引导与社会生活的价值规范保持高度的一致，从而有效地实现社会价值观在课堂场域内的主体内化和在社会生活中的行为外化。

然而，就我国当代的社会和时代背景来看，由于当代中国正处于从传统社会向现代社会的全面转型时期，社会的变革带来了价值观的冲突并进一步造成了社会行为的"失范"。这种价值观的混乱和行为规范的缺失，很大程度影响了课堂场域学生社会性的生成。裴娣娜、文喆教授就社会转型时期我国中学生的价值观进行了调查研究，认为目前我国社会面临着思想理念多元、多样，极其活跃、丰富，又相当混乱的局面。在这样的文化生态环境下，中学生的价值观表现出价值主体个人本位和社会本位的冲突；价值选择理想主义与现实主义的冲突；价值取向由人伦关系走向利益关系；个体人格的观念意识和行为脱节。② 社会文化环境和价值观的冲突不可避免地作用于课堂场域，对学生社会性生成，尤其是社会价值观的形成产生影响。

如前所述，学生社会价值观的形成，是通过课堂场域内基于课程文本的价值内化和课堂场域外基于社会生活的行为外化的双向过程来实现的。而当前社会转型时期的多元文化并存，无论对于学生价值观的内化还是外化都会造成冲突和影响。一方面，学生基于课程文本的价值内化过程，是文本的价值引导与学生基于个体经验的价值重构的相互作用。由于课程文本所传递的价值引导主要是一种主流价值观的体现，而多元文化的冲突并存使得学生的个体经验

---

① 谢维和.教育活动的社会学分析[M].北京：教育科学出版社，2007，286.
② 裴娣娜，文喆.社会转型时期中学生价值观探析[J].教育研究，2006(7).

带有明显的社会文化特征，并常常表现出与主流社会价值观发生冲突。这种个体经验与文本价值引导的冲突就造成了课堂场域学生社会价值观内化过程中的冲突甚至偏离。正如前文现实考察中我们所看到的，学生在一种"金钱至上"的社会观念的影响下，认为节约是一件很丢脸的事情。因此，面对课程文本中"勤俭节约"的价值引导表现出鄙夷的态度；另一方面，社会价值观的行为外化需要在社会生活中得以实现，是一种学生内化的价值观念在社会生活中应用、检验和证实的过程。然而，课程文本所给予的理想化的价值观引导和社会生活中学生所体验到的现实的社会行为却常常发生不一致。例如，学生面对着课程文本中所传递的"官民平等"的价值观念，却在现实的社会生活中受到完全不一致的价值冲击。这种课堂场域内理想化的价值引导与课堂场域外现实的社会行为的不一致，会对学生的社会价值观外化产生直接的影响，并进一步影响了学生的社会价值观的真正形成。

2. 教育的社会控制功能通过课程文本的价值引导，影响学生的社会性生成

教育的目的"在于使年轻一代系统的社会化"，将集体意识灌输给个体，强调社会稳定、社会团结。与之相适应，学校课程必须使学生适应社会发展的要求，使学生社会化，理解并接受自己在社会中的位置。因此，课堂场域中的课程文本便不可避免地成为维护社会稳定、保持社会平衡的手段。

课程文本的价值呈现，是社会统治阶层价值观念和意识形态的体现。任何国家的课程编织过程，都首先是国家对于现存知识进行总体性的筛选和加工的过程。"在这一过程中，起决定作用的是社会中占主导（支配）地位的价值观。一项知识无论对社会发展有何价值，无论在现存知识总体中处于何种地位，无论是否符合受教育者身心发展的需要，都要经过社会主导价值观的'过滤'，才能进入学校课程。"①正如阿普尔所说："不管我们喜欢与否，各种政治权势总是要侵入课程与教学之核心。"②冲突理论认为学校课程的主要任务是传递特殊的身份文化，而且把隐性课程看作是维护资本主义制度的劳动观念、权威观念、社会规范和价值观念的呈现体，以使学生不知不觉地在头脑中再生统治阶级的意

---

① 吴康宁.教育社会学[M].北京：人民教育出版社，1998，313.

② Apple, M.W., *Idology and Curriculum*.(Preface to the second edition)1990,ix.转引自吴康宁.教育社会学[M].北京：人民教育出版社，1998，316.

识形态。① 由于教育对社会系统的依赖性,学校课程文本中潜藏的价值观反映了社会结构的等级差异,基于社会优势阶层生活经验的价值观成为支撑课程文本的主流价值观。英国学者伯恩斯坦从知识社会学角度分析了课程与教学。他认为由于学校课程知识使用的是精密编码,与中、上层阶级子女的生活经验有着某种同质性,而与下层阶级子女的生活经验有着异质性,因而,后者在学习中必然处于劣势的地位,从而实现了阶级的再生产。"一个社会如何选择、分类、分配、传授与评估该社会给公众提供的教育知识,既反映了权力的分配也反映了社会控制的原则。"②那些进入课程文本的内容,便是编制者意欲强调并通过学生的掌握而重塑社会文化和价值观念的过程。

由于课程文本的这种社会控制职能,使得课堂场域对学生社会价值观的引导必然受到主流意识形态的限制。由此来说,课堂场域的学生社会性生成,不可能是一种政治无涉的价值观生成。而一种意识形态控制下的课程价值观传递,无论如何考虑学生的个体经验,都不可避免地带有了一种强制与被动的性质。从这一意义上说,课程文本所实现的学生社会性生成,则很大程度上可能沦为一种现有社会统治的维护者的生成。

---

① 李秉德,李定仁.教育社会学教学论[M].北京:人民教育出版社,2001,45.
② 施良方.课程理论——课程的基础、原理和问题[M].北京:教育科学出版社,1996,51.

第四章

课堂场域学生社会性生成的实践策略

理论研究的最终目的是为了指导和变革实践。对课堂场域学生社会性生成的理论研究也是为了促进学生在课堂场域中更好地实现社会性的生成和发展。因此，在这一章中，基于对学生在课堂场域中社会性生成机制的理论分析，我们尝试从课堂场域的三重关系中提出促进学生社会性生成的课堂实践策略。

一、彰显课程文本的价值，尊重学生的选择与体验

课程作为一种特殊的文本，在课堂场域中为学生构筑着双重意义世界：一个是通过文本语言公开明确表达的知识意义。作为外显的"可见话语"，知识意义主要是借助于学生对语言的理解或对事实的分析来把握的。另一个是内隐于课程文本语言背后的价值意义。作为内隐的"深层无言结构"，价值意义蕴含于语言或事实之中，却又摆脱了具体语言的束缚，使学生在理解和掌握知识意义的同时，通过体验和感悟来实现对价值意义的把握。在课堂场域中，学生社会价值观的生成是在课程文本双重意义世界的共同作用下实现的。但相对而言，语言背后所构筑的价值意义中蕴含的情感、态度和价值观的熏陶，对于学生社会性的生成发挥着更为重要的作用。例如，语文课中《小马过河》一课，通过讲述小马过河的经历，使学生认识到：要相信自己、敢于尝试；《骆驼和羊》的故事暗示着：既要看到自己的长处，又要看到自己的短处；数学课本中在认识钟表的过程中使学生懂得要珍惜时间。正因为如此，在课堂场域中，学生通过课程文本获得社会价值观生成的过程，也就是课程文本价值意蕴充分彰显的过程。

美国著名课程论专家古德莱德区分了课程的五个层次：观念层次的课程、社会层次的课程、学校层次的课程、教学层次的课程和体验层次的课程。其中，观念层次的课程和社会层次的课程属于课程编制阶段，而学校层次的课程、教

学层次的课程和体验层次的课程则进入课程实施阶段。① 如果以这样一种视角来审视课堂场域实现学生价值观生成的课程文本,我们可以将文本价值的实现区分为三个层次,即文本蕴含的价值观、教师引导的价值观和学生体验生成的价值观。当然,区分的本意并不是强调不同层次课程所蕴含的价值观的差异,而是为了呈现这样一个事实:课程文本所蕴含的价值意蕴在多大程度上得以彰显,很大程度上取决于教师对课程价值观的引导和学生的主体体验。在本书关于学生价值观生成机制的分析中,我们也提出:学生在课堂场域中的社会价值观内化,是在课程文本的价值引导与学生个体的经验重构相互作用中实现的;而教师的意义加工和对话沟通是实现学生社会性生成的重要条件。正因为如此,我们认为,教师的价值引导和学生的价值体验是彰显课程文本价值意义、实现学生价值观生成的重要条件。

(一) 增强教师价值引导的主体意识

课程文本价值意义的彰显,与教师的课程价值观密切相关。对于教师的课程价值观,我们需要从两个层次来理解。第一个层次是,教师是否意识到课程文本的价值意义。在此基础上,第二个层次是教师如何实现课程文本的价值意义。教师在这两个层次上所体现的课程价值观会直接影响课程文本的价值观的彰显和学生价值观的生成。

首先,教师对于课程文本价值意义的意识决定了课程文本的价值观是否能够彰显。如果教师不能够意识课程文本的价值意义对于学生发展的重要作用,那么,无论课程文本中蕴含着多么丰富的价值意义,都无法实现学生的价值观生成。如前所述,课程文本是外显的知识意义和内隐的价值意义所构成的双重意义世界。如果教师仅把课程文本看成是传授知识、技能的工具,那么他就会更多地解读文本中的关于知识技能的意义;而如果一个教师把课程文本看成是社会价值的载体,那么,他就可能更多地关注课程文本关于社会价值观方面的内容并充分地加以挖掘,以保证课程文本中所蕴含的价值意义得以充分实现。在现实考察中,我们了解到,就当前的中小学课堂教学而言,大部分的教师能够意识到课程文本的价值意义,并在课堂教学中有意识地对学生予以引导。但也有部分教师并没有意识到课程文本对于学生发展的价值意义,或者在以知识技

---

① 张华.课程与教学论[M].上海:上海教育出版社,2000,332-333.

能作为评价标准的评价机制下,对于学生的价值引导相对忽视。

因此,要实现课程文本价值意义的彰显,首先需要唤起教师对于课程价值观的意识,使教师认识到课程文本中所蕴含的价值内容对于学生发展的重要意义,给课程文本的价值引导以充分的关注,把课程文本看作引导学生社会价值观生成和促进社会进步的有效方式。唯其如此,才能使课程文本价值观的彰显成为可能。

其次,尽管大部分的教师都能够意识到课程文本的价值意义,但并不能保证每一位教师都能将课程文本的价值意义有效引导,从而促进学生社会价值观生成。正如本书理论分析中所揭示的,教师对于课程文本价值观的引导是通过两个方面来实现的:一个是对课程文本价值内涵的加工,另一个是与学生的对话与沟通。前者是教师与课程文本的对话,是教师基于自己的个体经验和意义理解所实现的课程文本的价值重构。后者则是教师与学生的交往,是教师通过对话和沟通帮助学生实现对文本价值的理解。可以说,教师对课程文本的加工是师生交往的前提,是教师作为课程实施者主体性的体现,也是学生对于课程文本价值观理解和认同的重要条件。在传统的课堂教学中,教师往往更加强调如何与学生交往,而相对忽视了对课程文本的价值重构。这就使得教师在学生价值观生成的过程中仅仅充当了课程文本价值的传递者角色,而丧失了作为实现文本价值主体的自主性、能动性和创造性。正是教师的这种"文本价值搬运夫"的角色,使得教师形成对文本价值不加分析的顺从和维护,从而使教师的价值引导成为一种价值灌输。就如前文中我们所看到的教师对于《落花生》一课的讲授,当学生不能理解"为什么不可以做苹果那样的人"时,教师只是按照课程文本要求的价值引导花费了大量时间说服学生"做花生一样的人",而并没有基于自己的意义理解和学生的经验水平予以加工和重构。在这个过程中,既湮没了教师作为文本价值引导者的主体性,也否定了学生作为社会性生成主体的价值体验,使学生社会价值观的生成无法真正实现。

因此,要实现教师对于课程文本价值意蕴的有效引导,就应当增强教师在价值引导中的主体意识,使教师真正成为文本解读的主体,而不仅仅是忠实于文本的价值传递者。教师应当有自己对于文本价值的阐释和理解,并将这种阐释和理解以符合学生生活经验和认识水平的方式呈现给学生。在这样一种教师主体意识的文本解读和加工中,《落花生》对于学生的价值意义便不再是做

"花生一样的人"还是"苹果一样的人",而是重在让学生体会一种"平凡中奉献"的优秀品质。事实上,当教师以一种主体意识对课程文本的价值意义加以解读和阐释时,本身就是使静态的、抽象的文本价值生活化和属人化的过程,这也就使得课程文本的价值意蕴得以充分彰显。

(二) 尊重学生课程文本解读的独特体验

课程文本价值意蕴的真正彰显,得自于学生价值观的生成。在课堂场域中,学生作为课程学习的主体,是有着独特生活经验、思维方式和情感态度的生命个体。虽然课程文本本身所具有的价值预设决定了学生对于文本价值的解读不是一种随意的理解,而是植根于文本价值的观念生成。但学生的主体性和独特性使得他们能够作为意义塑造的主体,将课程文本所预设的价值意蕴纳入"他自己所拥有的事物基础之内,并与早已具有的独特经验结合,而建造属于自己的世界。"[1]正是在这种个体化的解读中实现了学生对于课程文本价值意义的重构,并成为学生价值观生成的重要条件。

在传统的课堂教学中,课程常常被看作是脱离于学生的"自在之物",课程文本所蕴含的价值意义也被看作是崇高而不可改变的,因而更多强调对于文本价值意义的灌输。美国著名课程研究专家派纳曾对传统制度化课程脱离教师生活经验,进而成为控制教师、学生和课堂的工具进行了严厉的批评。在他看来,传统课程偏离了教育的主体——教师和学生,不是把学生的发展作为课程安排的核心,相反,而是使教师和学生去顺从课程专家和教材专家,从而把他们置于课程实施的边缘地位,派纳把这称为"社会异化"。他认为,要真正实现学生对课程价值的理解,就应使教师和学生成为课程的主体,就应把"利用他人的词汇服务于他人的目的"转变为"运用他人的会话来丰富自己的会话",使课程成为教师和学生生活世界的一部分,成为其价值诉求和意义探寻的重要资源。[2]

事实上,这种对于学生主体体验的尊重不仅缘自于学生作为价值生成主体的独特性,还因为价值观本身的人文意蕴必然需要一种个体化的解读。课程作为一种静态的文本,如果不经过学生个体化、经验性的解读,便只是一种抽象化

---

[1] N. Postman & C. Weingarter. *Teaching as a Suberversive Activity*. New York: Delacort Press,1969,94-95.

[2] Pinar, W. F., Reynolds, W. M., Slattery, p., Taubman, P. M. *Understanding Curriculum*. New York:Peter Lang Publishing,1995,848.

和绝对化的书面知识,而不是一种生命化的、具有人文旨趣的价值意蕴。如果仅仅将文本中的价值观作为一种绝对化的书面知识灌输给学生,必然"阻碍了自由思考的空间和个体经验参与的道路,使与存在经验密切相关的人文知识变成了一个个僵化的'结论'、'命题'或'教条',最终彻底地毁灭了人文教育"①,而学生的社会价值观生成也就无从谈起。

可以说,无论是学生作为社会价值观生成主体的独特性还是课程文本价值意义的人文性,都需要我们尊重学生对于课程文本价值意义个体化的选择与体验。这种对学生价值体验的理解和尊重,是课程文本价值意蕴得以彰显的条件,也是实现学生价值观生成的题中应有之义。

一种尊重学生价值体验的价值观生成,便需要我们摒弃一种遵从式的价值灌输,将学生对于文本价值观的理解建立在与师生平等对话的基础之上。对话可以促使人们沟通和交流,并在平等的交流中实现不同意义的共享和理解。戴维·伯姆(D.Bohm)把对话理解为"对话仿佛是一种流淌于人们之间的意义溪流,它使所有对话者都能够参与和分享这一意义之溪,并因此能够在群体中萌生新的理解和共识。"②通过对话,人们共享他们之间对世界意义的不同理解,这种共享把人和社会黏结起来。而这种意义共享,在伽达默尔的哲学解释学中则是以"视界融合"理论呈现出来的。他认为,"在每一场真正的谈话中,我们都要考虑到对方,让他的观点真正发挥作用,并把自己置身于他的观点中"。③ 对话双方正是通过语言,在问和答、给予和取得、相互争论和达成一致的过程中实现一种视界融合和意义交往。在建构主义者吉尔根那里,对话实践中的意义共享,则主要表现在差异理解上。他认为因文化传统不同,人们对事物有着不同的理解,这种不同有时很难达成一致,并且也没必要强求一致,而应该通过对话,使人们理解这种差异,在差异中共存、共享。尽管对于对话的理解有不同的角度和侧重,但是,强调对话中的平等关系、强调一种意义的共享与理解,是对话的本真意义所在。在课堂场域中,学生基于课程文本的价值生成便应当是这样一种建立在平等基础上的意义理解。正是在理解中,使学生走向他人,走向

---

① 石中英.教育哲学导论[M].北京:北京师范大学出版社,2004,178.
② [英]戴维·伯姆.论对话[M].王松涛译.北京:教育科学出版社,2004,6.
③ [德]伽达默尔.真理与方法(下卷)[M].洪汉鼎译.上海:上海译文出版社,2004,498.

意义,实现个体价值观的生成。

当然,一种尊重学生价值体验的价值观生成,并不是对教师引导和学生协作的否定。事实上,个体的学习,无论是知识的掌握还是观念的生成,都是一种社会建构。学生的年龄特点使得学生的价值体验可能是不清晰的,甚至可能出现偏差。因此,生生的合作交流、观念碰撞;师生的引导启发、适时点拨都是非常必要的。但这种引导与合作都应当建立在平等对话的基础上。比如,在教学《小珊迪》一课时,教师在学生自主阅读之后,让学生分成四人一组交流和讨论自己的阅读感受。学生的阅读感受各有不同。有的说:"资本主义社会的有钱人真坏,把马车开得横冲直撞的。"而有的学生则说:"资本主义社会中还是有好人的。"并找出文中的语句加以说明:"小珊迪受伤后,不是有人把他抬回来了吗?"有的学生则对此进行补充,说:"文中的作者也是有钱人,但是他对小珊迪很同情,还答应照顾小利比。"这时,教师适时地加以引导,问学生:"课文的侧重点是赞美小珊迪的人品,还是褒贬有钱人?"学生听后恍然大悟。在这里,教师并没有直接去否定学生对于文本价值意义的独特体验,而是以一种平等的对话者的身份给予适时的引导和点拨。而事实上,这种建立在尊重基础上的启发与交流,的确可以给学生的价值观生成以更多的反思和启示。

二、重建课堂规范的内涵,赋予学生自我管理的权利

教育的旨趣在于培养具有主体意识和自律精神的社会主体。只有这样的人,才能够在适应社会的同时担负起建设和改造民主社会的责任。正如教育家陶行知先生在《学生自治之研究》中所谈到的,学校教育应立足于学生"自治"。"学生自治不是自由行动,乃是共同治理;不是打消规则,乃是大家立法;不是放任,乃是练习自治的道理。"只有这样,才能教会学生将来如何做社会的主人,使学生"还在求学时,就有一种练习自治的意识"。[①]

在课堂场域中,学生的自律精神是在基于课堂规范的交往与反思中形成的。然而,在传统的课堂中,规范制度被作为一种外在控制学生、维持课堂秩序的工具。在这种强制规训下,学生长期处于对课堂规范的被动服从中,尘封了学生作为真正的人、作为课堂学习主体的自主意识和自律精神;而学生的社会

---

① 王苏华.关注主体、引导自律[J].南京工程学院学报,2001(9).

性也只能沦为一种丧失独立人格的顺从与奴性。因此,课堂场域要真正促进学生作为社会主体的生成,使学生从他律走向自律,就需要建立一种立足于学生"自治"的课堂规范。只有在一种体现主体意识和民主精神的规范制定和执行过程中,才能使学生在自我规约中实现自律精神的培养和社会主体的生成。

(一) 课堂规范的民主协商、权责一致

在课堂场域中,学生的自律精神是在对课堂规范的自觉遵守中逐渐形成的。但是,并非所有的课堂规范都能够使学生自觉遵守。学生对于课堂规范的自觉遵守是建立在对规范认同的基础上的。"所谓教育制度认同,就是指公民对一教育制度框架体系在价值上的承认与肯定,认为它是基本正义的,自己愿意遵守和维护这一教育制度体系。"[①]同理,学生对于课堂规范的认同,就是学生对课堂规范制度体系在价值上的承认和肯定,并愿意遵守和维护这一规范体系。由此可见,学生对于课堂规范的认同,是遵守课堂规范的前提。只有学生认同的课堂规范,才能够转化为学生自觉的行为,从而促进学生自律精神的形成。

要实现学生对课堂规范的认同,一个最有效的方式就是让学生参与课堂规范的制定。因为规范制度的"合法性的基础是同意"[②]。在学生民主参与、共同协商过程中,形成的对课堂规范的共同理解、共同意见和共同的价值观,从而使课堂规范建立在一种合法性的基础上,也就因此而获得了学生对课堂规范的认同。"充分反映人们共同的价值观,这是教育制度获得服从者信仰和自愿遵从的必要条件。"[③]因此,给学生民主协商的权利,让学生积极主动地参与到课堂规范的制定中,是促使学生自觉自愿地遵守课堂规范,并进而形成自律精神的必要前提。一种缺乏民主,充满专制的规范制度,只能削弱学生对于规范认同和自觉遵守的意愿,甚至产生对规范的逆反和抵制。学生在一种强制控制的规范制约下,只能形成对课堂规范的被动的服从和消极的抵抗。

当然,建立民主协商的课堂规范本身并不是目的,规范的协商是为了实现学生规范遵守的承诺和自律精神的形成。因为学生在赋予一种民主协商的课

---

① 李江源.论教育制度认同[J].嘉应学院学报(哲学社会科学),2003(1).
② 同上。
③ 同上。

堂规范以合法性的同时,这种课堂规范也就从学生这里获得了对规则遵守和维护的重要承诺。学生建立在理性反思基础上的权责统一的意识,也正是学生自律精神的重要内涵。

正因为如此,我们认为,在课堂场域中,要实现学生自律精神的形成,就需要建立一种学生民主协商、权责统一的课堂规范。首先,这种课堂规范应当是师生民主协商的建构。"最有效的课堂管理方式,是教师与学生共同分享决定课堂事务的权力,举凡有关教室布置、座位安排、规则制定、活动选定之事,均由教师和学生共同讨论,大家参与决定。"①在学生积极参与、师生平等协商的规范制定中,可以使每个学生的合理意见得到尊重和采纳,也可以使学生明白不合理意见的问题所在。在理解课堂规范及其存在意义的同时,学生也就产生了对课堂规范的充分认同。其次,在形成学生对课堂规范认同的同时,教师还应当使学生建立一种权责一致的责任意识。这也是学生主体意识充分唤起的过程。学生只有形成了一种权责统一的责任意识,才能自觉自愿地遵守和维护自己认可的规范制度,并逐渐把规则内化为自己的行为准则,真正实现自律精神的形成。

就我国的课堂教学而言,"大多数教师的控制行为属于显形的、专制的。"②由于教师习惯于以一种要求和命令的方式把课堂规范强加于学生,因此,师生对于民主协商制定规范的意识明显不足;与之相对应,学生对于规范的维护和遵守也处于一种被动状态。下面让我们来看看一位美国小学教师与三年级学生共同制定课堂规范的一段对话,或许我们可以从中获得一些启迪。

佳内塔(师):我们将要踏上想象之旅,在船上(她描述了船的样子)。但是刮起了风暴,船颠覆了,我们跌到船外。幸运的是,我们发现了一个救生船,上了小船,我们来到了一个小岛上。开始几天一切都好,但是过了一阵事情乱了套。(她详细描述了孩子们如何开始拿其他孩子的衣服、物品,人们又是怎样地为所欲为)所以我们现在有了一个问题,缺少一样使岛上生活对我们大家都更好的东西。缺少了什么?

学生:规则。

---

① 邱连煌.班级经营:学生管教模式、策略与方法[M].台北:文景书局,1998,186.
② 吴康宁.课堂教学社会学[M].南京:南京师范大学出版社,2001,163.

佳内塔：对。我们需要制定一些规则。在我们的岛上，什么规则是好的呢？

学生：不要抢别人的东西。

学生：不要抢别人的物品。

学生：不要拿别人的衣服。

学生：不要打别人。

佳内塔：这些在岛上真是好规则……但是如果有人不遵守这些规则，要是有人做了错事呢？

学生：让他们做 15 个俯卧撑。

佳内塔：我们把这叫做什么？

学生：后果。

佳内塔：对。什么是后果？

学生：如果你违反规则，就得付出代价。

佳内塔：假设每个人做的都是正确的事，那我们怎么办？

学生：我们可以得到奖励。（学生们开始小声议论："对，我们可以得到奖赏，得到糖果，还有爆米花联欢会。"）

佳内塔：是的，我们会得到很多奖赏，岛上的生活也会改善很多。但是，你们知道我们必须离开小岛回家，因为要开学了。我们造了一艘新船，回到新布伦兹维克，来到了学校。现在想想，我们班需要什么。怎样才能使这里的一切美好？

学生：我们这儿也得有规则和后果，还有奖励。

佳内塔：好，你想提出一条规则吗？

学生：在座位上坐好。（塔内佳把学生说的写在黑板上）

举手等待被叫。

佳内塔：很棒的规则。

学生：做事之前要想想。

佳内塔：哦，我喜欢这一条，真的喜欢。

学生：不胡闹。不做吵闹的游戏。

学生：不打架。

佳内塔：绝对正确。这真是我们需要的规则。

学生：不在教室里跑。

学生:不嚼口香糖。

学生:老师讲话时学生不讲话。

佳内塔:嗯,那么,你们讲话或者作报告时呢?

学生:无论谁讲话都要注意听。

佳内塔:啊,我喜欢这条,因为你们安静地听别人的谈话,就表现出什么?

学生:尊重。表现了对别人的尊重。

佳内塔:好,我要把这几条加上:"尊重别人"、"别人讲话或作报告的时候自己不讲话"。好的,现在我们想一想后果。如果你们违反了规则,我们能做什么?

学生:如果你表现不好,老师就会给家长打电话,你得跟他们谈话,跟校长谈话。

学生:如果那个星期我们有联欢会,那个人就不能去,他得去办公室。

学生:放学还要留下。

佳内塔:对,当然。完全正确。

学生:每个要拼写的词写300遍。

学生:不,1000遍。

佳内塔:我就只写"完成一项书面作业"吧。你们都会面临这些大的惩罚作业,但我要真这么做了,你会讨厌这一条的。你们知道,这些都是很严重的惩罚。有没有比较轻微的惩罚?

学生:不给奖赏。

学生:不让做特别游戏。

佳内塔:好吧,这就平衡多了。现在看看奖励。你们建议设什么样的奖励?

学生:给我们点东西,一块蛋糕,或者粘贴什么的。

佳内塔:我要写下来,"粘贴或其他奖赏",这能包括好多东西。

学生:可以出去。

佳内塔:好,你们可以出去玩。

学生:开联欢会。

佳内塔:哦,对,我们都喜欢联欢会,不是吗?

学生:看电影。

学生:花生大狩猎——我们去年玩过的。

佳内塔：嚼，好久前的事儿啦，我得想想该怎么做。还有建议吗？（全班不作声）好，这是一份很好的清单，但是我还要在奖励清单上加上一条："给家长带回一份喜报。"我特别喜欢这条，这将是我们最重要的内容之一。好了，我们把学校能用的奖励都记在清单上了，我会把清单写在海报上。过些天我们还要再讨论。（全班同学和她一起朗读清单）

一个男孩想在规则清单上加"不骂人"，佳内塔同意加上。①

那天稍后，佳内塔老师谈了她制定规则的方法：

"关于为什么我们需要规则，我跟他们谈了很多。我认为，他们需要一个非常清晰的框架来遵循，特别是因为他们中的一些人来自没有什么框架可遵循的家庭。规则需要明确，而他们需要知道如果遵守规则会发生什么，不遵守规则又会发生什么。你们可以看到，他们非常习惯于讨论规则、后果和奖励，因为在学校里每个人都使用同样的制度。他们知道在这里应该有什么样的行为，也知道如果行为不当会发生什么。但是我不会把一条特定的奖励或后果与特定的规则联系在一起。"②

从这段美国教师与学生共同制定课堂规范的对话中，我们可以看到佳内塔老师是将如何制定规则的必要性生动地展现给她的三年级学生的；同时，也可以从学生的言行中看到他们在规则制定时的积极参与状态，以及通过奖惩规则的制定所形成的一种明确的权责统一的意识。尽管中美文化存在着明显的差异，使得我们无法、也没有必要去追求完全一致的教学方式和课堂氛围。但是，对于学生自主意识和自律精神的关注，却是课堂教学的共同追求。也正是从这一意义上，相信可以带给我们更多的启迪。

（二）教师的规则引领

规则意识的形成是一个从"他律"逐渐走向"自律"的过程。在课堂场域中，学生的年龄特征和心理发展水平决定了规则意识的形成必然是一个逐渐的成长过程。在这个过程中，教师对于规则的必要引领，对于学生自律精神的形成具有重要作用。

---

① ［美］卡罗尔·西蒙·温斯坦.小学课堂管理［M］.梁钫等译.上海：华东师范大学出版社，2006，60-63.

② 同上，63.

社会学习理论的代表人物班杜拉认为,儿童的社会性行为不是生物的本能表现,而是通过以强化为中介的直接学习、观察学习和自我学习三种途径发展起来的。① 其中,直接学习主要是依靠学生自身行为成功或得到表扬而获得的强化来实现的。观察学习主要是依靠他人行为的榜样示范和表扬批评而形成的替代强化实现的。而自我学习主要是依靠学生以自己内心确定的行为标准进行自我表扬和自我批评而实现的。对于学生来说,尽管学生的自我强化和自我调节是形成社会性品质,尤其是学生自律精神形成的最为重要的内在动力。但是班杜拉也认为,儿童的初步社会化离不开一种外在的奖惩和强化。只有当学生已经完成初步的社会化之后,自我强化才会成为主要的社会性发展机制。对于刚刚入学的小学生来说,还没有形成基本的学生角色意识和行为规范,很大程度上还处于皮亚杰所说的规则的"无意识"阶段和"他律"阶段。这个时候,教师作为规则引领者的榜样示范和行为指导,对于学生规则意识的形成是非常必要的。学生只有形成了对规则价值的认知和信服,才能够进而将课堂规则转化为自己的内在需求,从而形成一种自律精神。

如前所述,教师作为教育权威,是学生社会性生成的重要影响因素。这种影响,不仅表现为一种法定权威的影响,更体现于一种人格权威的力量。在课堂场域中,教师对于课堂规范的引领,不是一种强势的命令和要求,而是一种建立在师生人格平等基础上的示范和指导。只有一种人格平等的规则引领,才能够使学生在自我反思中形成对规范遵守的内在动力,这也是学生最终形成自律精神的重要条件。在课堂场域中,可以从两个方面来实现教师的这种规则引领。

首先,通过对规则的共同遵守,实现教师的理性引领。规范制度的合理性很大程度上体现于规则本身的公正与否。对于师生共同制定的课堂规范来说,这种公正性不仅体现于学生之间的同样遵守,而且体现于师生之间的平等遵守。一种建立在民主平等基础上的课堂规范,其内在的合理性会内在地激发学生主动遵守的伦理意愿。在课堂场域中,教师对于共同制定的课堂规范的率先使用,一方面对学生的规范遵守具有榜样示范和行为指导的作用;另一方面也向学生表明:课堂规范对于包括教师在内的任何班级成员具有同等的约束力。

---

① 陈琦.当代教育心理学[M].北京:北京师范大学出版社,2002,75-76.

这种有尊严的课堂规范，更能够使学生形成自觉遵守的认同感和责任感。

其次，通过对学生的尊重与信任，实现教师的人格引领。传统的权力观认为，教师的权力使师生关系充满对抗和不稳定。在这样一种观念下，教师对于学生的规则要求便成为以身份权威对学生的威慑和控制，从而否定了学生自我管理、自我控制的能力。"把学生当成婴儿或罪犯一样对待会传递消极的期望，也否定了学生发展处理自己行为技能的机会。"而建立在对课堂规则人格引领基础上的教师权威，更强调教师对于学生的尊重与信任，相信学生能够自觉地遵守课堂规范并获得主动积极的发展。在这种情感的期待和引领下，学生往往可以获得更好的自我监督和自我管理。正如古德在《透视课堂》（第十版）中所谈到的，"课堂管理研究成果的应用并非意味着盲目服从或严格执行的权威"。"许多学生想要一种有效的、良好的学习氛围，当他们觉得老师很公正而且布置的学习任务是恰当的时候，就会把其聪明才智用于完成学校的学习任务。教师采取废除不必要的规范、允许学生表达自己的意见，鼓励学生承担更多的责任等方法，有助于学生责任感的形成。"①

下面是一位美国四年级小学教师对于学生课堂规则理解的引领。我们从芭芭拉老师对学生进行课堂规范指导中，可以看出她对于学生充分的尊重和信任，并努力试图建立一种师生共同遵守的课堂规范。也正因为如此，教师对于课堂规则的讲授不再是一种令人压抑和不快的事情。

师：我想这是该讨论四年级生活的时候了。这对你们是一大进步啊。人们对四年级的学生抱有很多期望，那么就让我们来讨论一下这些期望吧。我希望你们讲究礼貌。这是什么意思呢？讲究礼貌的例子有哪些？

生：不粗鲁。

师：对了，给我举一个不粗鲁的例子。

生：不对别人摔门。

师：好的。还有其他例子吗？

生：别人说话时注意听。

师：对。我看出来了，你们对这个是没有问题的，因为我讲话的时候大家都

---

① ［美］Thomas L. Good & Jere E. Brophy.透视课堂（第十版）[M].陶志琼译.北京：中国轻工业出版社，2009，61.

注意听了。还有讲究礼貌的例子吗?(学生想不出来)比方说,我们上课时,有人走进来跟我谈话,你们怎样做才是讲究礼貌?

生:安静地坐好。

生:安静地交谈。

师:好的。你们安静地交谈我也是允许的,知道这一点对你们很重要。但我需要知道你们认为的安静地交谈是什么意思。大家做一做。(学生低语)好了,这样对我就可以了,这很好。好,也就是说你们可以安静地坐好,也可以安静地交谈。还有吗?

生:可以读书。

师:对,这是个好主意。你们认为可以起身四处走走吗?(学生摇头,小声说不行)对了,因为那人一走,我们要继续上课,如果你们在教室各处,我们就会浪费时间。我和那个人谈话时,你们还有什么可以做的?

生:继续学习功课。

师:完全正确!现在我们来继续讨论礼貌的含义。假设我正在上课,你的铅笔尖断了,你会怎么做?

生:拿出另外一支笔。

师:好棒的解决方法啊!还有呢?

生:问老师我们是否可以去削铅笔。

师:好。有人讲话的时候,起身去削铅笔是不礼貌的。既然我们正谈着削铅笔的事儿,那我就再举另一个关于礼貌的例子:如果削笔器掉在地上,弄得一团糟,我也不会生气,但我希望你们能打扫干净。那就是讲究礼貌。你们知道,我们要整天生活在一起,要成为朋友,要像一个家庭,所以我们必须礼貌地对待别人,学会关心别人。

那天早晨的晚些时候,芭芭拉又回到有关"安静"和"沉默"的主题上。

师:大多数时候我希望班级学习时是安静的。对我来说,安静和沉默是有区别的。谁能告诉我有什么区别?

生:安静的时候,可以低声交谈;但是当你保持沉默的时候,甚至连低声交谈也不行。

师:完全正确。有些时候你们学习时,我会要求你们保持沉默,但大多数时候,我希望你们保持安静。该就是你们可以低声地谈话。你们学习时,什么情况下需要交谈？

生：我们帮助别人解题时。

生：我们请别人帮助时。

师：对。这是你们安排放学后去谁家的时候吗？

全班：不——是——

师：好！不同的时候有不同的谈话，而关于去谁家和周末做什么的谈话可以在午饭时间、休息时间和上学之前进行。①

在这里，教师以一种尊重和信任的方式，使学生获得了对规则的认同。而且，芭芭拉在讨论对学生的行为期望时，甚至没有使用规则一词，也没有把规则张贴在告示板上。对此，芭芭拉老师解释了自己的推理，让我们深受启发：

"即使正面陈述规则，规则一词本身也带有负面含义。从孩子的眼光看，规则是成人制定的，用来告诉孩子'有些事你不能做，有些事你必须做，要是你不遵守规则，就会受到惩罚'。我还认为，孩子们认为规则专门为他们而设，教师不用遵守。我特别想谈的是我们都需要的彼此对待的方式。当我谈论讲究礼貌的需要时，我努力说明不只是孩子需要，我也需要讲究礼貌。我也想告诉他们，在我心目中，我们无疑都会讲究礼貌，因此我并没有谈到惩处办法，或者不讲礼貌会发生什么。"②

三、提升群体文化的意义，实现共同体中的主体生成

学生的社会性是在课堂场域的社会关系中生成的。因此，基于课堂交往所建立起的班级群体多重社会关系，是学生社会性生成的场域根基。然而，在传统的课堂教学中，班级授课制"缺乏真正的集体性。每个学生独立完成学习任务。教师虽然向许多学生同样施教，而每个学生各以自己独特的方式去掌握。每个学生分别地对教师负责，即学生与学生之间并无分工合作，彼此不承担任何责任，无必然关系。"③在这种单向交往结构下的重竞争轻合作、重服从轻独立的班级群体文化中，学生之间缺乏有效的沟通与交流，长期处

---

① [美]卡罗尔·西蒙·温斯坦.小学课堂管理[M].梁钫等译.上海：华东师范大学出版社，2006，54-56.

② 同上，56.

③ 王策三.教学论稿[M].北京：人民教育出版社，1985，279.

于集体中的孤立状态,很大程度上影响了学生作为社会主体的生成。因此,要充分实现课堂场域促进学生社会性生成的价值,就需要提升群体文化对于学生的发展意义,赋予班级群体以"学习共同体"的文化内涵。在这样一种共同体的文化氛围中,通过建立积极互赖、平等合作的交往关系,实现课堂场域学生的社会性生成。

(一) 班级群体作为"学习共同体"的文化创生

"共同体"(community)是一个社会学概念,表示人类群体生活的一种基本类型。共同体的概念最初来源于德国社会学家斐迪南·滕尼斯的著作《共同体与社会》中。滕尼斯认为,与一般的松散的社会组织相比,共同体的人际结合具有自己的特性;共同体是持久的和真正的共同生活,它是积极的现实的有机的生命;使人拥有一切亲密的、秘密的、单纯的公共生活,使人休戚与共,同甘共苦,相互地负有责任,相互地占有和享受共同的财产;它是人的一种真生的结合,在共同体里,尽管有着种种分离,但其显要的关系是结合。① 在其后的社会学研究中,共同体的概念逐渐发展,包括血缘共同体、地域共同体和精神共同体。

最早把共同体的概念引入到教育教学领域中的,是美国实用主义教育家杜威。他认为,"学校即社会",社会是由于个人之间的互动而产生思想与感情的共同体,因此,他利用共同体这个概念来关注学习中个人之间的社会互动过程。学生只有真正参与到各种群体的活动中,在异质成员的共同体间相互交流中,他们才能得到真正的教育陶冶,真切地获得作为合格公民的心智技能。杜威把学校视为"学习共同体",认为学校是由三根支柱——"民主主义"、"传承教养"和"共同体"组成的。② 在这里,杜威已经表达出学校作为共同体所具有的公共性和民主性的学习群体特征。

将"学习共同体"引入课堂视域,并进行系统深入分析的,是日本东京大学的佐藤学。佐藤学认为,课堂作为一个微型社会场合,存在着三种形态:第一种形态是原始共同体社会,这是一种对班集体的直接性归属意识与对课堂之规范

---

① [德]斐迪南·滕尼斯.共同体与社会——纯粹社会学的概念[M].林荣远译.北京:商务印书馆,1999,52-54.
② [日]佐藤学.学习的快乐——走向对话[M].钟启泉译.北京:教育科学出版社,2004,338.

的无意识承认结合而成的共同体社会。在这种课堂社会中,每个儿童被埋没于集团之中,其意识与行为具有同化于班级规范并使之均质化的取向,其基本特征是划一主义、排他主义;第二种形态是群集性社会,这是一种课堂中权利义务的契约关系与制度性的角色关系所构成的群集性社会,也是一种以个人自主为前提的课堂社会。在这种课堂社会中,每个儿童形成着自己的私人世界,每个人获得了摆脱束缚、走向自由的指向,但人与人之间的关系被地位、约束、角色消解了,削弱了人际亲和关系的情感纽带,诱发了每个人的孤独这一存在的危机,也隐含着使课堂沦为徒有虚名的集合体的危险。这种课堂社会是与近代学校的制度上的组织原理和实践原理相应的,它构成了现行学校中占主导地位的人际关系;第三种形态是学习共同体,这是一种在性质上不同于原始性共同体的共同体,它不是靠地缘这一纽带,而是靠语言(知识)与信息(伦理)的共同拥有所产生的社会亲和力与知性想象力这一纽带而结成的自觉化的共同体,也可称之为"拥有共同舆论的共同体"。在这种课堂社会中,每个儿童在各自自主的个人世界中生活,同时也通过与他人的社会亲和,在课堂的共同体世界之中生活。在这种学习共同体中,无论是第一种形态——原始性共同体的人际关系,抑或第二种形态——群集性社会的人际关系,都会在每个儿童的意识中有所批判,在每个儿童的主体实践中有所反思。在佐藤学看来,由于在原始性共同体中,与课堂的集体文化不相容的异质的思考和行为会受到共同体的压抑,个人的自由与自立会受到限制,个性化学习也会受到阻碍;而在群集性社会中,课堂社会不仅有扩大学生的学习成就度上的差异的危险,而且还会导致课堂社会的共同的情感纽带逐渐衰退,造成每个人的孤立,在个人的内心世界中引发存在的危机。因此,学习共同体最有利于学生的生存和发展。①

根据佐藤学对于学习共同体的分析,建立在对前两种形态的批判基础上的学习共同体,内在地包含两方面的意义:一方面,学习共同体是着眼于每个人的,它把每一个成员都看作具有能动性的主体。学习共同体所指向的这种人人受到重视的人际环境,是对虚假的、权威式的极端集体主义思想的否定;另一方面,个体作为学习共同体中的一员,又必须接受并遵循共同体的约定。这里,既是一种情感的归属、目标的一致,还是一种角色身份的认同。这种共

---

① [日]佐藤学.课程与教师[M].钟启泉译.北京:教育科学出版社,2003,143-146.

同的约束也正是作为一个健康的、理性的共同体的体现。由此可见，真正的学习共同体是一种尊重个体独立性、同时发展个体社会性的共同体，是真正实现社会主体生成的场所。正是在这一意义上，我们认为，提升班级群体的意义，赋予其"学习共同体"的内涵，对于实现课堂场域学生作为社会主体的生成具有重要价值。

要实现"学习共同体"的创生，班级群体应当从以下四方面提升群体文化的内涵。首先，给学生以群体归属感。共同体成员时刻感受到自己属于这个课堂，与课堂中其他成员在一起进行学习活动，共同完成学习任务。成员之间要建立友好的相互依赖的感情，在学习者之间建立的这种感情联系可以使他们相互欣赏。在这样一种群体文化氛围中，学生感受到自己是群体的一部分，能够在群体交往中获得一种积极的情感体验，有利于学生社会情感的发展。其次，创设积极健康的群体文化氛围。积极健康的文化氛围，是建立具有凝聚力的学习共同体的基础。任何一个群体都具有自身的个性文化价值体系，群体的共同文化价值是群体成员相互理解、相互信任、互为归属的基础；是一个群体的形成和发展，并取得成功的保证。在学习共同体中，各成员有着共同的学习目标，遵守相同的规则，有着相同或相近的价值取向和偏好。这种相同的文化价值观念是学习共同体的黏合剂，它对共同体中的每一个成员都具有强烈的感召作用和凝聚作用。再次，建构平等互赖的交往关系。学习共同体的一个重要特征便是群体成员互赖、平等的社会关系，而这种社会关系的建构是通过课堂交往来实现的。因此，共同体需要建立一种主体间性的交往关系，包括师生之间平等的交往关系和生生之间互赖的合作关系。通过这样一种交往关系的建构，可以促进实现学生主体意识的形成和交往能力的发展。最后，以实现每个学生的发展为共同体目标。课堂学习共同体既是一个学生学习的环境，也是一个实现学生成长的场所。课堂学习共同体的最根本目标是实现每个学生的充分发展。这里，既包括个性的发展，也包括社会性的发展。事实上，正是通过每个学生个体的发展，从而推动整个课堂共同体的不断进步。

（二）交往教学：建基于平等关系的师生合作

在传统课堂教学中，教师和学生之间的关系是对象性的主客体关系。教师作为课堂交往的主体，拥有课堂交往的话语权和控制权；而学生则成为被教师加工和改造的客体，长期处于师生交往中被压制的被动地位。这样一种不平等的师生交往关系，造成了学生的主体性缺失。而一种抽离了主体性的社会性生成，也只能是一种顺从权威的奴性。

因此，要实现学生作为社会主体的生成，就需要改变当前师生交往中不合理的主客关系，建立起主体间性基础上的师生合理交往。这样一种主体间性基础上的师生交往，具有民主、平等的特性：教师尊重学生在教学活动中的主体地位，尊重学生的人格与权利，解放学生的主体性和创造性，革除一切不平等地对待学生的现象，为提高学生的民主意识和参与能力、发挥学生主体作用创造良好的教育条件和教育环境，使学生得到充分、自由的发展。这样，学生对教师产生信任，敢于自由发表自己的见解。同时，教师放弃了权威、指令的角色，做一个倾听者，尊重、欣赏并听取学生的意见，对之做出适当的反馈。在主体间性的师生关系中，师生双方并不把对方看成是一个对象，而是一种讨论共同"话题"的平等对话关系。学生和教师相对于彼此都是对话中的"我"和"你"。教师以自己真实的、完整的人格面对学生，敞开自己的精神世界真诚地与学生交往，教师以及教师所讲解的知识、所解释的意义都生动地展示在学生面前。学生在理解中，达至新的精神境界，获得人生的体验和生活的智慧。在这样一种主体间的师生交往关系中，教师与学生之间不再是简单给予、被动接受的关系，任何一方都不把对方作为一种对象去操纵和控制，而是一种平等、民主、自由、宽容的交往关系。师生之间建立在彼此尊重、相互平等基础上的主体性的实现，本身也就是一种社会主体的生成。

那么，如何实现课堂场域平等合作的师生交往关系呢？对此，德国教学论专家沙勒和舍费尔提出的交往教学论思想，给我们诸多有益的启示。交往教学论把"解放"作为学生学习的最高目标。所谓"解放"，指的是要求学校教学尽可能发展学生的个性，强调学生个性的"自我实现"，使学生通过教育达到成熟，最终能够摆脱教育，从受教育的状态中解脱出来，具有独立的人格以及独立的能力。这种独立能力包括了自我负责的态度、与他人合作的态度，能对一切事物做出批判的、独立的判断。为了达到"解放"的教学目标，交往教学论认为，教学过程应当是面向学生的、合作的，强调学生参与和自觉的，因而也是反对权威主义的、"解放"的。积极的"解放"就是要使传统的那种带有专制色彩的教学风格所允许的学生自由转化为"对称的自由"。这里的"对称"，指的是师生之间的平等，"对称的自由"意味着师生在教学过程中享有平等的、同等的自由，意味着学生获得的自由不应当是教师施舍给学生的那种自由,而是学生本身应得的自由。①

要使教学过程成为"解放"的过程,师生的交往就应当遵循合理的交往原则。为此,交往教学论提出了合理交往的基本特征:

1. 合理的交往是一种合作式的交往。
2. 参加交往的各方都放弃权威地位,相互持平等的态度。
3. 在交往中不使民主流于形式,而真正做到民主。
4. 由于交往的参加者实际地位不是同等的,因此必须促进相互取长补短的兴趣和理智相处的态度。
5. 逐步创造条件,使不带支配性的交往行为成为可能。
6. 相互传递的信息是最佳的信息。
7. 现在的交往将为以后的交往创造条件。
8. 合理交往的结果将取得一致的认识,但并非一切合理的交往都必须达到一致的认识,尤其是不允许在交往终了做出盲目的决定。②

在交往教学论看来,只要贯彻合理的交往原则,师生就会在教学中处在一种融洽的关系中,大家都有畅所欲言的自由。尤其从学生方面来说,他们的学习将是轻松愉快的,而不会感到有什么压力。在这样的教学中,一切都是自然而然,心平气和地进行的,师生们正是通过这种合理的交往渐渐接近"解放"的目标。

(三) 合作学习:建基于互赖关系的生生交往

在课堂学习共同体中,学生之间建立在积极互赖基础上的交往,对于发展学生的交往能力,实现学生社会性的生成具有重要的作用。"实际上,教师的一切课堂行为,都是发生在学生同伴群体关系的环境之中的。在课堂上,生生之间的关系比任何其他因素对学生学习的成绩、社会化和发展的影响都更强有力。但课堂上同伴相互作用的重要性往往被忽视。生生之间的关系是儿童健康的认知发展和社会化所必备的条件。事实上,与同伴的社会相互作用是儿童身心发展和社会化赖以实现的基本关系。"③

---

① 李其龙.德国教学论流派[M].西安:陕西人民教育出版社,1993,121-122.
② 同上,124.
③ 詹姆斯·H·麦克米伦.学生学习的社会心理学[M].北京:人民教育出版社,1989,142.

然而，就我国当前的课堂教学而言，课堂交往主要还是关注于教师与学生之间的交往，对于生生交往则关注不足。教师甚至认为生生交往会给课堂带来消极影响，不利于教师控制整个课堂进程。在我们的问卷调查中，对于"你最喜欢的课堂学习方式"的问题，学生的回答依次是：合作学习、师问生答、师讲生听；而对于"课堂主要的学习方式"的问题，学生的回答却依次是：师问生答、师讲生听、合作学习。由此可以看出，学生在课堂学习中，具有强烈的同伴交往需要；而当前的课堂却在很大程度上削弱甚至忽视了学生这种内在的交往需要。事实上，由于当前课堂教学中生生交往的忽视和交往结构的单一，不仅影响了学生交往需要的满足，而且造成了学生交往关系的异化。学生在共同的班级中却进行着互不相干的孤立学习。生生之间缺少交流与合作，却充满了相互排斥的竞争。这样一种交往方式，不仅影响了学生在课堂场域的文化学习，更加影响了学生社会性的生成和主体性的发展。

因此，建立生生之间相互依赖的交往关系，是走出课堂场域学生社会性发展困境的重要途径，也是发展学生社会交往能力，实现学生社会性生成的重要机制。在课堂场域中，实现学生相互依赖关系的重要方式就是建立一种合作学习的教学策略。美国明尼苏达大学的约翰逊兄弟认为，成功的合作学习应当具备以下特点：第一，将所有成员学习的目标最大化，并将之作为小组的强制性目标，从而激发小组成员挽起袖子去完成一些超越他们个人成绩之上的东西。第二，在合作小组中，同时强调小组责任和个人责任。小组成员有责任使自己和其他人都完成高质量的工作，而且还有责任使他们自己和其他人来共同实现整个小组的目标。第三，小组成员真正地共同工作。他们不仅仅是分享信息和观点，还应通过成员的共同努力和贡献，产生一些独特的产品。在相互促进成功的过程中，小组成员在互相负责和关心的基础上同时提供学习和个人的支持。第四，小组成员都要接受社交技能训练，并期望他们使用这些技能来协调自己的努力并实现目标。第五，小组分析他们是如何有效地获得目标的，并反思小组成员共同工作的质量。① 可以看出，成功的合作学习所应具备的特征背后，其核心便是建立积极的互赖关系。合作努力的核心是积极互赖。没有积极互赖，

---

① ［美］David W. Johnson & Roger T. Johnson. 合作学习（第五版）[M]. 伍新春等译. 北京：北京师范大学出版社，2004，82.

合作也就不复存在。① 学生在合作学习过程中所建立起的积极的目标互赖、奖励互赖、资源互赖、角色互赖和任务互赖可以使学生在一致的目标追求中建立起相互尊敬、相互欣赏的情感联结，从而促进学生积极的社会情感的产生。② 在我国主体教育视野下，合作学习还被赋予了更高层次的目标追求。"合作学习的目标就是要通过实践活动基础上的主体合作与交往，促进学生主体性发展和学生社会化进程。"③建立在活动实践基础上的学生主体间的交往，不仅促进了学生合作意识和交往能力的发展，而且实现了学生主体性的发展。它使学生在合作交往的过程中实现了作为社会主体的生成。

以上，我们从课堂场域关系的视角，尝试提出促进学生社会性生成的实践策略。这里，需要特别指出的是，学生的社会性生成不是在学校课堂的封闭结构中实现的，他不可避免地要受到外部社会环境的影响。正如我们在文中不止一次试图强调的，学生社会性生成不仅是在课堂场域内外的多重社会关系中实现的。即使在课堂场域之中，也不可避免地受到课堂场域外多重社会因素的影响。但尽管如此，我们却不能否定课堂场域对于学生社会性生成所具有的不可替代的作用。从这个意义上说，虽然本书所提出的实践策略也只能是从课堂场域视角的一种策略和建议，但我们相信，它对于学生在课堂场域的社会性生成却是具有重要意义的。

---

① [美]David W.Johnson & Roger T.Johnson.合作学习(第五版)[M].伍新春等译.北京：北京师范大学出版社，2004，88.
② 同上，89.
③ 裴娣娜.合作学习的教学策略——发展性教学实验室研究报告之二[J].学科教育，2000(2).

参考文献

著作：

1. Anderson,H. H.(1943)Domination and Socially Integration Behavior,In Barker,R. G., er al(ed.),Child Behaviour and Development.

2. Elaine R. Silliman, Louise Cherry Wilkinson (1991) Communicating for Learning:Classroom Observation and Collaboration. Gaithersbury, Maryland : An Aspen Publication.

3. Johnson,D.W.Johnson,R.T.& Holubec,E.J.(1990) Circles of Learning:Cooperation in the Classroom(3th ed.).Edina, MN:Interaction Book Company.

4. Robert E.Slavin (1990) Cooperative Learning:Theory,Research,and Practice. Prentece-Hall,Inc.

5. Shlomo Sharan (1990) Cooperative Learning:Theory and Research. New York:Greenwood Press.

6. William.A.C.& Miller.P.J. (1992) Interpretive Approaches to Children's Socialization. Jossey-Bass inc,Publishers.

7. Yeal sharan.& Shlomo Sharan(1992)Expanding Cooperative Learning through Group Investigation.New York:Teachers College Press.

8. 马克思恩格斯全集第46卷[C].北京:人民出版社,1979.

9. 马克思恩格斯选集(第1卷)[C].北京:人民出版社,1995.

10. [奥]阿尔弗雷德·阿德勒.理解人性[M].陈太胜,陈文颖译.北京:国际文化出版公司,2000.

11. [奥]茨达齐儿.教育人类学原理[M].李其龙译.上海:上海教育出版社,2000.

12. [德]马丁·布伯.我与你[M].陈维刚译.北京:三联书店,2002.

13. [德]布劳耶尔等.德国哲学家圆桌[M].张荣译.北京:华夏出版社,2003.

14. [德]斐迪南·滕尼斯.共同体与社会——纯粹社会学的概念[M].林荣远译.北京:商务印书馆,1999.

15. [德]费尔巴哈.费尔巴哈哲学著作选集[C].荣震华译.北京:商务印书馆,1984.
16. [德]哈贝马斯.交往与社会进化[M].张博树译.重庆:重庆出版社,1989.
17. [德]哈贝马斯.交往行动理论[M].洪佩郁,蔺菁译.重庆:重庆出版社,1994.
18. [德]哈贝马斯.包容他者[M].曹卫东译.上海:上海人民出版社,2002.
19. [德]哈贝马斯.作为"意识形态"的技术与科学[M].李黎等译.上海:学林出版社,1999.
20. [德]哈贝马斯.对话伦理学与真理的问题[M].沈清楷译.北京:中国人民大学出版社,2005.
21. [德]伽达默尔.真理与方法[M].洪汉鼎译.上海:上海译文出版社,2004.
22. [德]康德.纯粹理性批判[M].邓晓芒译.北京:人民出版社,2004.
23. [德]康德.实践理性批判[M].邓晓芒译.北京:人民出版社,2003.
24. [德]诺贝特·埃利亚斯.个体的社会[M].翟三江,陆兴华译.南京:译林出版社,2003.
25. [德]齐美尔.社会是如何可能的[M].林荣远译.桂林:广西师范大学出版社,2002.
26. [德]赫尔巴特.普通教育学·教育学讲授纲要[M].北京:人民教育出版社,1989.
27. [法]涂尔干.道德教育[M].陈光金等译.上海:上海人民出版社,2006.
28. [法]布迪厄,华康德.实践与反思——反思社会学导引[M].李猛,李康译.北京:中央编译出版社,1998.
29. [法]玛丽·杜里-柏拉,阿涅斯·冯·让丹.学校社会学[M].汪凌译.上海:华东师范大学出版社,2001.
30. [法]米歇尔·福柯.规训与惩罚[M].刘北成,杨元婴译.上海:生活·读书·新知三联书店,1999.
31. [法]迪尔凯姆.社会学方法的规则:西方社会学学科体系的奠基人[M].胡伟译.北京:华夏出版社,1999.
32. [法]卢梭.爱弥儿[M].李平沤译.北京:商务印书馆,1994.
33. [美]布劳.不平等和异质性[M].王春光,谢圣赞译.北京:中国社会科学出版社,1991.
34. [美]珍妮·H·巴兰坦.教育社会学:一种系统分析法[M].朱志勇等译.南京:江苏教育出版社,2005.
35. [美]C·M·查尔斯.建立课堂纪律[M].李庆,孙麒译.北京:中国轻工业出版社,2003.
36. [美]Daivd W.Johnson, Roger T.Johnson.合作学习[M].伍新春,郑秋,张洁译.北京:北京师范大学出版社,2004.
37. [美]Dale Scott Ridley, Bill Walther.自主课堂:积极的课堂环境的作用[M].沈湘秦译.北京:中国轻工业出版社,2001.
38. [美]E·齐格勒.社会化与个性发展[M].李凌等译.北京:北京航空航天大学出版社,1988.

39. [美]L·A·巴洛赫.合作课堂:让学习充满活力[M].曾守锤,吴华清译.上海:华东师范大学出版社,2005.

40. [美]Thomas L.Good & Jere E.Brophy.透视课堂(第十版)[M].陶志琼译.北京:中国轻工业出版社,2009.

41. [美]博厄斯.人类学与现代生活[M].刘莎,谭晓勤,张卓宏译.北京:华夏出版社,1999.

42. [美]查尔斯·霍顿·库利.社会过程[M].洪小良等译.北京:华夏出版社,1999.

43. [美]戴维·斯沃茨.文化与权力:布迪厄的社会学[M].陶东风译.上海:上海译文出版社,2006.

44. [美]卡罗尔·西蒙·温斯坦,安德鲁·J·米格纳诺.小学课堂管理(第三版)[M].梁钫,戴艳萍译.上海:华东师范大学出版社,2006.

45. [美]理查德·D·范斯科德.美国教育基础——社会展望[M].王英杰译.北京:教育科学出版社,1984.

46. [美]马林诺斯基.科学的文化理论[M].黄建波等译.北京:中央民族大学出版社,2000.

47. [美]玛格丽特·波洛玛.当代社会学理论[M].孙立平译.北京:华夏出版社,1989.

48. [美]米德.文化与承诺——一项关于代沟问题的研究[M].周晓虹,周怡译.石家庄:河北人民出版社,1987.

49. [美]林南.社会资本——关于社会结构与行动的理论[M].张磊译.上海:上海人民出版社,2005.

50. [美]莫琳·T·哈里楠.教育社会学手册[M].傅松涛等译.上海:华东师范大学出版社,2004.

51. [美]乔纳森·特纳.社会学理论的结构[M].邱泽奇译.北京:华夏出版社,2001.

52. [美]乔治·H·米德.心灵、自我与社会[M].赵月瑟译.上海:上海译文出版社,2005.

53. [美]威廉·哈里兰.当代人类学[M].王铭铭等译.上海:上海人民出版社,1987.

54. [美]伊恩·罗伯逊.社会学(上)[M].黄育馥译.北京:商务印书馆,1994.

55. [美]杜威.我们怎样思维·经验与教育[M].姜文闵译.北京:人民教育出版社,2004.

56. [美]杜威.民主主义与教育[M].北京:人民教育出版社,2001.

57. [美]杜威.学校与社会·明日之学校[M].赵祥麟等译.北京:人民教育出版社,1994.

58. [日]片冈德雄.班级社会学[M].贺晓星译.北京:北京出版社,1993.

59. [日]青井和夫.社会学原理[M].刘振英译.北京:华夏出版社,2002.

60. [日]中冈成文.哈贝马斯交往行为[M].王屏译.石家庄:河北教育出版社,2001.

61. [日]佐藤学.课程与教师[M].钟启泉译.北京:教育科学出版社,2003.

62. [日]佐藤学.学习的快乐——走向对话[M].钟启泉译.北京:教育科学出版社,2003.

63. [瑞]皮亚杰.发生认识论原理[M].王宪钿等译.北京：商务印书馆,1997.

64. [瑞]皮亚杰.儿童的道德判断[M].傅统先,陆有铨译.济南：山东教育出版社,1984.

65. [苏]A.B.彼得罗夫斯基,B.B.施巴林斯基.集体的社会心理学[M].卢盛忠等译.北京：人民教育出版社,1984.

66. [苏]T.M.安德烈耶娃.社会心理学[M].李钊等译.上海：上海翻译出版公司,1984.

67. [苏]维果茨基.维果茨基教育论著选[M].余震球译.北京：人民教育出版社,2004.

68. [匈]阿格妮丝·赫勒.日常生活[M].衣俊卿译.重庆：重庆出版社,1990.

69. [英]Rupert Brown.群体过程[M].胡鑫等译.北京：中国轻工业出版社,2007.

70. [英]安东尼·吉登斯.社会的构成——结构化理论大纲[M].李康,李猛译.北京：生活·读书·新知三联书店,1998.

71. [英]戴维·伯姆.论对话[M].王松涛译.北京：教育科学出版社,2004.

72. [英]麦克·F·D·扬.知识与控制[M].谢维和、朱旭东译.上海：华东师范大学出版社,2002.

73. [英]杰西·洛佩兹等.社会结构[M].允春喜译.长春：吉林人民出版社,2007.

74. [英]齐尔格特·鲍曼.通过社会学去思考[M].高华译.北京：社会科学文献出版社,2002.

75. 包亚明.布迪厄访谈论：文化资本与社会炼金术[M].上海：上海人民出版社,1997.

76. 陈琦.当代教育心理学[M].北京：北京师范大学出版社,2002.

77. 陈佑清.教育活动论[M].南京：江苏教育出版社,2000.

78. 戴本博.外国教育史[M].北京：人民教育出版社,1990.

79. 杜祖贻.杜威论教育与民主主义[M].北京：人民教育出版社,2003.

80. 陈奎熹.教育社会学研究[M].台北：师大书苑,1991.

81. 冯建军.当代主体教育论——走向类主体的教育[M].南京：江苏教育出版社,2004.

82. 高觉敷.西方社会心理学发展史[M].北京：人民教育出版社,1991.

83. 高宣扬.布迪厄的社会理论[M].上海：同济大学出版社,2004.

84. 高宣扬.当代社会理论(上、下)[M].北京：中国人民大学出版社,2005.

85. 郭华.教学社会性之研究[M].北京：教育科学出版社,2002.

86. 郭华.课堂沟通论[M].北京：北京师范大学出版社,2006.

87. 韩红.交往的合理化与现代性的重建——哈贝马斯交往行为理论的深层解读[M].北京：人民出版社,2005.

88. 韩震.生成的存在——关于人和社会的哲学思考[M].北京：北京师范大学出版社,1996.

89. 贺翠香.劳动·交往·实践[M].北京：中国社会科学出版社,2005.

90. 黄书光.中国社会教化的传统与变革[M].济南:山东教育出版社,2005.

91. 黄育馥.人与社会——社会化问题在美国[M].沈阳:辽宁人民出版社,1986.

92. 金生鈜.规训与教化[M].北京:教育科学出版社,2004.

93. 李德显.课堂秩序论[M].桂林:广西师范大学出版社,2000.

94. 李其龙.德国教学论流派[M].西安:陕西人民教育出版社,1993.

95. 李永生.和谐班级的建设——班级中的交往与互动[M].广州:广东教育出版社,2007.

96. 厉以贤.西方教育社会学文选[C].台北:五南图书出版公司,1992.

97. 林崇德.发展心理学[M].杭州:浙江教育出版社,2002.

98. 林清江.教育社会学新论[M].台北:五南图书出版公司,1981.

99. 刘豪兴,朱少华.人的社会化[M].上海:上海人民出版社,1993.

100. 刘少杰.后现代西方社会学理论[M].北京:社会科学文献出版社,2002.

101. 鲁洁.教育社会学[M].北京:人民教育出版社,1990.

102. 毛景焕.平等教学论[M].北京:高等教育出版社,2008.

103. 马和民.从仁到人——社会化危机及其出路[M].北京:北京师范大学出版社,2006.

104. 毛礼锐,沈灌群.中国教育通史[M].济南:山东教育出版社,1986.

105. 裴娣娜.现代教学论(三卷本)[M].北京:人民教育出版社,2005.

106. 裴娣娜.教育研究方法导论[M].合肥:安徽教育出版社,2000.

107. 裴时英.教育社会学概论[M].天津:南开大学出版社,1988.

108. 皮连生.教与学的心理学[M].上海:华东师范大学出版社,1997.

109. 瞿葆奎.教育与社会发展[C].北京:人民教育出版社,1989.

110. 任平.交往实践与主体际[M].苏州:苏州大学出版社,1999.

111. 任平.走向交往实践的唯物主义[M].北京:人民出版社,2003.

112. 施良方.课程理论:课程的基础、原理与问题[M].北京:教育科学出版社,1996.

113. 石中英.教育哲学导论[M].北京:北京师范大学出版社,2004.

114. 时蓉华.现代社会心理学[M].上海:华东师范大学出版社,2001.

115. 孙培青,李国钧.中国教育思想史[M].上海:华东师范大学出版社,1995.

116. 田汉族.交往教学论[M].长沙:湖南师范大学出版社,2002.

117. 王策三等.教学认识论[M].北京:北京师范大学出版社,2002.

118. 王策三.教学论稿[M].北京:人民教育出版社,1985.

119. 王鉴.课堂研究概论[M].北京:人民教育出版社,2007.

120. 王南湜,谢永康.后主体性哲学的视域——马克思唯物主义的当代阐释[M].北京:中国人民大学出版社,2004.

121. 王思斌.社会学教程(第二版)[M].北京:北京大学出版社,2003.

122. 王武召.社会交往论[M].北京:北京大学出版社,2002.

123. 王晓东.日常交往与非日常交往[M].北京:人民出版社,2005.

124. 吴康宁.教育社会学[M].北京:人民教育出版社,1998.

125. 吴康宁.课程社会学研究[M].南京:江苏教育出版社,2004.

126. 吴康宁.课堂教学社会学[M].南京:南京师范大学出版社,2001.

127. 夏甄陶.认识论引论[M].北京:人民出版社,1986.

128. 项贤明.泛教育论——广义教育学的初步探索[M].太原:山西教育出版社,2004.

129. 谢立中.西方社会学名著提要[M].南昌:江西人民出版社,1998.

130. 谢维和.教育活动的社会学分析——一种教育社会学的研究[M].北京:教育科学出版社,2007.

131. 杨昌勇,郑淮.教育社会学[M].广州:广东人民出版社,2005.

132. 杨丽珠,吴文菊.幼儿社会性发展与教育[M].沈阳:辽宁师范大学出版社,2000.

133. 仰海峰.形而上学批判——马克思哲学的理论前提及当代效应[M].南京:江苏人民出版社,2006.

134. 杨善华.当代西方社会学理论[M].北京:北京大学出版社,1999.

135. 杨善华,谢立中.西方社会学理论(下卷)[M].北京:北京大学出版社,2006.

136. 杨小微.教育研究的理论与方法[M].北京:北京师范大学出版社,2009.

137. 俞国良,辛自强.社会性发展心理学[M].合肥:安徽教育出版社,2004.

138. 袁贵仁.马克思的人学思想[M].北京:北京师范大学出版社,1996.

139. 张东娇.教育沟通论[M].太原:山西教育出版社,2003.

140. 张华.课程与教学论[M].上海:上海教育出版社,2000.

141. 张人杰.国外教育社会学基本文选(修订版)[M].上海:华东师范大学出版社,2009.

142. 张天宝.走向交往实践的主体性教育[M].北京:教育科学出版社,2005.

143. 张文新.儿童社会性发展[M].北京:北京师范大学出版社,1999.

144. 费孝通.社会学概论[M].天津:天津人民出版社,1984.

145. 郑杭生.社会学概论新修[M].北京:中国人民大学出版社,2001.

146. 郑世仁.教育社会学导论[M].台北:五南图书出版公司,2000.

147. 周晓虹.西方社会学历史与体系(第一卷)[M].上海:人民出版社,2002.

148. 朱永新.沟通与融合——中国近现代教育思想史[M].北京:人民教育出版社,2004.

期刊：

1. Brophy J & Evertson C.(1978) Context variabiles in teaching. Educational Psychologist, Vol.12.

2. Dennis H. Wrong.(1961) The Over socialized Conception of Man in Modern Sociology. American Sociological Review.Vol.2.

3. Gregory F Harper & Larry Maheady.(2007) Peer-mediated Teaching and Students with Learning Disabilities. Intervention in School and Clinic.Vol.2.

4. Husen, T.(1985) The International Encycolpedia of Education: Research and Studies, Vol.2.

5. 艾四林.哈贝马斯交往理论评析[J].清华大学学报(哲学版),1995(3).

6. 曹开秋.课堂教学价值取向的探究——基于社会控制理论的视角[J].教育与考试,2008(4).

7. 柴楠.近十年我国课堂秩序研究的回顾与思考[J].甘肃联合大学学报(社会科学版),2009(25).

8. 陈会昌.儿童社会性发展的特点、影响因素及其测量——《中国3—9岁儿童的社会性发展》课题总报告[J].心理发展与教育,1994(4).

9. 陈会昌.我国儿童社会性发展的基本情况[J].父母必读,1993(7).

10. 陈佑清.试析交往的发展效应[J].湖北大学学报(哲学社会科学版),2000(2).

11. 陈振中."遮蔽"与"解蔽"——重释教学的社会性[J].江西教育科研,2005(3).

12. 陈振中.论课堂社会的话语场域[J].广西师范大学学报(哲学社会科学版),2004(2).

13. 程晓樵.课堂教学中的社会互动[J].教育评论,1994(2).

14. 程晓樵.学生课堂交往行为的主体差异研究[J].南京师范大学学报(社会科学版),1995(3).

15. 程晓樵.教师课堂交往行为的对象差异研究教育评论[J].教育评论,1995(2).

16. 党建强.师生互动理论的多学科视野[J].当代教育科学,2005(11).

17. 杜志强.论主体间性课程的建构[J].教育探索,2004(1).

18. 方成.场域转换与隔场遏制：布迪厄的社会文化批评理论述评[J].外语研究,2006(3).

19. 冯建军.论教育中的日常交往与非日常交往[J].教育理论与实践,2000(1).

20. 冯锐.论学习共同体形成和发展的社会性建构观[J].中国电化教育,2007(8).

21. 高懿德.社会交往的"约"模式刍论[J].中共济南市委党校学报,2001(3).

22. 宫必京.班级和同辈群体的比较研究[J].南京师范大学学报(社会科学版),1994(3).

23. 宫留记.场域、惯习和资本：布迪厄与马克思在实践观上的不同视域[J].河南大学学报(社会科学版),2007(3).

24. 郭炳洁.浅析董仲舒的人学思想与道德教育思想[J].菏泽学院学报,2008(11).

25. 郭华.教学交往研究的教学论意义[J].教育科学,2001(2).

26. 郭培方.群体社会化理论述评[J].山东师范大学学报（社会科学版）,1998(5).
27. 何颖.论主体的自我意识[J].江淮论坛,1989(5).
28. 洪秀敏.儿童社会性交往的生态学分析[J].学前教育研究,2003(4).
29. 胡莉芳.论学生互动对学生社会化的影响[J].学校管理,1998(4).
30. 黄树林.论中小学生的互动学习[J].现代中小学教育,2001(10).
31. 黄晓京.符号互动理论——库利、米德、布鲁默[J].国外社会科学,1984(12).
32. 霍桂桓.一只正在蜕皮的蝉——作为西方哲学当前生长点之一的怀特海过程哲学[J].哲学研究,2003(4).
33. 金盛华.当代青少年同辈交往的影响机制及其引导[J].北京师范大学学报（人文社会科学版）,2000(5).
34. 金吾伦.复杂适应系统中的生成观念[J].江汉论坛,2007(8).
35. 雷洪.角色的二重建构——个人与社会连接点的探讨[J].社会,2003(5).
36. 李德显.教学过程中的学生互动[J].教育理论与实践,1999(5).
37. 李德显.论课程的社会性[J].山西大学学报（哲学社会科学版）,2002(6).
38. 李德显.师生互动分析[J].教育理论与实践,2004(9).
39. 李殿森.社会心理视阈下的课堂人际对话[J].当代教育论坛,2005(22).
40. 李芳.现行小学语文教科书隐性价值分析[J].教学与管理,2008(10).
41. 李逢超.儿童社会化双重内涵分析[J].河南大学学报（社会科学版）,2008(4).
42. 李红.课堂教学中师生互动差异性分析[J].唐山师范学院学报,2003(7).
43. 李济才.班集体在促进个性社会化中的中介作用探讨[J].教育科学,1988(2).
44. 李江源.论教育制度认同[J].嘉应大学学报（哲学社会科学）,2003(1).
45. 李莉萍.公民社会理念下的课堂管理与教师角色转换[J].中国校外教育·理论,2007(10).
46. 李萌,周宗奎.儿童发展研究中的群体社会化之争[J].西南师范大学学报（人文社会科学版）,2003(3).
47. 李全生.布迪厄场域理论简析[J].烟台大学学报（哲学社会科学版）,2002(2).
48. 李松林.教学活动的生成过程及其功能属性[J].湖南师范大学教育科学学报,2008(1).
49. 李松林.课堂场域中的权力运作[J].教育理论与实践,2007(1).
50. 李松林.课堂场域中的权力运作与学生的生存境域[J].教育科学,2006(4).
51. 李松林.论教学交往与学生的社会性发展[J].山西师范大学学报（社会科学版）,2008(5).
52. 李永生.班级性质动态观[J].教育评论,1999(3).
53. 李友谊,于秀艳.马克思关于人的社会性本质理论的原本认识——兼联系马克思关于人的类本质的理论[J].白城师范学院学报,2004(3).

54. 梁晓灵.从人际交往的视角解读课堂有效互动[J].教学研究,2008(8).

55. 刘奔.交往与文化[J].中国社会科学,1996(2).

56. 刘冬岩,陈旭远.对话与理解:师生交往语言意义的追寻[J].东北师范大学学报(哲学社会科学版),2003(2).

57. 刘德群.同类文化意识与班级群体建设[J].盐城师范学院学报(人文社会科学版),2002(3).

58. 刘明合.人的发展研究的交往视角转换[J].社会科学辑刊,2005(3).

59. 刘生全.论教育场域[J].北京大学教育评论,2006(1).

60. 刘小红,艾鑫.人学视野下的交往转型[J].湖北经济学院学报,2006(9).

61. 刘云杉.课堂教学中的学生角色探析[J].江西教育科研,1997(4).

62. 刘云杉.学生课堂言语交往的社会学研究[J].南京师范大学学报(社会科学版),1995(4).

63. 柳夕浪.知识生成的交往中介原理与知识创新教育[J].教育研究与实验,2000(4).

64. 马维娜.教学时空的双重建构[J].课程·教材·教法,2004(12).

65. 马维娜.学生互动的制约因素与基本结构[J].上海教育科研,1999(4).

66. 马维娜.学校场域中的"规则"打造——一种社会学视角[J].学科教育,2002(9).

67. 马伊里.有组织的无序:合作困境的复杂生成机理[J].社会科学,2007(11).

68. 马云鹏.课堂教学中学生交往能力的培养[J].吉林教育科学,1996(4).

69. 毛景焕.班级作为一个共同体:成员的相互平等和资源共享[J].教育研究与实验,2003(2).

70. 毛伟琴.一个儿童的"社会化"[J].人民教育,2006(9).

71. 庞学光.个体社会化的双向性与学校教育观的变革[J].1993(3).

72. 裴娣娜,文喆.社会转型时期中学生价值观探析[J].教育研究,2006(7).

73. 裴娣娜.合作学习的教学策略——发展性教学实验室研究报告之二[J].学科教育,2000(2).

74. 裴娣娜.多元文化与基础教育课程建设的几点思考[J].教育发展研究,2002(4).

75. 祁建敏.班级社会学初探[J].教学与管理,1997(12).

76. 沈红霞.品德课程:学生道德生长的通道[J].小学德育,2008(11).

77. 盛冰.现代学校制度的危机:下降的制度社会资本[J].教育研究与实验,2006(2).

78. 盛群力.小组互助合作学习革新述评[J].外国教育资料,1992(3).

79. 谭莉.论同辈群体对青少年社会化的影响[J].科教文汇,2007(10).

80. 唐德海.论班级群体的功能[J].教学与管理,2001(3).

81. 唐芳贵.论教学交往的社会心理结构[J].现代教育科学,2003(1).

82. 唐晓群.哈贝马斯的交往行为理论[J].中国社会科学院研究生院学报,1997(6).

83. 唐勇.论教学交往的有效性[J].中国教育学刊,2003(6).

84. 陶志琼.谁主沉浮:课堂教育哲学问题研究[J].当代教育论坛,2005(14).
85. 王成兵.试论个体认同与集体认同之间的内在关系[J].理论学刊,2007(8).
86. 王广.课堂教学:学生社会化的加速器[J].思想理论教育,2008(16).
87. 王桂平.促进儿童自我控制的学校纪律[J].教育理论与实践,2004(11).
88. 王桂平.儿童自我控制心理机制的理论述评[J].心理科学进展,2004(6).
89. 王海英.入学儿童的文化适应[J].教育导刊幼儿教育,2003(2).
90. 王慧.学校场域中的教师课堂行为[J].当代教育科学,2008(3).
91. 王建宗.人的社会化动力研究的教育价值——人的发展动力研究的教育价值探讨之三[J].国家教育行政学院学报,2007(11).
92. 王鉴.课堂研究引论[J].教育研究,2003(6).
93. 王永明.自我管理的生成维度[J].学术论坛,2008(11).
94. 王振林.生产、语言与交往——马克思与哈贝马斯[J].社会科学战线,1999(4).
95. 吴康宁.教师课堂角色类型研究[J].教育研究与实验,1994(4).
96. 吴康宁.教学的社会学模式初探[J].教育研究,1995(7).
97. 吴康宁.课堂教学中的角色类别及其主要特征[J].南京师范大学学报(社会科学版),1993(3).
98. 吴盘生.试论学生的交往及其教育职能[J].上海教育科研,1990(5).
99. 吴永军.关于学生社会性素质培养的若干思考[J].现代教育论丛,1999(4).
100. 吴永军.课堂教学中的社会因素[J].南京师范大学学报(社会科学版),1993(2).
101. 吴永军.我国小学课堂交往时间构成的社会学分析[J].上海教育科研,1995(5).
102. 郗浩丽.中小学生自我概念发展的影响因素研究[J].南京师范大学学报(社会科学版),2002(9).
103. 项贤明.关于教育活动中主体际交往关系的一个论纲[J].教育研究与实验,1998(3).
104. 肖川.超强社会化的成因及其危害[J].教育发展研究,2001(4).
105. 肖川.教学与交往[J].中小学管理,2002(5).
106. 肖川.论教学与交往[J].教育研究,1999(2).
107. 辛继湘.论交往教学模式与学生主体性发展[J].湖南师范大学社会科学学报,1999(6).
108. 熊易群.在活动和交往中发展儿童的社会性[J].西安教育学院学报,1995(4).
109. 徐继存.论教学交往研究及其价值导向[J].西北师范大学学报(社会科学版),1999(6).
110. 徐丽敏.儿童自我概念的发展及社会互动的作用[J].辽宁师范大学学报(社科版),2002(1).
111. 徐炜炜.学生群体性发展与课堂教学模式[J].教育发展研究,2006(21).

112. 许鲁光.论教学中的人际交往关系[J].深圳大学学报(人文社会科学版),1998(3).

113. 许万明.课堂教学中学生角色心理初探[J].宁夏教育,1995(9).

114. 杨俊.小学教师课堂教育困境的社会性分析[J].当代青年研究,2008(2).

115. 杨小微.教学互动与学生德性成长[J].教育科学研究,2006(4).

116. 杨秀芹.师生关系的解读与重构[J].教育科学研究,2001(11).

117. 严开红.皮亚杰儿童规则意识研究的道德哲学解读[J].南京晓庄学院学报,2009(1).

118. 姚本先.教育交往中的言语困境探讨[J].课程·教材·教法,2004(2).

119. 姚大志.哈贝马斯:交往活动理论及其问题[J].吉林大学社会科学学报,2000(11).

120. 姚文峰.杜威教学社会性思想及现实意义[J].哈尔滨学院学报,2006(5).

121. 叶澜.重建课堂教学价值观[J].教育研究,2002(5).

122. 叶澜."新基础教育"研究引发的若干思考[J].人民教育,2006(7).

123. 于海英.论学生在课程文本解读过程中的主体性[J].沈阳师范大学学报(社会科学版),2006(5).

124. 俞国良.品德与社会性[J].教育科学研究,2003(5).

125. 岳天明.学校教育与学生社会化个性的培养——一个社会学、人类学的跨学科分析[J].甘肃社会科学,2004(1).

126. 曾琦.小学生课堂参与的角色差异[J].教育研究与实验,2000(2).

127. 翟莉.学生同伴群体文化的相悖性及其对师生关系的影响[J].当代教育科学,2004(17).

128. 张传开,余在海.交往范畴和交往实践观研究之评说[J].巢湖学院学报,2004(2).

129. 张广君.本体论视野中的教学与交往[J].教育研究,2000(8).

130. 张荣华.关于社会教育的一般理论[J].中国青年研究,2007(12).

131. 张双凤.课程编制的社会学审视:文本与现实的对话[J].教育科学论坛,2008(12).

132. 张天宝.教育交往实践:内涵、特征及其基本规定性[J].教育研究与实验,2006(5).

133. 张希希.论有效课堂交往及其意义[J].天津市教科院学报,2001(2).

134. 张永霞.课堂属性探析[J].教育学刊,2008(11).

135. 赵广平.课堂情境中师生互动的社会学分析[J].教育探索与实践,2005(24).

136. 赵静.关注小学课堂互动中的"局外人"[J].上海教育科研,2007(12).

137. 赵克荣.论人的社会化的实质及其辩证特性[J].社会科学研究,1993(5).

138. 郑震.课堂情境中的权力秩序——中小学课堂社会化中权力因素的研究[J].青年研究,1999(9).

139. 郑召利,杨林林.生产、交往与人的发展[J].教学与研究,2003(1).

140. 周东明.儿童社会化过程中的几个问题[J].东方论坛,1996(4).

141. 周健敏.管窥课堂生活———一种社会学的阐释[J].内蒙古师范大学学报(教育科学版), 2005(6).
142. 周润智.教育关系:学校场域的要素、关系与结构[J].教育研究,2004(11).
143. 周晓燕.青少年"反学校文化":问题、意义与对策[J].教育学报,2006(2).
144. 周序.知识、经验与教学的社会性[J].教育科学论坛,2008(11).
145. 周彦.社会控制课堂教学中的师生关系[J].现代中小学教育,2007(8).
146. 周自逸.小学德育课程教师角色的冲突和转换[J].吉林教育,2008(17).
147. 朱葆伟,李继宗.交往·主体间性·客观性[J].哲学研究,1992(2).
148. 朱晓宏.课堂学习生活的隐性课程:社会性价值的缺失[J].思想理论教育,2005(10).
149. 朱志勇、范晓慧.家庭影响学生在班级中交往的社会学分析[J].教育理论与实践,1997(1).

学位论文：

1. Donaleen Doucette Hawes. The Creation of Sociality in the Classroom. A thesis submitted in conformity with the requirements for the degree of Doctor of Philosophy in the University of Toronto,1985.
2. 陈章龙.社会转型时期的价值冲突与主导价值观的确立[D].南京:南京师范大学博士论文,2005.
3. 宫留记.布迪厄社会实践理论[D].南京:南京师范大学博士论文,2007.
4. 傅建明.我国小学语文教科书价值取向研究[D].上海:华东师范大学博士论文,2002.
5. 李召存.课程知识的意义研究———生存论的视角[D].上海:华东师范大学博士论文,2007.
6. 刘翠萍.主体间性课堂教学重建[D].西安:陕西师范大学硕士论文,2007.
7. 刘月红.课堂学习共同体中的"互动"研究[D].苏州:苏州大学硕士论文,2008.
8. 刘秀艳.班干部任职对中学生社会化的影响[D].曲阜:曲阜师范大学硕士论文,2007.
9. 杨广军.符号的批判———消费社会"课堂场域"的"形上"分析[D].上海:华东师范大学博士后出站报告,2006.
10. 赵健.学习共同体———关于学习的社会文化分析[D].上海:华东师范大学博士论文,2005.
11. 郑淮.场域视野下的学生社会性发展研究[D].重庆:西南大学博士论文,2007.

图书在版编目(CIP)数据

课堂场域中的学生社会性生成:一种交往视角的分析 / 史铭之著. —上海:上海教育出版社,2015.5
ISBN 978-7-5444-6198-6

Ⅰ. ①课… Ⅱ. ①史… Ⅲ. ①课堂教学—教学研究 Ⅳ. ①G424.21

中国版本图书馆CIP数据核字(2015)第094995号

责任编辑 公雯雯
封面设计 周 亚

课堂场域中的学生社会性生成
——一种交往视角的分析

史铭之 著

出　　版	上海世纪出版股份有限公司
	上海教育出版社
发　　行	中国图书进出口上海公司
版　　次	2015年5月第1版
书　　号	ISBN 978-7-5444-6198-6/G·5064

www.ingramcontent.com/pod-product-compliance
Lightning Source LLC
Chambersburg PA
CBHW062127160426
43191CB00013B/2215